Corrigendum

Band 33 der vdp-Schriftenreihe

Wolfgang Crimmann/Dr. Konrad Rüchardt
„Der Beleihungswert"

Auf den Seiten 167 bis 169 wurde nach Drucklegung ein Fehler in den Kopfzeilen der Übersichtsmatrix festgestellt. Richtig lauten sie wie folgt:

Stand: 10. November 2008

Anrechnungserleichterungen nach KWG sowie Deckungswerte nach PfandBG sowie Ergänzungskapital	**§ 10 (2b) und (4b) KWG Ergänzungskapital**	**§ 10 (1) KWG Eigenmittelausstattung Kreditrisiko-Standardansatz § 35 Abs. 1 und 2 SolvV** **Wohnen**	**§ 10 (1) KWG Eigenmittelausstattung Kreditrisiko-Standardansatz § 35 Abs. 1 und 3 SolvV** **Gewerbe**	**§ 10 (1) KWG Eigenmittelausstattung IRB-Basisansatz § 159 Abs. 1 Nr. 1 und 2 SolvV** **Wohnen und Gewerbe**	**§ 10 (1) KWG Eigenmittelausstattung alternatives Risikogewicht § 159 Abs. 2 Nr. 1 SolvV** **Wohnen**	**§ 10 (1) KWG Eigenmittelausstattung alternatives Risikogewicht § 159 Abs. 2 Nr. 2 SolvV** **Gewerbe**
Welche Werte?	Nach obiger Vorschrift ist nur der Beleihungswert mit Verweis auf § 16 Abs. 1 und 2 PfandBG zu ermitteln. Beleihungswert nach § 16 Abs. 2 Satz 1 bis 3 PfandBG und nur in Zweifelsfällen Marktwert Basis für Berechnung des Ergänzungskapitals ist der komplette Beleihungswert.	Nach § 35 Abs. 1 Satz 4 Nr. 1 SolvV ist der Beleihungswert nach § 16 Abs. 2 Satz 1 bis 3 PfandBG i. V. m. der BelWertV oder ein anders zu ermittelnder nachhaltig erzielbarer Wert, der den Anforderungen des § 16 Abs. 2 Satz 1 bis 3 PfandBG genügt, zu ermitteln. Vom gewählten Wert werden 60 % als Basis angesetzt.	Nach § 35 Abs. 1 Satz 4 Nr. 2 SolvV ist das Niedrigere von 50 % des Marktwertes und 60 % des Beleihungswertes nach § 16 Abs. 2 Satz 1 bis 3 PfandBG i. V. m. der BelWertV oder eines anders ermittelten nachhaltig erzielbaren Wertes, der den Anforderungen des § 16 Abs. 2 Satz 1 bis 3 PfandBG genügt, zu ermitteln. Für inländische Gewerbeimmobilen ist der Hard-Test nach § 35 (4) SolvV erforderlich. Das Niedrigere von 50 % des Marktwertes und 60 % des Beleihungswertes nach § 16 Abs. 2 Satz 1 bis 3 PfandBG in Verbindung mit der BelWertV oder eines anders ermittelten nachhaltigen Wertes, der den Anforderungen des § 16 Abs. 2 Satz 1 bis 3 genügt, ist Basis für die an die BaFin zu meldenden Ausfallraten.	§159 Abs. 1 Satz 1 Nr. 1 und 2 SolvV verweist auf § 35 Abs. 2 und Abs. 3 Wohnen und Gewerbe SolvV und damit auf § 20 a Abs. 4 bis 8 KWG*, wonach gemäß Abs. 5 der Marktwert oder der Beleihungswert zu ermitteln ist. Durch Verweis der o. a. Vorschrift auf § 35 Abs. 4 SolvV ist für Gewerbeimmobilien auch bei diesem Ansatz der Hard-Test vorgeschrieben. Dadurch müssen sowohl der Marktwert als auch der Beleihungswert bzw. der anders ermittelte Wert für Gewerbeimmobilien bekannt sein. Siehe auch die Erläuterungen zu KSA Gewerbe.	§ 159 Abs. 2 verweist auf § 100 Abs. 8 SolvV, wonach 60 % des Beleihungswertes nach § 16 Abs. 2 Satz 1 bis 3 PfandBG i. V. m. der BelWertV oder eines anders ermittelten nachhaltig erzielbaren Wertes, der den Anforderungen des § 16 Abs. 2 Satz 1 bis 3 PfandBG genügt, zu ermitteln ist. § 159 Abs. 2 Satz 1 SolvV setzt eine „grundpfandrechtlich besicherte IRBA Position“ voraus, wodurch auch die Vorschriften des § 159 Abs. 1 SolvV als Voraussetzung zu beachten sind*. Nach § 159 Abs. 2 Nr. 1 a) und b) ist auch für Wohnen ein Hard-Test erforderlich, wonach das Niedrigere von 50 % des Marktwertes und 60 % eines der oben aufgeführten Werte als Basis für die zu meldenden Ausfallraten gilt.	§ 159 Abs. 2 verweist auf § 100 Abs. 8 SolvV, wonach für Gewerbeimmobilien das Niedrigere von 50 % des Marktwertes und 60 % des Beleihungswertes nach § 16 Abs. 2 Satz 1 bis 3 PfandBG i. V. m. der BelWertV oder eines anders ermittelten nachhaltig erzielbaren Wertes, der den Anforderungen des § 16 Abs. 2 Satz 1 bis 3 PfandBG genügt. § 159 Abs. 2 Satz 1 SolvV setzt eine „grundpfandrechtlich besicherte IRBA Position“ voraus, wodurch auch die Vorschriften des § 159 Abs. 1 SolvV als Voraussetzung zu beachten sind*. Aus § 159 Abs. 2 Nr. 2 SolvV wird auf den § 35 Abs. 4 SolvV verwiesen und damit der unter KSA Gewerbe beschriebene Hard-Test gefordert.

Anrechnungs-erleichterungen nach KWG sowie Deckungswerte nach PfandBG sowie Ergänzungskapital	**§ 10 (2b) und (4b) KWG Ergänzungskapital**	**§ 10 (1) KWG Eigenmittelausstattung Kreditrisiko-Standardansatz § 35 Abs. 1 und 2 SolvV** **Wohnen**	**§ 10 (1) KWG Eigenmittelausstattung Kreditrisiko-Standardansatz § 35 Abs. 1 und 3 SolvV** **Gewerbe**	**§ 10 (1) KWG Eigenmittelausstattung IRB-Basisansatz § 159 Abs. 1 Nr. 1 und 2 SolvV** **Wohnen und Gewerbe**	**§ 10 (1) KWG Eigenmittelausstattung alternatives Risiko-gewicht § 159 Abs. 2 Nr. 1 SolvV** **Wohnen**	**§ 10 (1) KWG Eigenmittelausstattung alternatives Risiko-gewicht § 159 Abs. 2 Nr. 2 SolvV** **Gewerbe**
Welche Methode?	Beleihungswert nach § 16 Abs. 2 Satz 1 bis 3 PfandBG ohne Verweis auf BelWertV, also keine methodischen Vorgaben	Bei Wahl des Beleihungswertes in Verbindung mit der BelWertV gilt diese. Für den anders zu ermittelnden Wert gibt es keine gesetzlichen Vorgaben. Nach § 35 Abs. 2 SolvV muss § 20 a Abs. 5 KWG beachtet werden, wonach der Immobilienwert transparent und klar dokumentiert werden muss.	Bei Wahl des Beleihungswertes in Verbindung mit der BelWertV gilt diese. Für den anders zu ermittelnden Wert und den Marktwert gibt es keine gesetzlichen Vorgaben. Nach § 35 Abs. 3 SolvV muss § 20 a Abs. 5 KWG beachtet werden, wonach der Immobilienwert transparent und klar dokumentiert werden muss.	Nach § 35 Abs. 2 und 3 SolvV muss § 20 a Abs. 5 KWG beachtet werden, wonach der Immobilienwert transparent und klar dokumentiert werden muss. Für Gewerbeimmobilien könnte nach § 35 Abs. 4 SolvV der Beleihungswert nach BelWertV für Hard-Test zugrunde gelegt werden.	Nur für den Beleihungswert in Verbindung mit der BelWertV gilt diese als methodische Vorgabe. Sonst sind keine gesetzlichen Vorgaben zur Methodik vorhanden. *§ 20 a Abs. 5 KWG muss beachtet werden, wonach der Immobilienwert transparent und klar dokumentiert werden muss.	Nur für den Beleihungswert in Verbindung mit der BelWertV gilt diese als methodische Vorgabe. Sonst sind keine gesetzlichen Vorgaben zur Methodik vorhanden. *§ 20 a Abs. 5 KWG muss beachtet werden, wonach der Immobilienwert transparent und klar dokumentiert werden muss.

Anrechnungs-erleichterungen nach KWG sowie Deckungswerte nach PfandBG sowie Ergänzungskapital	**§ 10 (2b) und (4b) KWG Ergänzungskapital**	**§ 10 (1) KWG Eigenmittelausstattung Kreditrisiko-Standardansatz § 35 Abs. 1 und 2 SolvV** **Wohnen**	**§ 10 (1) KWG Eigenmittelausstattung Kreditrisiko-Standardansatz § 35 Abs. 1 und 3 SolvV** **Gewerbe**	**§ 10 (1) KWG Eigenmittelausstattung IRB-Basisansatz § 159 Abs. 1 Nr. 1 und 2 SolvV** **Wohnen und Gewerbe**	**§ 10 (1) KWG Eigenmittelausstattung alternatives Risiko-gewicht § 159 Abs. 2 Nr. 1 SolvV** **Wohnen**	**§ 10 (1) KWG Eigenmittelausstattung alternatives Risiko-gewicht § 159 Abs. 2 Nr. 2 SolvV** **Gewerbe**
Wer darf die Werte ermitteln?	Nach Abs. 4b Sachverständigenausschuss von mind. 3 Mitgliedern, für den die Vorschriften des § 77 Abs. 2 und 3 Investmentgesetz gelten.	Nach § 20 a Abs. 5 KWG muss ein unabhängiger Sachverständiger die Wertermittlung fertigen. Wird der Beleihungswert nach BelWertV ermittelt, gelten die §§ 6 und 7 der BelWertV.	Nach § 20 a Abs. 5 KWG muss ein unabhängiger Sachverständiger die Wertermittlung fertigen. Wird der Beleihungswert nach BelWertV ermittelt, gelten die §§ 6 und 7 der BelWertV.	Nach § 20 a Abs. 5 KWG muss ein unabhängiger Sachverständiger die Wertermittlung fertigen. Wird der Beleihungswert nach BelWertV ermittelt, gelten die §§ 6 und 7 der BelWertV.	*§ 20 a Abs. 5 KWG muss aus § 159 Abs. 1 SolvV beachtet werden, wonach ein unabhängiger Sachverständiger die Wertermittlung fertigen muss. Wird der Beleihungswert nach BelWertV ermittelt, gelten die §§ 6 und 7 der BelWertV.	*§ 20 a Abs. 5 KWG muss aus § 159 Abs. 1 SolvV beachtet werden, wonach ein unabhängiger Sachverständiger die Wertermittlung fertigen muss. Wird der Beleihungswert nach BelWertV ermittelt, gelten die §§ 6 und 7 der BelWertV.
Überwachung der Werte?	Mindestens alle drei Jahre sind die Werte durch Bewertungsgutachten zu ermitteln § 10 Abs. 4b KWG	Für Wohnen verweist der § 35 Abs. 2 SolvV auf § 20 a Abs. 4 bis 8 KWG. Hiernach ist gemäß § 20 a Abs. 6 KWG die Überwachung der Werte vorzunehmen.	Für Gewerbe verweist der § 35 Abs. 3 SolvV auf den Abs. 2 derselben Vorschrift, dieser wiederum auf § 20 a Abs. 4 bis 8 KWG. Hiernach ist gemäß Abs. 6 die Überwachung der Werte vorzunehmen.	Über den Verweis auf § 20 a KWG ist nach Abs. 6 dieser Vorschrift die Überwachung der Werte vorzunehmen.	*§ 20 a Abs. 6 KWG muss für die Überwachung der Werte aus § 159 Abs. 1 SolvV beachtet werden.	*§ 20 a Abs. 6 KWG muss für die Überwachung der Werte aus § 159 Abs. 1 SolvV beachtet werden.
© Crimmann, 2008						

* § 159 Abs. 1 gilt auch als Voraussetzung für § 159 Abs. 2 SolvV, der eine grundpfandrechtliche gesicherte IRBA-Position voraussetzt.
Für den IRB Fortgeschrittenen Ansatz gibt es keine Vorgaben zu den gestellten Fragen mit Ausnahme für die Überwachung der Werte. Diese wird durch den Verweis aus § 132 Abs. 7 SolvV auf § 20 a Abs. 4 und 6 bis 8 KWG vorgegeben.

vdp

Schriftenreihe
des Verbandes deutscher
Pfandbriefbanken

Band 33

Berlin, 2008

Wolfgang Crimmann / Dr. Konrad Rüchardt

Der Beleihungswert

Teil I:
Anwendungsgebiete und Vorschriften für die Immobilienbewertung nach dem Pfandbriefgesetz und dem Kreditwesengesetz

Teil II:
Die Methodik der Beleihungswertermittlung nach dem Pfandbriefgesetz und der Beleihungswertermittlungsverordnung

Vorwort des Herausgebers

Der Beleihungswert hat in seiner jahrzehntelangen Anwendung in der Bankenpraxis dazu beigetragen, dass die hypothekarische Kreditvergabe in Deutschland stabilisierend auf den deutschen Immobilienmarkt wirkt. Das Konzept des Beleihungswerts ist mit dem Inkrafttreten des Pfandbriefgesetzes (PfandBG) am 19. Juli 2005 modernisiert und präzisiert worden, indem konsequent auf die nachhaltigen Eigenschaften der Immobilie und dem langfristigen Zeitraumbezug abgestellt wird. Gleichzeitig wurde die Unabhängigkeit, Fachkenntnis und Berufserfahrung des Gutachters herausgestellt. Mit diesen Elementen ist der Beleihungswert sicherheitsorientiert ausgestaltet und trägt entscheidend zur Qualität des Hypothekenpfandbriefs bei.

Mit dem PfandBG wurde das Bundesministerium der Finanzen ermächtigt, insbesondere Einzelheiten der Methodik und der Form der Beleihungswertermittlung sowie Mindestanforderungen an die Qualifikation der Gutachter in einer Rechtsverordnung zu regeln. Die Beleihungswertermittlungsverordnung (BelWertV) ist zum 1. August 2006 in Kraft getreten. Erstmals liegt damit ein kodifiziertes Verfahren vor, das klar und transparent sämtliche Aspekte regelt, die für die Beleihungswertermittlung und ihre Anwendung in den Banken wichtig sind.

Die Bedeutung des Beleihungswerts geht jedoch über die Pfandbriefrelevanz hinaus. So dient der Beleihungswert als eine Grundlage für die Ermittlung der für alle Kreditinstitute geltenden Eigenkapitalprivilegierung für grundpfandrechtlich gesicherte Kredite und ist im Kreditwesengesetz (KWG) und in der Solvabilitätsverordnung (SolvV) verankert.

Der vorliegende Band der vdp Schriftenreihe stellt eine komplette Neubearbeitung der Veröffentlichung aus dem Jahr 2001 (Band 13 der vdp Schriftenreihe) unter dem gleichen Titel dar. Den Autoren der nun vorliegenden Ausarbeitung, Herren Crimmann und Dr. Rüchardt, ist es hervorragend gelungen, die vor Inkrafttreten des PfandBG und der BelWertV geltenden Regelungen zu integrieren.

Der vorliegende Band basiert auf dem gleichnamigen Studienbrief, welcher Teil einer Ausbildungsreihe für Immobiliensachverständige für die Beleihungswertermittlung ist. Zielsetzung des Ausbildungsgangs ist es, Zusammenhänge zwischen Immobilienbewertung und Realkreditgeschäft zu vermitteln und die Auszubildenden auf die Zertifizierungsprüfung nach ISO/IEC 17024 bei der HypZert GmbH vorzubereiten. Gesellschafter der HypZert GmbH sind alle Spitzenverbände der Kreditwirtschaft sowie der Verband der privaten Bausparkassen.

Die positive Resonanz auf die erste Veröffentlichung „Der Beleihungswert“ sowie zahlreiche Anfragen nach einer Aktualisierung haben uns gezeigt, dass ein sehr großes Interesse an vertiefender Literatur zur Beleihungswertermittlung besteht.

So beinhaltet die Ihnen vorliegende Publikation eine umfassende Erläuterung der Anwendungsgebiete und Vorschriften für die Immobilienbewertung nach dem PfandBG und dem KWG (Teil 1) sowie detaillierten Ausführungen zur Methodik der Beleihungswertermittlung nach dem PfandBG und der BelWertV (Teil 2). Sie liefert einen umfassenden Überblick über die Einsatzgebiete des Beleihungswertes sowie seine Abgrenzungskriterien zu anderen Wertbegriffen und bietet darüber hinaus ein detailliertes Kompendium zur Unterstützung bei der Umsetzung der Regelungen der Beleihungswertermittlungsverordnung.

Dr. Louis Hagen
Hauptgeschäftsführer

Achim Reif
Bereichsleiter
Immobilienfinanzierung Inland,
Bewertung

Inhaltsverzeichnis

Abkürzungsverzeichnis

II. BV	Zweite Berechnungsverordnung
BaFin	Bundesanstalt für Finanzdienstleistungsaufsicht
BelWertV	Beleihungswertermittlungsverordnung
BetrKV	Betriebskostenverordnung
BMJ	Bundesministerium der Justiz
EnEV	Energieeinsparverordnung
ErbbauRG	Gesetz über das Erbbaurecht (Erbbaurechtsgesetz)
gif	Gesellschaft für Immobilienwirtschaftliche Forschung e.V.
GroMikV	Großkredit- und Millionenkreditverordnung
HBG	Hypothekenbankgesetz
IDW	Institut der Wirtschaftsprüfer
IRBA	Internal Ratings Based Approach
KSA	Kreditrisiko-Standardansatz
KWG	Kreditwesengesetz
LandR	Entschädigungsrichtlinie Landwirtschaft
MaRisk	Mindestanforderungen an das Risikomanagement
PfandBG	Pfandbriefgesetz
SolvV	Solvabilitätsverordnung
VVG	Gesetz über den Versicherungsvertrag
WaldR	Waldwertermittlungsrichtlinie
WertR	Wertermittlungsrichtlinie
WertV	Wertermittlungsverordnung
WoFlV	Wohnflächenverordnung
ZKA	Zentraler Kreditausschuss

Einleitung und Zielsetzung

Die vorliegende Ausarbeitung soll Gutachtern, Kreditspezialisten, Studierenden und Interessierten im Bereich der Wertermittlung die Vorschriften zum Realkredit und seiner Verwendung sowie die methodischen Besonderheiten der Beleihungswertermittlung nach dem Pfandbriefgesetz (PfandBG) in Verbindung mit der Beleihungswertermittlungsverordnung (BelWertV) vermitteln.

Dem Leser sollen die Zweckbestimmung des Beleihungswertes in Abgrenzung zu anderen Werten und die zugrunde liegenden Vorschriften und Gesetze rund um den Realkredit und die Pfandbriefdeckung verdeutlicht werden.

Des Weiteren soll dem Leser die sich aus dem Anwendungsbereich und der Zielsetzung des Beleihungswertes abgeleitete Vorgehensweise bei der Beleihungswertermittlung in Abgrenzung zu anderen Wertermittlungsmethoden verdeutlicht werden.

Die Grundlagen der Wertermittlung, insbesondere der Verkehrswertermittlung, werden als Basiswissen vorausgesetzt. Hierzu wird auf die zahlreichen, einschlägigen Veröffentlichungen verwiesen. Somit wird in den Ausführungen der Schwerpunkt auf den Besonderheiten der Beleihungswertermittlung mit Unterschieden und Gemeinsamkeiten zum Verkehrswert/Marktwert im Vordergrund stehen.

Die Beleihungswertmethodik wurde und wird seit 1996 durch den Ausschuss für Bewertungsfragen im Verband deutscher Pfandbriefbanken (vdp) permanent weiterentwickelt und verfeinert. Darüber hinaus erfordert das im Juli 2005 eingeführte Pfandbriefgesetz mit der daraus resultierenden Rechtsverordnung zu Einzelheiten der Methodik und Form der Beleihungswertermittlung sowie den Mindestanforderungen an die Qualifikation des Gutachters die Darlegung des aktuellen Standes.

Die Umsetzung der Europäischen Bankenrichtlinie in deutsches Recht, die die neuen Eigenkapitalvorschriften nach Basel II beinhaltet, führte zu neuen Vorschriften in der 6. Novelle des Kreditwesengesetzes (KWG), der hieraus resultierenden Solvabilitätsverordnung (SolvV) und der Groß- und Millionenkreditverordnung (GroMiKV). Bei diesen Neuerungen handelt es sich auch um Vorschriften, die die Bewertung von Immobilien als Sicherheit für Kredite betreffen und daher ebenso wesentliche Bestandteile dieser Aktualisierungen sind.

Alle Vorschriften haben gemeinsam, dass sie eine entsprechende Qualität bei der Bewertung der Immobilien, die als Sicherheit dienen, fordern, soweit eine Refinanzierung über Pfandbriefe nach dem PfandBG oder andere gedeckte Schuldverschreibungen nach dem KWG in Anspruch genommen wird. Gemessen an dem ermittelten Wert der Immobilie, die als Sicherheit dient, erhält nur der erste Rang bzw. sichere Teil eines Kredites, der im KWG auch als Realkredit bezeichnet wird, Erleichterungen aus den aufgeführten Vorschriften oder darf zur so genannten Pfandbriefdeckung herangezogen werden.

Wegen der Komplexität des Themas wurde die Ausarbeitung in zwei Teile gegliedert. Teil I beinhaltet Erläuterungen zu den Vorschriften zum Realkredit und den Anwendungsgebieten des Realkredites.

In Teil II wird auf die Methodik der Beleihungswertermittlung nach dem Pfandbriefgesetz und der Beleihungswertermittlungsverordnung eingegangen, die zwingend für Pfandbriefbanken im Rahmen der Pfandbriefdeckung Anwendung finden muss. Sie kann wahlweise auch für die Inanspruchnahme so genannter Anrechnungserleichterungen nach dem Kreditwesengesetz in Verbindung mit der Solvabilitätsverordnung und der Groß- und Millionenkreditverordnung von Kreditinstituten angewandt werden.

Die Autoren danken vor allem den Mitgliedern des Ausschusses für Bewertungsfragen des vdp. Dieser Ausschuss hat sich in seiner kontinuierlichen Arbeit der Weiterentwicklung des Beleihungswertes angenommen. Wesentliche Ausarbeitungen, Vereinbarungen mit der BaFin über Auslegungsfragen bis hin zu Formulierungen, die zum Teil wörtlich in der BelWertV übernommen wurden, stammen aus Papieren, die der Fachausschuss erstellt hat. Herrn Trotz, HypoVereinsbank, in seiner Eigenschaft als Vorsitzender des Bewertungsausschusses ist hierfür stellvertretend gedankt, in dem er sowohl durch vorausschauende Auswahl der Themen als auch einer effizienten Behandlung der Inhalte im Ausschuss und in Arbeitskreisen dafür gesorgt hat, dass jeweils die richtigen Themen zeitnah behandelt und gegenüber den jeweiligen Ansprechpartnern kommuniziert wurden.

Hinsichtlich der konzeptionellen Gestaltung und der inhaltlichen Durchsicht ist den Mitarbeitern der Verbandsgeschäftsstelle, Frau Wünsche, Herrn Dr. Stöcker, Herrn Reif und Herrn Dr. Marburger zu danken. Wichtige inhaltliche Anregungen lieferten außerdem Frau Engel, HSH Nordbank; Herr Kettel und Herr Schmidt, Eurohypo; Herr Hammel und Herr Dr. Bärwald, HypoVereinsbank; Herr Quentin, Deutsche Hypothekenbank Hannover; Herr Baumgartner, Münchener Hypothekenbank; Herr Kirchhof, WL BANK; sowie Herr Lux, HypZert GmbH. Die redaktionelle Durchsicht erfolgte durch Herrn Rauen, Universität Köln.

Swisttal/Gauting im Mai 2008

Wolfgang Crimmann Dr. Konrad Rüchardt

Teil I

Anwendungsgebiete und Vorschriften für die Immobilienbewertung nach dem Pfandbriefgesetz und dem Kreditwesengesetz

1 Das Immobilienvermögen und die Immobilienbewertung

1.1 Geschäftsfelder rund um die Immobilie

Es gibt eine große Anzahl von Geschäftsfeldern, die sich rund um die Immobilie entwickelt haben. Im folgenden Schaubild sind beispielhaft Geschäftsfelder aufgeführt, die wiederum in viele Teilbereiche untergliedert werden können und teilweise miteinander verknüpft sind. Nimmt man den Bereich der Finanzierung, so existiert z. B. eine Verknüpfung zur Kapitalanlage sowie zur Portfolioanalyse. Finanzierungen kann man beispielhaft in Projektfinanzierungen, langfristige Endfinanzierungen für den Kapitalanleger oder Eigennutzer sowie kurzfristige und langfristige Portfoliofinanzierungen untergliedern. Zu jedem Teilbereich gehören Spezialisten mit entsprechendem Spezialwissen, so dass eine Vernetzung untereinander unerlässlich ist.

Die Immobilienbewertung ist in dem vorliegenden Schema zwar als eigenständiges Geschäftsfeld aufgeführt, betrachtet man die Geschäftsfelder jedoch im Einzelnen, ist zu erkennen, dass der Gutachter in allen Bereichen sein Betätigungsfeld findet. In den verschiedenen Geschäftsfeldern rund um die Immobilie ist die Einschätzung des Wertes einer Immobilie von großer Bedeutung. Der Gutachter trägt hierfür eine wesentliche Verantwortung und muss je nach spezieller Zweckbestimmung mit unterschiedlichen Methoden eine entsprechende Bewertung vornehmen (siehe Abb. 1 auf der folgenden Seite).

Abb. 1: Geschäftsfelder rund um die Immobilie

Quelle: Crimmann 2002

Das enorme Immobilienvermögen in Deutschland, welches laut ifo-Institut mit ca. sieben Billionen EUR beziffert wird (vgl. ifo 2005), rückt mehr und mehr durch aktiveres Vermögensmanagement in den Mittelpunkt. Neben ausländischen Investoren sind Gesetzesänderungen und Optimierung der Rendite durch aktives, professionelles Management wesentliche Treiber für vielfältige und teils neue Aktivitäten im Immobiliensektor in Deutschland.

Ein Meilenstein war in diesem Zusammenhang die Einführung von deutschen REITs im Jahre 2007, die dem Immobiliensektor weitere Impulse geben wird. Real Estate Investment Trust-Aktiengesellschaften mit Sitz in Deutschland – daher auch als G-REITs (German REITs) bezeichnet – sind im REIT-Gesetz geregelt, welches in 2007 in Kraft getreten ist.

Auch die Aktivitäten der öffentlichen Hand, die durch Neustrukturierung ihrer Wohnungsbestände und markante PPP-Projekte zu mehr Bewegung im Immobiliengeschehen beitragen, sind bemerkenswert. Public Private Partnerchip Modelle der Kommunen und Länder sind vielfältig. Hauptanliegen ist, Investitionen für die Erfüllung von öffentlichen Aufgaben gemeinsam mit privaten Investoren zu realisieren, wie z. B. der Bau von Rathäusern durch private Investoren, die dann durch die Kommunen als Mieter genutzt werden.

Aktivitäten im Immobilienbereich sind meist mit der Frage nach dem Wert einer Immobilie verbunden. Hieraus ergeben sich Bewertungserfordernisse, die die Einschaltung eines Gutachters erfordern. Im folgenden Schaubild werden exemplarisch Themenbereiche ohne Anspruch auf Vollständigkeit gezeigt, die allesamt Anlässe für eine Bewertung von Immobilien geben können. Damit wird nicht nur die Bedeutung des Immobilienmarktes als solcher erkennbar, sondern auch die Bedeutung der Wertermittlung in diesem wichtigen Vermögensbereich.

Abb. 2: Bewertungsanlässe

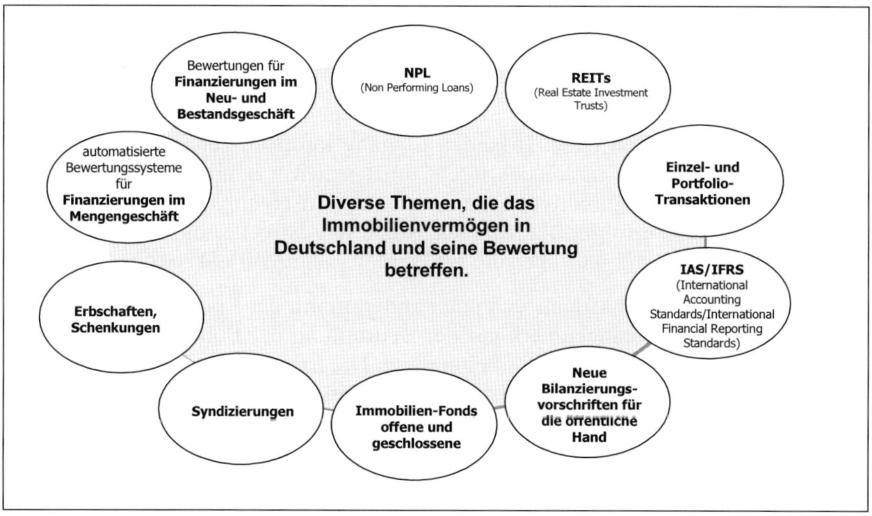

1.2 Bedeutung und Aufgabenstellung des Gutachters und der Immobilienbewertung für die Kreditwirtschaft

1.2.1 Bankgeschäfte und Risikosteuerung

Banken erhalten Gelder von Anlegern, die sie wiederum rentierlich platzieren müssen, um den Anlegern die vereinbarten Zinsen regelmäßig zahlen zu können. Bei der Anlage von Geldern spielt bekanntermaßen das Anlagerisiko eine Rolle. Ein höheres Risiko sollte entsprechend höhere Zinserträge bringen, mit denen das höhere Risiko abgedeckt wird. Auch eine Bank lebt von der Differenz zwischen „Einkauf", Hereinnahme von Kundeneinlagen und „Verkauf" in Form von rentierlicher Anlage der Kundengelder im Namen der Bank. Diese Spanne wird selbstverständlich optimiert. Eine interessante aber auch risikoreiche Gegenanlage der Kundengelder ist z. B. die Vergabe von Krediten. Das Kreditwesengesetz (KWG) und das Pfandbriefgesetz (PfandBG) enthalten Anforderungen, die darauf ausgerichtet sind, dass Kreditinstitute die Risiken bei der Gegenanlage der anvertrauten Gelder ordentlich handhaben und überschaubar begrenzen.

Das Kreditwesengesetz gilt als „Grundgesetz" für alle Banken. Kreditinstitute, die zugelassene Pfandbriefbanken sind, können zur Refinanzierung ihrer Kreditvergabe unter Beachtung des Pfandbriefgesetzes Kundengelder über Pfandbriefemissionen beschaffen. Als von der BaFin (Bundesanstalt für Finanzdienstleistungsaufsicht) zugelassene Pfandbriefbanken haben diese Kreditinstitute neben dem Kreditwesengesetz auch das Pfandbriefgesetz zu beachten.

Wie viel Risiko eine Bank tragen kann, hängt insbesondere von der Höhe des Eigenkapitals ab. Die Vereinbarungen von Basel II, die von internationalen Bankenvertretern und den verschiedenen Bankenaufsichtsbehörden der unterschiedlichen Länder getroffen wurden, beschäftigten sich mit der Risikotragfähigkeit einer Bank, die über Messinstrumente und entsprechendes Risikomanagement zu ermitteln ist und als strategische Entscheidungsgrundlage für die Risikopolitik einer Bank dient.

Die Vereinbarungen von Basel II fanden Eingang in die so genannte Europäische Bankenrichtlinie, die in nationales Recht umzusetzen war und offiziell als CRD (Capital Requirements Directive) bekannt ist. Die Umsetzung der Bankenrichtlinie in deutsches Recht erfolgte über die sechste KWG-Novelle, die Einführung der Solvabilitätsverordnung und über die Großkredit- und Millionkreditverordnung.

Diese Regelwerke beschäftigen sich unter anderem mit der Einschätzung von Kreditrisiken, deren Hauptaugenmerk auf der Beurteilung der Bonität des Kreditnehmers und der Bewertung der Sicherheiten liegt. Die Einschätzung der Bonität eines Kreditnehmers erfolgt über Bonitätsratings, mit denen man die Wahrscheinlichkeit eines Ausfalls, also die Wahrscheinlichkeit des Eintritts der Zahlungsunfähigkeit des Kreditnehmers kalkuliert. Kann der Kreditnehmer nicht mehr seinen Zahlungsverpflichtungen nachkommen, muss der freihändige Verkauf der Kreditsicherheiten bis hin zur Zwangsverwertung die Rückzahlung des Kredites ermöglichen. Reicht der Wert der Sicherheiten für die Rückzahlung nicht aus, muss die Bank die blanko Kreditteile als Wertberichtigung aus ihren Gewinnen oder Reserven (Eigenkapital) verbuchen, die für eingegangene Kreditrisiken ausreichen müssen. Schließlich möchte der Kunde seine Kundeneinlage irgendwann einmal zurück erhalten, was ihm im deutschen Bankensystem weitgehend garantiert wird.

Die Eigenkapitalvorschriften fordern entsprechend dem Risiko der einzelnen Geschäfte die Kalkulation einer Risikoprämie, die im Zins enthalten sein muss. Ebenfalls muss sie eine dem Risiko angemessene Eigenkapitalunterlegung kalkulieren. Je besser und werthaltiger eine Kreditsicherheit und die Bonität des Kreditnehmers sind, desto geringer müssen die Risikoprämie im zu vereinbarenden Zinssatz und Höhe der Eigenkapitalunterlegung bemessen sein.

Im Kreditwesengesetz sind aber auch Vorschriften zur Handhabung und Meldung von Krediten enthalten, die erleichtert werden, wenn es sich um eine Immobilienfinanzierung mit einem erstrangigen Grundpfandrecht an einer Immobilie handelt (Realkredit). Um diese Erleichterungen nutzen zu können, muss man eine Bewertung der Immobilie entsprechend der zugrunde liegenden Vorschriften gewährleisten, damit auf Basis dieser Wertermittlung der erstrangige Kreditteil, für den die Erleichterung gilt, ermittelt werden kann.

Aus dieser vereinfachten Darstellung wird deutlich, wie wichtig die Bonität des Kreditnehmers, aber auch die Werthaltigkeit der Sicherheit im Kreditgeschäft ist. Kreditsicherheiten können vielfältig sein. Als Kreditsicherheiten können Bareinlagen, Wertpapierdepots, Schmuck, Forderungen, Bürgschaften, Spareinlagen und wie bereits erwähnt Grundpfandrechte an Immobilien dienen. Im Folgenden steht der Wert der Kreditsicherheit im Vordergrund und damit die Frage der Bewertung der Immobilie im weiteren Sinne. Die Bewertung der Immobilie, an der ein Grundpfandrecht als Kreditsicherheit bestellt ist, obliegt der Bank, die diese von hierfür qualifizierten Personen durchführen lässt.

Die genannten Gesetze und Verordnungen enthalten Vorschriften und Anforderungen **wer, welchen Wert, für welchen Zweck, nach welcher Methode zu ermitteln und schließlich wie zu überwachen hat**.

1.2.2 Die Bedeutung der Immobilienbewertung und des Gutachters im Kreditprozess

Eine Immobilienfinanzierung bedarf von der Kreditvergabe bis zur endgültigen Rückzahlung an vielen Stellen der Bewertung der Sicherheit. Einerseits ist die Wertermittlung für die Kreditvergabe eine Entscheidungsgrundlage, andererseits aber auch für die Mittelbeschaffung (Refinanzierung) maßgebend. Dies gilt für die Refinanzierung über gedeckte Schuldverschreibungen nach dem Kreditwesengesetz wie für die Pfandbriefausgabe nach dem Pfandbriefgesetz. Ebenso spielt der Wert der Immobilie bei der Auszahlung, bei Änderungen der Sicherheit (z. B. Austausch eines Grundpfandrechtes), beim laufenden Kredit im Zuge der Kreditüberwachung bis hin zur Abwicklung von Not leidenden Krediten eine wesentliche Rolle. Für die Bewertung der Immobilie werden Gutachter oder sach- und fachkundige Mitarbeiter eingeschaltet, die für die Bewertung der relevanten Objekte ausreichend geschult und qualifiziert sind.

Beim Kreditvergabeprozess gilt das Grundprinzip der strikten Funktionstrennung zwischen Personen, die die Wertermittlung durchführen und dem Kompetenzträger, der im Rahmen der Kreditgenehmigung den Beleihungswert festsetzt. Dies ist in

§ 16 Abs. 1 PfandBG verankert, auf den das KWG Bezug nimmt, so dass dieses Prinzip nicht nur für Pfandbriefbanken, sondern auch für Geschäftsbanken Verbindlichkeit besitzt.

Im Sinne des § 16 Abs. 1 PfandBG ist die „Festsetzung" des Beleihungswertes, die der endgültigen Kreditentscheidung vorausgeht, eine originäre Aufgabe der zuständigen Kompetenzträger der Bank. Für den Vorstand, der Kompetenzen an Mitarbeiter vergibt, dient die Wertermittlung durch den Gutachter als Grundlage für die Beleihungswertfestsetzung.

Der Gutachter wird im Rahmen seiner Wertermittlung in einer von der Kreditentscheidung unabhängigen Sphäre tätig. Im Rahmen seiner Aufgabenerfüllung muss der Gutachter unabhängig arbeiten und darf nicht weisungsgebunden sein. Für Kreditinstitute sind sowohl freie als auch bankinterne Gutachter tätig. Für beide Gruppen muss die Unabhängigkeit und Weisungsfreiheit im Rahmen der Gutachtertätigkeit gewährleistet sein.

§ 16 Abs. 1 PfandBG enthält nicht nur klare Regelungen bezüglich der Funktionstrennung zwischen Kreditbearbeitung und Wertermittlung, sondern zeigt auch Anforderungen an den Gutachter auf. So muss nach dieser Vorschrift die Wertermittlung von einem von der Kreditentscheidung unabhängigen Gutachter vorgenommen werden, der über die hierfür notwendige Berufserfahrung und über die notwendigen Fachkenntnisse für Beleihungswertermittlungen verfügen muss.

Mit dem Pfandbriefgesetz und der dazugehörigen Beleihungswertermittlungsverordnung sind erstmals die Funktionstrennung für die Beleihungswertermittlung und Beleihungswertfestsetzung sowie die Qualifikationsvoraussetzungen und organisatorische Eingliederung von Gutachtern gesetzlich geregelt. Dies wird im Zuge der Erläuterung der Beleihungswertermittlungsverordnung noch detaillierter ausgeführt. Die dort festgelegten Anforderungen sind nahezu deckungsgleich mit den früheren Anforderungen der BaFin unter Bezugnahme auf Eigenkapitalausstattung und Großkredite (siehe hierzu auch 5.2.2.1), die heute noch Gültigkeit haben.

Zur Erfüllung seiner Aufgaben muss der Gutachter in den verschiedenen Bereichen der Immobilienwirtschaft vertiefte Kenntnisse besitzen. Hierzu gehören großes Fachwissen, langjährige Erfahrung und detaillierte Kenntnisse der unterschiedlichen Objektarten auf lokalen Immobilienmärkten, insbesondere im Hinblick auf ihre künftige Entwicklung.

Dies gilt auch für das internationale Geschäft. In der Vergangenheit hat es insbesondere für Pfandbriefbanken enorm an Bedeutung gewonnen und wurde zum festen Bestandteil der Geschäftentwicklung. Immobilienfinanzierungen im Ausland sind bei einigen Banken bedeutender als das inländische Geschäft, wenn man die Anteile am Neugeschäft betrachtet.

Der Gutachter, ob als Angestellter der Bank oder freier Gutachter, ist mit seinem Aufgabenbereich Bestandteil des Kreditprozesses. Durch seine Arbeit legt er wesentliche Grundlagen für die Erfüllung der gesetzlichen Voraussetzungen für Anrechnungserleichterungen nach dem KWG (siehe hierzu auch Kapitel 2 und 3) mit seinen Verordnungen. Aus Sicht einer Pfandbriefbank ist er ebenso verantwortlich für die nachhaltige Werthaltigkeit der Deckungswerte und somit wesentlicher Baustein im Rahmen der Sicherung der hohen Pfandbriefqualität, für die jede Pfandbriefbank von Gesetzes wegen verpflichtet ist. Die Ausbildung und Zertifizierung der Gutachter für finanzwirtschaftliche Zwecke, Marktwertermittlung sowie Markt- und Objektrating dokumentieren für in- und ausländische Marktteilnehmer nachvollziehbar die hohen Qualitätsanforderungen, die für die Ausübung dieser Tätigkeit vorausgesetzt werden.

1.2.3 Der Aufgabenbereich eines für Kreditinstitute tätigen Gutachters im Überblick

In Anlehnung an ein Arbeitspapier des Ausschusses für Bewertungsfragen des vdp wird im Folgenden stichpunktartig ohne Anspruch auf Vollständigkeit ein Leistungskatalog aufgezeigt, der Einblick in die Anforderungen und Aufgaben eines für Kreditinstitute tätigen Gutachters gibt.

Tätigkeitsfelder eines Bankgutachters für in- und ausländische Beleihungen

- Erstellung und Überprüfung von Beleihungswertgutachten gemäß § 16 Abs. 2 PfandBG
- Erstellung und Überprüfung von Marktwertgutachten gemäß § 16 Abs. 2 PfandBG nach in Fachkreisen anerkannten Verfahren
- Wertmäßige Vorprüfung von Beleihungsobjekten
- Erstellung von Markt- und Objektratings
- Kosten- und Erlösbeurteilung in verschiedenen Bereichen, insbesondere bei Projekten und Management-Immobilien
- Konzept- und Objektbeurteilung
- Standortbeurteilung
- Beurteilung der Vermietbarkeit
- Beurteilung der Verwertbarkeit
- Beurteilung der Drittverwendungsfähigkeit
- Bewertung von Lasten, Beschränkungen, Wertminderungen im Zeitablauf
- Beurteilung der Betreiberbilanz bei Managementobjekten
- Mittelverwendungskontrolle (Überprüfung des Bautenstandes)
- Marktbeobachtung, Auswertung von Marktdaten und Prognosen
- Plausibilitätsprüfung von inländischen und ausländischen Gutachten
- Portfoliobewertungen, Mitwirkung bei Transaktionen
- Stellungnahmen zu Bauträgermaßnahmen (Konzeption, Wirtschaftlichkeit, Grad der Beleihbarkeit bei Zwischen- und Endfinanzierungen)
- Beratung der Kreditabteilung zu relevanten Fragen der Immobilie als Sicherheit

- Mitverantwortung beim Aufbau und der Qualitätssicherung von automatisierten Bewertungssystemen im Mengengeschäft sowie von Ratingsystemen zur Ermittlung der Qualität einer Immobilie
- Überprüfung der Qualität der Wertermittlung durch ausreichende Stichproben innerhalb der Kleindarlehensgrenze
- Mitwirkung bei der Überwachung der Werte nach § 20 a Abs. 6 KWG sowie § 26 BelWertV
- Unterstützung/Beratung bei Zwangsverwaltungs- und Zwangsversteigerungsmaßnahmen unter Beachtung der Funktionstrennung
- Projektsteuerungskontrolle bei eigenen Baumaßnahmen der Bank
- Mitwirkung/Beratung bei der Bestandsverwaltung von bankeigenen Immobilien
- Beleihungswertermittlung für andere Kreditinstitute (nach Anerkennung durch die BaFin) als Gutachter in einem Sachverständigenausschuss für deren bankeigene Immobilien im Rahmen der Ermittlung einer Neubewertungsreserve nach KWG (Ergänzungskapital, § 10 Abs. 2b Nr. 6 und 4b KWG)

2 Anwendungsgebiete der Bewertung von Immobilien für Finanzierungszwecke und Realkreditausweis

Im Sinne der Solvabilitätsverordnung, auf die im Folgenden noch näher einzugehen ist, fällt die durch ein Grundpfandrecht an einer Immobilie besicherte Forderung einer Bank in die Forderungsklasse „durch Immobilien besicherte Positionen". Der Wert dieses Sicherheitenobjekts ist zu ermitteln, um hieraus bestimmte Grenzen abzuleiten. Darüber hinaus sind für die Beurteilung der Werthaltigkeit des Grundpfandrechts Verwertungskosten, Verwertungszeitraum, Vorlasten und Grundschuldzinsen zu berücksichtigen.

In § 21 Abs. 3 Nr. 1 KWG wird auf das Pfandbriefgesetz verwiesen und Kredite, die die Anforderungen der §§ 14 Abs. 1 und 16 Abs. 1 und 2 PfandBG erfüllen, als Realkredit bezeichnet. Dies entspricht auch der früheren Regelung des § 14 Abs. 2 Nr. 5 KWG, die im Rahmen einer Änderung des KWG gestrichen und versehentlich nicht ersetzt worden war, so dass sich eine Regelungslücke ergeben hatte, die später durch die SolvV wieder geschlossen wurde (vgl. hierzu Stöcker, Realkredit und Pfandbriefsicherheit, Schriftenreihe des VDH, Band 18, Fritz Knapp Verlag, S. 8 f.). Die Bezeichnung Realkredit erhält demnach ein Kredit oder ein Teil eines Kredites, der durch eine Immobilie besichert ist, von deren Wert lediglich 60 % als Sicherheit in Ansatz gebracht wurde. Dieser Wert wird von einem Gutachter gemäß § 16 Abs. 1 PfandBG nach den Vorschriften des § 16 Abs. 2 PfandBG als Beleihungswert ermittelt. Ein Kredit kann auch durch ein Grundpfandrecht besichert sein, welches nominal dem Wert des Objektes entspricht. Dann wird nur der Teil des Kredites als Realkredit im engen Sinne bezeichnet, der durch den erstrangigen Teil des Grundpfandrechtes, also 60 % des Beleihungswertes, abgesichert ist.

Früher wurden, gemessen am Wert der Immobilie, ausschließlich erstrangige und nachrangige Finanzierungen als getrennte Kredite vergeben, was als echtes Realkreditsplitting bezeichnet wird. Seit geraumer Zeit ist auch das so genannte unechte Realkreditsplitting möglich, bei dem der erstrangige Teil ermittelt und extra ausgewiesen wird. Nur dieser ausgewiesene Teil eines grundpfandrechtlich besicherten Kredites kommt in den Genuss von Anrechnungserleichterungen nach den Vorschriften des KWG mit den dazugehörenden Verordnungen. Daher ist der Realkreditausweis, ob als echtes oder unechtes Realkreditsplitting, ein wichtiges Instrument.

Im Folgenden wird die Bewertung einer Immobilie für Finanzierungszwecke, die durch das auf ihr bestellte Grundpfandrecht eine Forderung besichert, zur Differenzierung zu anderen Bewertungszwecken kurz Sicherheitenbewertung genannt. Denn die Bewertung des Sicherheitenobjektes ist neben den oben aufgeführten Kriterien wesentlicher Bestandteil der Bewertung eines Grundpfandrechtes. Für die Werthaltigkeit eines Grundpfandrechtes ist neben dem Wert der Immobilie nämlich auch die rechtliche Durchsetzbarkeit des Wertes des Grundpfandrechtes maßgebend. Nach § 20 a Abs. 4 KWG ist dieses zu dokumentieren, da das Kreditinstitut in der Lage sein muss, bei Eintritt des Sicherungsfalles den Wert des Grundpfandrechtes in angemessener Zeit realisieren zu können.

Die Immobilienbewertung ist damit auch wesentlicher Bestandteil der Qualitätssicherung in der Wertschöpfungskette der Immobilienfinanzierung. Sie muss grundsätzlich unabhängig vom Kreditentscheidungsprozess durch qualifizierte Gutachter erfolgen (siehe hierzu auch Gliederungspunkt 1.2.2).

Die Sicherheitenbewertung findet im Rahmen der Immobilienfinanzierung entsprechend ihrer Zweckbestimmung in drei Schwerpunkten mit unterschiedlicher Zielrichtung statt:

- im Kreditprozess,
- für Refinanzierung über gedeckte Schuldverschreibungen, insbesondere Hypothekenpfandbriefe,
- für Anrechnungserleichterungen nach dem KWG.

2.1 Kreditprozess

Bei Immobilienfinanzierungen ist die Bewertung der Sicherheit von großer Bedeutung. Für den Zeitraum der Finanzierung übernimmt der Kreditgeber die künftigen Risiken aus der Bonität des Kreditnehmers und der Wertentwicklung der Sicherheit.

Die Einschätzung des Risikos im Vorfeld der Kreditvergabe betrifft somit nicht nur die Bonität des Kreditnehmers, sondern ebenso die zur Verfügung stehende Sicherheit, wobei im Folgenden die Immobiliensicherheit im Mittelpunkt steht. Mit Einführung von Basel II und der damit verbundenen Notwendigkeit einer nach Risiko differenzierten Margenkalkulation, die neben der Einschätzung der Bonität (Kapitaldienstfähigkeit) gleichermaßen die Einschätzung der Sicherheit beinhaltet, wird die Bedeutung der Sicherheitenbewertung entsprechend herausgestellt.

Für die Einschätzung des Risikos ist nicht nur der Zeitpunkt der Kreditvergabe maßgebend, sondern vielmehr der Zeitraum der Kreditlaufzeit, die sich aus der Rückzahlungsvereinbarung mit dem Kreditnehmer ergibt.

Für die Beurteilung der Bonität des Kreditnehmers wurden Rating- und Scoringverfahren entwickelt, die der Genehmigung der Aufsicht bedürfen. Das Ergebnis eines Bonitätsratings ist eine Bonitätsstufe bzw. -klasse, die maßgeblich für die Zinshöhe (Risikokosten) ist. Im Rahmen der Beurteilung der Bonität wird auch die Kapitaldienstfähigkeit geprüft, denn für die laufende Bedienung des Darlehens muss der Darlehensnehmer über ausreichende Liquidität verfügen (vgl. Rüchardt 2001, S. 67 f.).

Ein weiterer wichtiger Faktor für Finanzierungshöhe und Margenkalkulation ist der Wert, der der bereitgestellten Sicherheit beizumessen ist. Auf Basis einer Wertermittlung durch einen Gutachter erfolgt im Kreditbereich durch den Kompetenzträger der Bank die Festsetzung des Beleihungswertes und der Beleihungshöhe, wobei der Beleihungsauslauf auch am Marktwert bemessen sein kann. Die Wertermittlung bildet neben anderen zu beurteilenden Einflussgrößen eines Kredites eine wesentliche Grundlage für die Kreditentscheidung und die Zinshöhe.

Zu großzügige oder fehlerhafte Werte, die zu überhöhten Ergebnissen führen, können zu Risiken führen und sind damit für den Ertrag der Bank ebenso gefährlich wie nicht gerechtfertigte Unterbewertungen, die ein Kreditgeschäft verhindern können. Die realistische Risikoeinschätzung mit Hilfe der Wertermittlung ist Dreh- und Angelpunkt für die Beurteilung der Immobiliensicherheit im Kreditvergabeprozess.

Abb. 3: Die Sicherheit im Kreditprozess

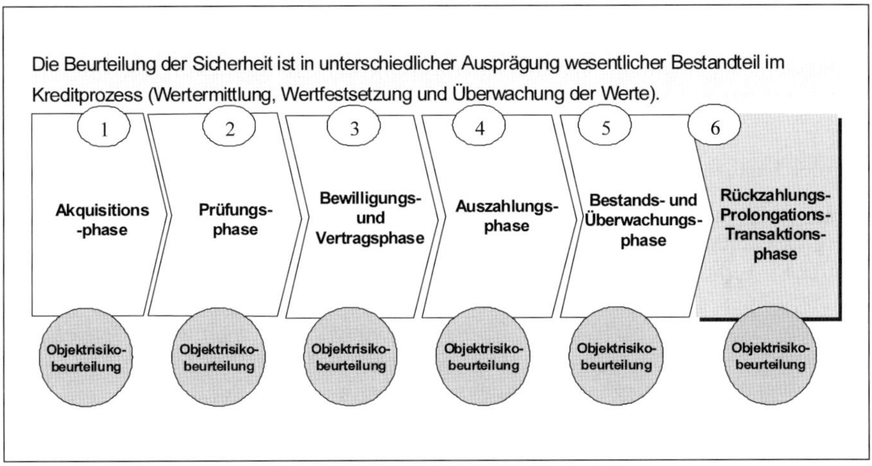

In der Akquisitionsphase muss sich die Bank ein erstes Bild von der Werthaltigkeit der Immobilie verschaffen. Im Mengengeschäft (z. B. eigengenutzte Wohnimmobilien) kann dies zunächst durch Einschätzung im Rahmen der Kundenberatung erfolgen. Es könnten auch automatisierte Verfahren eingesetzt werden, die mit Hilfe von Geodaten nach Eingabe der Objektdaten eine erste Wertindikation für die maßgebliche Region und Objektart liefert.

Bei größeren, komplexeren Immobilien, z. B. gewerblich genutzte Immobilien oder Spezialimmobilien wie Hotels und Sozialimmobilien, wird der Gutachter meist sehr früh vor konkreter Kreditantragstellung einbezogen, um Chancen und Risiken dieser Immobilie im Vorfeld der Kreditgenehmigung einzuschätzen. Die Risikobeurteilung einer Sicherheit bei komplexen Immobilien ist entsprechend umfangreich. Hier werden rechtliche, technische und wirtschaftliche Aspekte für die Wertermittlung u. U. auch gesondert von unterschiedlichen Experten mit Spezialwissen überprüft.

Markt- und Objektratings, welche Aufschluss über die Qualität einer Immobilie in ihrem relevanten Markt geben, finden mehr und mehr Anwendung bei der Risikobeurteilung. Ziel eines solchen Ratings ist, die mittelfristige Verkäuflichkeit einer Immobilie zu messen und im Ergebnis z. B. auf einer Zehnerskala in Form einer Gesamtnote darzustellen. Für den Kreditentscheider ist der ermittelte Wert einer

Immobilie ergänzt durch eine solche Qualitätsnote für die Einschätzung des Risikos eine aufschlussreiche Information.

Im Verlaufe des Kreditprozesses folgt nach Prüfung, Bewilligung und Abschluss des Kreditvertrages die Auszahlungsphase. In dieser im Schaubild dargestellten vierten Phase ist Gutachterwissen und Bewertung wiederum erforderlich. Dies gilt bei Auszahlungen nach Baufortschritt bei Neubauten und besonders umfangreichen Projektfinanzierungen ebenso wie bei Umbauten und Modernisierungen, für die die Kreditmittel nur entsprechend dem Fertigstellungsgrad ausgezahlt werden.

Schließlich ist der Kredit ausgezahlt und bedarf nach unterschiedlichen Vorschriften wie den MaRisk (Mindestanforderungen an das Risikomanagement der Bundesanstalt für Finanzdienstleistungsaufsicht), dem KWG und dem Pfandbriefgesetz der laufenden Überwachung, die die Überprüfung der Werthaltigkeit der Immobilie zum Gegenstand hat.

Auf Einzelheiten der unterschiedlichen Vorschriften und Anforderungen wird in Kapitel 3 näher eingegangen.

In dieser Bestands- und Überwachungsphase können natürlich auch noch andere Ereignisse außer der turnusgemäßen Überwachung zu einer Überprüfung des Wertes der Sicherheit führen. Dies können Leistungsstörungen sein, wenn der Kreditnehmer seinen vereinbarten Zins- und Tilgungsleistungen nicht mehr nachkommt. Dies kann aber auch der Wunsch des Kreditnehmers sein, nach teilweiser Tilgung des Kredites eine Pfandfreigabe auf Grundstücksteile zu erhalten, oder einen Pfandtausch wegen Verkaufs des Beleihungsobjektes durchzuführen.

Sollte die Verwertung der Sicherheit bei leistungsgestörten Krediten als letzte Möglichkeit zum Tragen kommen, ist Gutachterwissen in der so genannten Work-Out-Phase ebenso erforderlich. Schließlich muss in dieser kritischen Phase der realisierbare Wert bekannt sein und die Vorgehensweise bei der Verwertung der Sicherheit entschieden werden. In dieser Phase wird u. U. zu entscheiden sein, ob in ein zu verwertendes Objekt noch investiert wird, um damit die Vermarktungschancen mit dem Ziel der Rückführung des Not leidenden Kredites aus dem Verwertungserlös zu erhöhen.

Wurde der Kredit ordentlich bedient, kommt er in der letzten Phase zur Rückzahlung oder Prolongation. Bei einer Prolongation kann je nach Vereinbarung oder Praxis der Bank die Überprüfung der Werthaltigkeit der Sicherheit erneut erforderlich sein. Ist der Kredit noch nicht zurückgezahlt, so kann eine Bank auch im Rahmen ihrer Risikosteuerung zum Ergebnis kommen, dass sie bestimmte Kredite nicht mehr in ihrem Bestand haben möchte und bietet diese im Rahmen einer Portfoliotransaktion einem Investor zum Kauf an. Natürlich werden die Kreditsicherheiten und ihre Bewertung vom Investor an dieser Stelle erneut überprüft. Zu einer Portfoliobewertung gehören umfangreiche Informationen, die über den Wert der Immobilie hinausgehen.

Abb. 4: Übersicht über die Bewertung im Kreditprozess

Kreditprozess
• **Risikoeinschätzung im Vorfeld der Finanzierung** • **Beleihungs- und Marktwertermittlung als Basis für:** – Beleihungsgrenze – Bemessung der Risikoprämie als Bestandteil der Zinsmarge – Kreditentscheidung • **Kreditüberwachung – Überwachung der Werte – Neubewertung** – zur Erfüllung von Vorschriften und internen Richtlinien – bei Prolongation – bei Leistungsstörung • **Risikotransfer durch Portfolioverkauf** • **Realisierung der Sicherheiten**

2.2 Refinanzierung über gedeckte Schuldverschreibungen, insbesondere Hypothekenpfandbriefe

Eine attraktive Refinanzierungsquelle als Basis für eine Kreditvergabe und eine ebenso interessante Anlageform für Kapitalanleger sind Pfandbriefe, deren Qualität über das Pfandbriefgesetz sichergestellt ist.

Zum besseren Verständnis ist es hilfreich, eine Abgrenzung zwischen einer einfachen, ungedeckten Schuldverschreibung, einer gedeckten Schuldverschreibung und dem Pfandbrief vorzunehmen. Neben Spareinlagen kann sich eine Bank auch über Schuldverschreibungen Gelder am Kapitalmarkt beschaffen, die wiederum der Kreditvergabe dienen können.

Eine Bank, die eine ungedeckte Schuldverschreibung als festverzinsliches Wertpapier emittiert, haftet gegenüber dem Gläubiger bzw. dem Anleger, der diese Schuldverschreibung kauft, mit ihrem Vermögen. Bei ungedeckten Schuldverschreibungen sind somit die Bonität und das Vermögen des Emittenten für die Einschätzung des Risikos der Geldanlage entscheidend. Hieran orientiert sich auch die erforderliche Verzinsung der Schuldverschreibung. Sie muss einen dem Risiko entsprechenden Aufschlag enthalten, damit genügend Anleger bereit sind, diese Schuldverschreibung zu kaufen. Risiko und Preis der Anlage müssen in einem ausgewogenen Verhältnis stehen.

Das Risiko verringert sich, wenn neben dem Vermögen des Emittenten zusätzliche Sicherheiten als Deckungswerte zur Verfügung stehen. Dies können unter anderem auch Immobilien sein, an denen ein Grundpfandrecht zugunsten der emittierenden Bank besteht. Hierbei kann es sich sowohl um erstrangige (bis 60 % Beleihungsauslauf) als auch um nachrangige Grundpfandrechte handeln. Die Voraussetzungen für gedeckte Schuldverschreibungen regelt der in das Kreditwesengesetz eingefügte § 20 a insbesondere für Immobilien als Deckungswerte in den Absätzen 4 bis 8 KWG, wozu auch Pfandbriefe gehören.

Bei Pfandbriefemissionen, die nur zugelassene Pfandbriefbanken gemäß § 2 PfandBG ausgeben dürfen, wird das Risiko von den Anlegern noch geringer eingeschätzt, da neben dem allgemeinen Vermögen des Emittenten bei Hypothekenpfandbriefen nur **erstrangige** Grundpfandrechte auf Immobilien dem Käufer von Hypothekenpfandbriefen als Sicherheit dienen. Hierbei handelt es sich um Kreditsicherheiten, die von Kreditnehmern der Pfandbriefbank verpfändet wurden.

Nach dem Grundprinzip des Pfandbriefgesetzes vergibt eine Pfandbriefbank Kredite gegen Immobiliensicherheiten, die zur Deckung von Pfandbriefen geeignet sind (gedeckte Schuldverschreibungen). Sie erhält am Kapitalmarkt durch den Verkauf von Pfandbriefen günstige Refinanzierungsmittel. Die Zinszahlung und Rückzahlung der Pfandbriefemission ist durch die Zahlungen der Kreditnehmer und die gestellten Grundpfandrechte für den Anleger gesichert. Diese enge Verbindung zwischen Refinanzierung und Kreditvergabe regelt das Pfandbriefgesetz, das hohe Qualitätsanforderungen an das Betreiben des Pfandbriefgeschäftes stellt und ebenso hohe Anforderungen für die Zulassung eines Kreditinstitutes als Pfandbriefbank vorgibt. Der Gläubigerschutz für Pfandbriefkäufer umfasst im PfandBG selbst den Fall der Eröffnung des Insolvenzverfahrens über das Vermögen einer Pfandbriefbank. § 30 PfandBG legt fest, dass die Forderungen der Pfandbriefgläubiger aus den in das Deckungsregister eingetragenen Werten voll zu befriedigen sind und von der Eröffnung des Insolvenzverfahrens über das Vermögen der Pfandbriefbank nicht berührt werden dürfen. Die in das Deckungsregister eingetragenen Werte fallen nicht in die Insolvenzmasse.

Die strikte Beachtung dieser Normen belohnen die Ratingagenturen meist mit dem begehrten Triple A für Pfandbriefemissionen, was für Anleger eine hohe Sicherheit und damit für den Emittenten eine günstigere Refinanzierung durch geringeren Risikoaufschlag bei der Verzinsung des Wertpapiers bedeutet.

Wesentlicher Bestandteil dieser Qualitätsanforderungen ist die Bewertung von Immobiliensicherheiten, die man in den Vorschriften des bereits erwähnten § 16 PfandBG und der hierzu gehörenden Beleihungswertermittlungsverordnung findet.

Im Folgenden wird anhand eines einfachen Beispiels aufgezeigt, wie attraktiv eine Pfandbriefrefinanzierung sein kann, womit deutlich wird, dass es sich bei bestimmten Volumina lohnt, hierfür die besonderen Anforderungen zu erfüllen.

BEISPIEL

Beispiel für Pfandbriefrefinanzierung

Der Spread (Renditeabstand) zwischen einer „einfachen" Refinanzierung für 10 Jahre Laufzeit und einer Pfandbriefrefinanzierung mit Triple-A-Rating soll 15 Basispunkte zugunsten der Pfandbriefrefinanzierung betragen. Dieser Spread schwankt je nach Marktlage und Rating der Bank.

Bei einem erstrangigen Finanzierungsvolumen von einer Milliarde EUR bedeutet der Vorteil von 15 Basispunkten bei einer Pfandbriefrefinanzierung p. a. 1,5 Millionen EUR Einsparung für den Pfandbriefemittenten gegenüber einer einfachen Refinanzierung am Kapitalmarkt. Bei einer Laufzeit von 10 Jahren ergibt sich vereinfacht gerechnet ein Einsparpotenzial in Höhe von

– 15 Millionen EUR –

2.3 Anrechnungserleichterungen nach dem KWG

Das KWG ermöglicht Erleichterungen bei der Erfüllung der strengen Vorschriften zum Schutz der Gläubiger der Banken. Diese Erleichterungen werden u. a. gewährt, wenn strenge Vorgaben für die Bewertung von Immobiliensicherheiten, wie in § 16 Abs. 1 und 2 PfandBG sowie in § 20 a Abs. 5 und 6 KWG formuliert sind, eingehalten werden.

Die Erleichterungen ergeben sich für den Kreditvergabeprozess, der damit schlanker und kostengünstiger wird, im Meldewesen und bei der Anrechnung von Risiken für die Eigenkapitalunterlegung.

Eine geringere Anrechnung von Risiken bewirkt eine geringere Eigenkapitalbindung und damit eine erhebliche Kostenersparnis. Dies wird anhand eines Beispiels unter Gliederungspunkt 3.3.3.1 veranschaulicht.

Ferner kann durch Anwendung des Beleihungswertes unter Beachtung der Vorschriften des Pfandbriefgesetzes bei der Bewertung des eigenen Immobilienvermögens eines Kreditinstitutes gemäß § 10 Abs. 2 b Nr. 6 und Abs. 4 b KWG ein Teil der Differenz zwischen dem bilanziellen Buchwert und dem ermittelten Beleihungswert als Eigenkapital in Anrechnung gebracht werden (so genannte Neubewertungsreserve). Eigenkapital ist ein knapper und teurer Faktor, wodurch die Anwendung dieser Vorschrift und damit des Beleihungswertes ertragswirksam sein kann.

Bei folgenden Anforderungen aus dem KWG gibt es Erleichterungen bei Beachtung besonderer Vorschriften für die Wertermittlung von Immobilien:

1. § 10 KWG Eigenmittelausstattung
2. § 13 KWG Großkredite
3. § 14 KWG Millionenkredite
4. § 15 KWG Organkredite
5. § 18 KWG Kreditunterlagen

2.4 Fazit aus der Darstellung der Anwendungsgebiete und der Vorschriften für Sicherheitenbewertung

Die dargestellten drei Schwerpunkte, in denen die Bewertung von Immobiliensicherheiten eine bedeutende Rolle spielt, nämlich

- Kreditprozess,
- Refinanzierung über gedeckte Schuldverschreibungen, insbesondere Hypothekenpfandbriefe und
- Anrechnungserleichterungen nach dem KWG,

beinhalten Ertragspotenziale, deren Erschließung durch die Bewertung der Immobiliensicherheiten unterstützt wird.

Hierzu zählen die Eingrenzung von Risiken bzw. richtige Preisfindung für erkennbare Risiken, die Beschaffung günstiger Refinanzierungsmittel über den Pfandbriefmarkt, wie im Beispiel unter Gliederungspunkt 2.2 aufgeführt und schließlich neben Erleichterungen im Kreditprozess auch Einsparungen bei der Eigenkapitalunterlegung (siehe hierzu die Beispielrechnung unter Gliederungspunkt 3.3.3.1).

Grundsätzlich lohnen sich die für die Bewertung von Immobiliensicherheiten erforderlichen Vorkehrungen. Diese sind Voraussetzung für Anrechnungserleichterungen, Refinanzierungsvorteile und die Bildung von Ergänzungskapital aus Neubewertungsreserven, wie unter Gliederungspunkt 2.2 und 2.3 erläutert wurde.

In Kapitel 3 werden die bewertungsrelevanten Vorschriften für Anrechnungserleichterungen und Pfandbriefdeckung ausführlich behandelt. Damit wird ein besseres Verständnis der Vorschriften für die Vorgehensweise bei der Bewertung von Sicherheiten ermöglicht.

3 Vorschriften des Pfandbriefgesetzes sowie des Kreditwesengesetzes für die Bewertung von Immobilien für Finanzierungszwecke

3.1 Vorschriften für die Bewertung von Immobilien für die Kreditvergabe

Für die Bewertung einer Immobiliensicherheit gibt es für die Kreditvergabe als solche grundsätzlich keine gesetzlichen Vorschriften. Vorschriften für die Bewertung ergeben sich nur für die beiden weiteren Schwerpunkte der Wertermittlung, gedeckte Schuldverschreibungen und insbesondere die Pfandbriefdeckung sowie die Anrechnungserleichterungen nach dem KWG.

Entscheidet eine Bank weder die Anrechnungserleichterungen zu nutzen noch eine Refinanzierung über gedeckte Schuldverschreibungen vorzunehmen, unterliegt sie grundsätzlich keinen konkreten Vorschriften bezüglich der Bewertung der Immobiliensicherheit als Basis für die Kreditentscheidung. Im Kreditprozess ist lediglich der Grundsatz der Ordnungsmäßigkeit der Geschäftsführung und des Kreditgeschäftes maßgebend. Die Einhaltung dieser Grundsätze wird in den jährlich stattfindenden Jahresabschlussprüfungen durch externe Wirtschaftsprüfer überwacht und in den Prüfungsberichten dokumentiert.

Die Maßstäbe, an der die Ordnungsmäßigkeit zu messen ist, leiten die Wirtschaftsprüfer und Prüfer der BaFin aus den einschlägigen Vorschriften ab, die für gedeckte Schuldverschreibungen, insbesondere die Pfandbriefdeckung sowie die Anrechnungserleichterungen nach KWG gelten.

Zur einheitlicheren Auslegung und Vorgehensweise bei Fragestellungen im Zuge der bilanziellen Prüfung legt das Institut der Wirtschaftsprüfer (IDW) in Verlautbarungen die Berufsauffassung dar, nach der Wirtschaftsprüfer unbeschadet ihrer Eigenverantwortlichkeit ihre Prüfungstätigkeit ausüben. Die sich hieraus ergebenden Standards werden durch die Gremien des IDW als Entwurf verabschiedet und dem Berufsstand und der interessierten Öffentlichkeit zur Meinungsäußerung vor endgültiger Veröffentlichung im IDW-Verlag zur Verfügung gestellt. Im Ergebnis entwickeln sich spätestens über diesen Prozess Standards und damit Vorgaben auch für die Bewertung von Sicherheiten, sofern es hierfür keine expliziten gesetzlichen Vorschriften gibt.

Darüber hinaus hat die BaFin die Mindestanforderungen an das Risikomanagement in den so genannten MaRisk (vgl. BaFin Rundschreiben 5/2007 [BA] vom 30.10.2007 „Mindestanforderungen an das Risikomanagement") festgelegt. Für Kreditprozesse gelten die in den MaRisk enthaltenen Anforderungen als Mindeststandards. Diese beinhalten Anforderungen an die strikte aufbauorganisatorische Funktionstrennung zwischen den Bereichen Markt- und Marktfolge sowie je nach Art, Umfang, Komplexität und Risikogehalt des Kreditengagements die Anforderungen an die Kreditentscheidung (siehe hierzu insbesondere MaRisk, Anlage 1, Erläuterungen zu den MaRisk in der Fassung vom 31.10.2007, BTO 1, Kreditgeschäft). Darüber hinaus wird eine entsprechende Organisation der Überwachung von laufenden Kreditengagements gefordert, insbesondere der Überwachung der Kundenbonität und der Sicherheit. In den MaRisk sind auch die Anforderungen an die Einschätzung des Adressausfallrisikos (Kundenbonität, Kapitaldienstfähigkeit) und der Sicherheit für die Kreditvergabe dargelegt.

Sinngemäß wird ausgeführt, dass das Kreditinstitut grundsätzlich vor der Kreditvergabe die Werthaltigkeit und den rechtlichen Bestand der Sicherheiten zu überprüfen hat. Es hat die akzeptierten Sicherheitenarten und die Verfahren zur Wertermittlung der Sicherheiten festzulegen. Bei der Festlegung der Verfahren zur Wertermittlung wird die Bank sich an bereits akzeptierten Verfahren orientieren, die sowohl von der BaFin, von Wirtschaftprüfern als auch von Ratingagenturen anerkannt werden.

Nicht zuletzt beobachten die Ratingagenturen die Qualität der Sicherheitenbewertung und bewerten die Einhaltung von branchenüblichen Standards positiv. Portfoliotransaktionen, bei denen auch nachrangige Kreditrisiken mit Hilfe gedeckter Schuldverschreibungen handelbar gemacht werden (mortgage-backed security, MBS), benötigen für den Zugang zum Handel am Kapitalmarkt ein Rating von namhaften Ratingagenturen. Mangelnde Transparenz und fehlende Standardisierung in Kreditprozessen, speziell in der Sicherheitenbewertung, würden nicht mehr zur begehrten Triple-A-Einstufung führen. Für den Emittenten bedeutet ein schlechteres Rating, dass er den Investoren einen höheren Zins bieten müsste. Hierdurch würden sich die Refinanzierung und damit die Konkurrenzfähigkeit im Kreditgeschäft verschlechtern.

3.2 Verweise und Vorschriften zur Pfandbriefrefinanzierung, zu gedeckten Schuldverschreibungen und KWG-Anrechnungserleichterungen

Die Fragestellung, die unter Gliederungspunkt 1.2 aufgeworfen wurde, **wer, welchen Wert, für welchen Zweck, nach welcher Methode zu ermitteln und schließlich wie zu überwachen hat**, soll in diesem Kapitel beantwortet werden. Leider ist die Beantwortung nicht so einfach, wie es auf den ersten Blick erscheinen mag.

Aus der Überschrift ist zu erkennen, dass es sich um zwei für die Bewertung von Immobiliensicherheiten maßgebliche Gesetze handelt, das Pfandbriefgesetz und das Kreditwesengesetz. Das Pfandbriefgesetz (PfandBG) stammt aus dem Jahr 2005, zu dem die Beleihungswertermittlungsverordnung (BelWertV) aus dem Jahre 2006 gehört.

Das Pfandbriefgesetz bietet Pfandbriefinvestoren ein engmaschig geknüpftes Sicherheitsnetz. Leitmotiv der gesetzlichen Grundlage für die Emission von Pfandbriefen ist das Prinzip des Anlegerschutzes. So dürfen nur Kreditinstitute, welche die strengen Anforderungen an eine Pfandbrieflizenz erfüllen, Pfandbriefe begeben. Die ausstehenden Hypotheken-, Schiffs- und Öffentlichen Pfandbriefe müssen durch

Hypotheken-, Staats- und Schiffskredite mindestens gleicher Höhe gedeckt sein. Diese so genannten Deckungswerte werden in separate Register eingetragen. Im Insolvenzfall eines Emittenten sind die Ansprüche der Pfandbriefgläubiger durch ein Vorrecht an den in den Deckungsregistern eingetragenen Deckungswerten privilegiert. Das Pfandbriefgeschäft unterliegt der besonderen Aufsicht der Bundesanstalt für Finanzdienstleistungsaufsicht (BaFin). Zusätzlich zur laufenden Aufsicht auf Basis des Kreditwesengesetzes überwacht eine eigene Pfandbriefabteilung die Einhaltung der Bestimmungen des Pfandbriefgesetzes. Die Verpflichtung zur quartalsweisen Veröffentlichung wichtiger Kennzahlen der Deckungsmassen macht die Zusammensetzung transparent und im Zeitablauf vergleichbar.

Die KWG-Novelle im Zuge der Umsetzung der Europäischen Bankenrichtlinie in deutsches Recht und die Schaffung der Solvabilitätsverordnung (SolvV) sowie die Änderungen der Großkredit- und Millionenkreditverordnung (GroMiKV) wurden im Laufe des Jahres 2006 finalisiert und sind seit Anfang 2007 in Kraft.

Diese Gesetze und Verordnungen mit ihren Begründungen umfassen weit über tausend Seiten. Es ist aufwendig, die für die Bewertung von Immobiliensicherheiten relevanten Vorschriften herauszufinden. Die verantwortlichen Akteure im Kreditprozess, wozu auch die Gutachter gehören, müssen zumindest Grundkenntnisse zu den rechtlichen Grundlagen ihrer Arbeit besitzen, insbesondere wenn die Kreditinstitute, bei denen sie tätig sind, Anrechnungserleichterungen und Pfandbriefrefinanzierung in Anspruch nehmen.

Das KWG und das PfandBG dienen indirekt auch dem Schutz der Gläubiger von Kreditinstituten. So ist es nicht verwunderlich, dass zwischen KWG und PfandBG ein Zusammenspiel stattfindet. Das KWG verweist auf das Pfandbriefgesetz und gewährt den Kreditinstituten bei Erfüllung seiner Gläubigerschutzvorschriften Erleichterungen. Voraussetzung ist hierfür u. a., dass bestimmte Vorschriften des Pfandbriefgesetzes eingehalten werden. Hierzu gehört in erster Linie die Beachtung der Beleihungswertvorschriften aus § 16 PfandBG, auf die im KWG an verschiedenen Stellen verwiesen wird. Aber auch im KWG gibt es Vorschriften in § 20 a Abs. 4 bis 8, die sich mit Immobiliensicherheiten im Zusammenhang mit gedeckten Schuldverschreibungen beschäftigen. Nach § 20 a Abs. 1 Nr. 1 KWG sind Pfandbriefe auch gedeckte Schuldverschreibungen. So verweist die Vorschrift § 20 a in den Absätzen 5 und 6 folgerichtig auf das Pfandbriefgesetz § 16 Abs. 1 und 2.

Auch die § 10 Abs. 1 KWG konkretisierende Solvabilitätsverordnung (SolvV), ehemals Grundsatz I, enthält Verweise auf das Pfandbriefgesetz § 16 Abs. 2 und die Beleihungswertermittlungsverordnung sowie auf § 20 a Abs. 4 bis 8 KWG. Aus dem KWG selbst gibt es aus § 21 Abs. 3 Nr. 1 einen Verweis auf §§ 14 Abs. 1 und 16 Abs. 1 und 2 PfandBG betreffend Erleichterungen für Organkredite (§ 15 KWG) und Kreditunterlagen (§ 18 KWG). Im Folgenden wird bei der Beschreibung der Anrechnungserleichterungen auf diese Vorschriften noch näher eingegangen.

Die Vorschrift des § 21 Abs. 3 Nr. 1 KWG wird auch als Realkreditdefinition herangezogen. Früher wurde der Realkredit über § 14 Abs. 2 Satz 3 Nr. 5 KWG mit entsprechendem Verweis auf §§ 11 und 12 des früheren Hypothekenbankgesetzes definiert. Nachdem diese Vorschrift gestrichen wurde, ist nunmehr die Realkreditdefinition des § 21 Abs. 3 Nr. 1 KWG maßgebend.

Die Beantwortung der eingangs gestellten Frage:

Wer, welchen Wert, für welchen Zweck, nach welcher Methode, zu ermitteln und schließlich wie zu überwachen hat, kann nur aus den maßgeblichen Vorschriften erfolgen. Daher werden die relevanten Vorschriften im Folgenden zusammenfassend aufgeführt, um dem Leser einen Gesamtüberblick und eine Eingrenzung der umfangreichen Gesetzestexte, Verordnungen und Begründungen zu ermöglichen.

Abb. 5: Maßgebliche Vorschriften für die Bewertung von Immobiliensicherheiten

Gesetz/ Verordnung	**Vorschrift**	**Angabe zum Inhalt der Vorschrift**
Pfandbriefgesetz	§ 14 Abs. 1	60 % des Beleihungswertes gemäß § 16 für Pfandbriefdeckung
Pfandbriefgesetz	§ 16 Abs. 1	Von Kreditentscheidung unabhängiger Gutachter mit entsprechender Qualifikation
Pfandbriefgesetz	§ 16 Abs. 2	Definition und Anforderungen an Beleihungswert und Marktwert
Pfandbriefgesetz	§ 16 Abs. 4	Ermächtigung zur Erstellung der Beleihungswertermittlungsverordnung, die die Methodik und Form der Beleihungswertermittlung und die Mindestanforderungen an die Qualifikation des Gutachters bestimmt.
Beleihungswertermittlungsverordnung	§§ 1 bis 28	Methodik und Form der Beleihungswertermittlung sowie Anforderungen an die Qualifikation des Gutachters
Kreditwesengesetz	§ 21 Abs. 3 Nr. 1	**Realkredit** gemäß § 14 Abs. 1 und § 16 Abs. 1 und 2 PfandBG als Voraussetzung für Anrechnungserleichterungen für Organkredite § 15 und Kreditunterlagen § 18 KWG
Kreditwesengesetz	§ 20 a Abs. 5	Die Immobilie muss von einem unabhängigen Sachverständigen höchstens zu ihrem Marktwert oder zu ihrem Beleihungswert nach § 16 Abs. 2 PfandBG bewertet werden, um sie als Deckungswert berücksichtigen zu können.
Kreditwesengesetz	§ 20 a Abs. 6	Der Wert der belasteten Immobilie muss in regelmäßigen Abständen überwacht werden.
Solvabilitätsverordnung	§ 35 Abs. 1 Satz 4 Nr. 1 und Abs. 2	Basis für Eigenkapitalunterlegung im **Kreditrisiko-Standardansatz (KSA)** für Kredite mit **Wohnimmobilien** als Sicherheit: 60 % des Beleihungswertes nach § 16 Abs. 2 Satz 1 bis 3 PfandBG i. V. m. der BelWertV oder eines anders ermittelten nachhaltig erzielbaren Wertes, der den Anforderungen des § 16 Abs. 2 Satz 1 bis 3 PfandBG genügt. Die Anforderungen des § 20 a Abs. 4 bis 8 KWG sind einzuhalten (§ 35 Abs. 2 SolvV), womit auch eine Überwachung der Werte vorgeschrieben ist.

Abb. 5: Maßgebliche Vorschriften für die Bewertung von Immobiliensicherheiten (Fortsetzung)

Gesetz/ Verordnung	Vorschrift	Angabe zum Inhalt der Vorschrift
Solvabilitäts-verordnung	§ 35 Abs. 1 Satz 4 Nr. 2 Buchstabe a und Abs. 3	Basis für Eigenkapitalunterlegung im **Kreditrisiko-Standardansatz (KSA)** für Kredite mit **Gewerbeimmobilien** als Sicherheit ist für die Ermittlung des Wertes: das Niedrigere von 50 % des Marktwertes und 60 % des Beleihungswertes nach § 16 Abs. 2 Satz 1 bis 3 PfandBG i. V. m. BelWertV oder eines anders ermittelten nachhaltig erzielbaren Wertes, der den Anforderungen des § 16 Abs. 2 Satz 1 bis 3 PfandBG genügt. Die Anforderungen des § 20 a Abs. 4 bis 8 KWG sind einzuhalten (§ 35 Abs. 3 SolvV) und damit besteht auch eine Pflicht für die Überwachung der Werte. Welche Gewerbeimmobilien für geringere Eigenkapitalunterlegung privilegiert sind, wird über Hard-Tests ermittelt. **Hard-Tests** stellen Obergrenzen für Verlustquoten zur Identifizierung von privilegierten Objekten nach § 35 Abs. 4 SolvV dar. Gemäß dieser Vorschrift dient für die Verlustquoten als Bemessungsbasis das Niedrigere von 50 % des Marktwertes und 60 % des Beleihungswertes nach BelWertV oder eines anders ermittelten nachhaltig erzielbaren Wertes, der den Anforderungen des § 16 Abs. 2 Satz 1 bis 3 PfandBG genügt. Daher müssen diese Werte bekannt sein. Die Institute müssen jährliche Meldungen der Verlustquoten gemessen an o. a. Grenze an die BaFin senden.
Solvabilitäts-verordnung	§ 159 Abs. 1 Nr. 1 Basisansatz IRBA für Wohnen und Nr. 2 für Gewerbe	Basis für Eigenkapitalunterlegung im **IRBA Basisansatz** bei **Wohn- und Gewerbeimmobilien** sind die Anforderungen des § 20 a Abs. 4 bis 8 KWG durch Verweis auf § 35 Abs. 2 Satz 1 für Wohnen und Abs. 3 Satz 1 SolvV für Gewerbe, wonach ein Wahlrecht besteht, den Marktwert oder den Beleihungswert zu ermitteln. Für den gewählten Wert besteht eine Überwachungspflicht nach § 20 a Abs. 6 KWG. Nach § 159 Abs. 1 Nr. 2 sind für Gewerbeimmobilien durch Verweis auf § 35 Abs. 4 SolvV Höchstverlustraten zu ermitteln: Um eine privilegierte Eigenkapitalunterlegung für Gewerbeimmobilien nach § 159 Abs. 1 Nr. 2 in Anspruch nehmen zu können, sind Höchstverlustraten (sog. Hard-Tests) nach § 35 Abs. 4 SolvV einzuhalten (siehe hierzu auch die Ausführungen zu KSA Gewerbeimmobilien in dieser Aufstellung). Gemäß dieser Vorschrift dient für die Verlustquoten als Bemessungsbasis das Niedrigere von 50 % des Marktwertes und 60 % des Beleihungswertes nach BelWertV oder eines anders ermittelten nachhaltig erzielbaren Wertes, der den Anforderungen des § 16 Abs. 2 Satz 1 bis 3 PfandBG genügt. Daher müssen diese Werte für Gewerbeimmobilien bekannt sein. Die Institute müssen jährliche Meldungen der Verlustquoten gemessen an o. a. Grenze an die BaFin senden.

Abb. 5: Maßgebliche Vorschriften für die Bewertung von Immobiliensicherheiten (Fortsetzung)

Gesetz/ Verordnung	**Vorschrift**	**Angabe zum Inhalt der Vorschrift**
Solvabilitäts-verordnung	§ 159 Abs. 2 Alternatives Risiko-gewicht	Für Kredite mit **Wohnimmobilien** als Sicherheit gilt für die Bewertung: 60 % des Beleihungswertes nach § 16 Abs. 2 Satz 1 bis 3 PfandBG i. V. m. BelWertV oder eines anders ermittelten nachhaltig erzielbaren Wertes, der den Anforderungen des § 16 Abs. 2 Satz 1 bis 3 PfandBG genügt. Diese Bewertungsvorschrift ergibt sich aus Verweis auf § 100 Abs. 8 SolvV. § 159 Abs. 2 Satz 1 SolvV setzt eine „grundpfandrechtlich besicherte IRBA Position" voraus, wodurch auch die Vorschriften des § 159 Abs. 1 SolvV als Voraussetzung zu beachten sind und damit § 20 a Abs. 4 bis 8 KWG durch Verweis auf § 35 Abs. 2 Satz 1 SolvV. Danach muss die Überwachung der Werte nach § 20 a Abs. 6 KWG erfolgen. § 159 Abs. 2 Nr. 1 Buchstaben a und b schreiben auch für Wohnen die Ermittlung von Höchstverlustraten als Voraussetzung für eine privilegierte Eigenkapitalunterlegung vor. Gemäß dieser Vorschrift dient für die Verlustquoten als Bemessungsbasis das Niedrigere von 50 % des Marktwertes und 60 % des Beleihungswertes nach BelWertV oder eines anders ermittelten nachhaltig erzielbaren Wertes, der den Anforderungen des § 16 Abs. 2 Satz 1 bis 3 PfandBG genügt. Daher müssen diese Werte für Wohnimmobilien bei Wahl des alternativen Risikogewichtes bekannt sein.
Solvabilitäts-verordnung	§ 159 Abs. 2 Alternatives Risiko-gewicht	Für Kredite mit **Gewerbeimmobilien** als Sicherheit gilt für die Ermittlung des Wertes der Immobiliensicherheit: das Niedrigere von 50 % des Marktwertes und 60 % des Beleihungswertes nach § 16 Abs. 2 Satz 1 bis 3 PfandBG i. V. m. der BelWertV oder eines anders ermittelten nachhaltig erzielbaren Wertes, der den Anforderungen des § 16 Abs. 2 Satz 1 bis 3 PfandBG genügt, ebenfalls durch Verweis aus § 159 Abs. 2 auf § 100 Abs. 8 SolvV. § 159 Abs. 2 Satz 1 SolvV setzt eine „grundpfandrechtlich besicherte IRBA Position" voraus, wodurch auch die Vorschriften des § 159 Abs. 1 SolvV als Voraussetzung zu beachten sind und damit § 20 a Abs. 4 bis 8 KWG durch Verweis auf § 35 Abs. 2 Satz 1 SolvV. Danach muss die Überwachung der Werte nach § 20 a Abs. 6 KWG erfolgen. Durch Verweis auf § 35 Abs. 4 SolvV aus § 159 Abs. 2 Nr. 2 SolvV sind Höchstverlustraten am Niedrigeren von 50 % des Marktwertes und 60 % des Beleihungswertes oder eines anders ermittelten nachhaltig erzielbaren Wertes, der den Anforderungen des § 16 Abs. 2 Satz 1 bis 3 PfandBG genügt, zu messen.

Abb. 5: Maßgebliche Vorschriften für die Bewertung von Immobiliensicherheiten (Fortsetzung)

Gesetz/ Verordnung	Vorschrift	Angabe zum Inhalt der Vorschrift
Solvabilitätsverordnung	§ 100 Abs. 8	Vorschrift für die Bewertung, wenn das Institut sich für die Verwendung des alternativen Risikogewichtes entschieden hat. In Abs. 8 Nr. 1 für Wohnimmobilien als Sicherheit: 60 % des Beleihungswertes nach § 16 Abs. 2 Satz 1 bis 3 PfandBG i. V. m. BelWertV oder eines anders ermittelten nachhaltig erzielbaren Wertes, der den Anforderungen des § 16 Abs. 2 Satz 1 bis 3 PfandBG genügt. In Abs. 8 Nr. 2 für Gewerbeimmobilien als Sicherheit: Das Niedrigere von 50 % des Marktwertes und 60 % des Beleihungswertes nach § 16 Abs. 2 Satz 1 bis 3 PfandBG i. V. m. der BelWertV oder eines anders ermittelten nachhaltig erzielbaren Wertes, der den Anforderungen des § 16 Abs. 2 Satz 1 bis 3 PfandBG genügt
Solvabilitätsverordnung	§ 132 Fortgeschrittener Ansatz IRBA	§ 132 Abs. 6 fordert, dass die Einschätzung der Verlustquoten nicht nur auf dem geschätzten Marktwert basieren darf, sondern auch die potenzielle Unfähigkeit des Instituts zu berücksichtigen ist, eine Sicherheit unverzüglich liquidieren zu können. Abs. 7 verweist zusätzlich auf die Vorschriften des § 20 a Abs. 4 und 6 bis 8 KWG und lässt die Bewertungsvorschrift des Abs. 5 außen vor. Daher gibt es keine Vorgaben für die Bewertung der Sicherheit. Eine Überwachung des Wertes ist gemäß § 20 a Abs. 6 KWG erforderlich.
Großkredit- und Millionenkreditverordnung	§ 25 Abs. 1 Nr. 1	**Für Wohnen:** Entweder 50 % des Marktwertes, der mindestens jährlich zu überprüfen ist, oder als Alternative kann die Vorgehensweise wie beim KSA-Standardansatz für Eigenkapitalunterlegung Wohnen nach § 35 Abs. 1 Satz 4 Nr. 1 gewählt werden. Die Voraussetzungen des § 35 Abs. 2 SolvV müssen in jedem Fall erfüllt sein und damit auch die des § 20 a Abs. 4 bis 8 KWG.
Großkredit- und Millionenkreditverordnung	§ 25 Abs. 1 Nr. 2	**Für Gewerbe:** Wie KSA-Standardansatz für Eigenkapitalunterlegung Gewerbe nach § 35 Abs. 1 Satz 4 Nr. 2 Buchstabe a und Abs. 3 SolvV

Zusammenfassend kann festgehalten werden, dass aus weit über tausend Seiten Verordnungs- und Gesetzestexten mit Begründungen neben der Beleihungswertermittlungsverordnung lediglich neun Paragraphen für die Bewertung von Immobiliensicherheiten maßgebend sind.

Im Folgenden wird die Anwendung dieser Vorschriften anhand der Erläuterungen der Anrechnungserleichterungen und der Voraussetzungen für die Pfandbriefdeckung verdeutlicht.

3.3 Die Bewertungsvorschriften für Pfandbriefdeckung und Anrechnungserleichterungen in ihrer praktischen Anwendung

3.3.1 Pfandbriefdeckung

Für die Pfandbriefdeckung dürfen nach § 14 Abs. 1 PfandBG nur Hypotheken bis zur Höhe von 60 % des von der Pfandbriefbank nach § 16 PfandBG festgesetzten Wertes des Grundstücks (Beleihungswert) benutzt werden.

In § 16 Abs. 1 PfandBG ist geregelt, dass die Wertermittlung, die als Grundlage für die Beleihungswertfestsetzung dient, von einem Gutachter erstellt wird, der unabhängig von der Kreditentscheidung sein muss und über die notwendige Berufserfahrung sowie über die notwendigen Fachkenntnisse für Beleihungswertermittlungen verfügen muss.

Der zweite Absatz des § 16 PfandBG definiert den Beleihungswert und legt fest, dass dieser den Marktwert, der ebenfalls in dieser Vorschrift definiert wird, nicht übersteigen darf. Die BaFin legt in diversen Stellungnahmen an verschiedene Verbände dar, dass sie aus § 16 Abs. 2 PfandBG nicht die Verpflichtung ableite, in jedem Fall neben dem Beleihungswert den Marktwert ermitteln zu müssen, um den Nachweis zu erbringen, dass der Beleihungswert den Marktwert nicht übersteigt. Bei ordnungsgemäßer Ermittlung liege der Beleihungswert aufgrund seiner sicherheitsorientierten Ausrichtung bereits systemimmanent unterhalb des Marktwertes. Die Ermittlung des Marktwertes sei in Zweifelsfällen im Sinne der Grundsätze ordnungsmäßiger Geschäftsführung zu empfehlen. Für das Massengeschäft sehe man mit dieser Auslegung eine Erleichterung. Für Immobilien, die sich nicht für das Massengeschäft systematisieren lassen, empfehle sich eine aktuelle Marktwertermittlung. Das heißt für die Praxis, eine Marktwertermittlung ist nicht in jedem Fall erforderlich. Sie sollte nur in Zweifelsfällen erfolgen und wird aus den oben aufgeführten Gründen für das Massengeschäft nicht benötigt.

Allerdings wird noch auf andere Vorschriften im Zusammenhang mit der Eigenkapitalunterlegung eingegangen, die eine Ermittlung des Marktwertes voraussetzen wie § 35 SolvV.

Schließlich wird im vierten Absatz der Vorschrift festgelegt, dass eine Verordnung die Einzelheiten der Methodik und Form der Beleihungswertermittlung sowie die Mindestanforderungen an die Qualifikation des Gutachters bestimmt. Außerdem kann die Rechtsverordnung für die Bewertung von überwiegend zu Wohnzwecken genutzten Beleihungsobjekten Erleichterungen vorsehen, die in dieser Form nur noch für Anwender der Beleihungswertermittlungsverordnung Gültigkeit haben.

Damit gibt es für die Pfandbriefdeckung eindeutige und klare Bestimmungen zur Beantwortung der o. a. Fragestellung:

Ein Gutachter, der die Anforderungen der §§ 6 und 7 BelWertV für die Qualifikation und organisatorische Eingliederung erfüllt (siehe hierzu Gliederungspunkt 8.3.2), ermittelt den Beleihungswert nach den Vorschriften der Beleihungswertermittlungsverordnung.

Die Beleihungswertermittlungsverordnung enthält mit § 26 BelWertV eine Vorschrift für die Überwachung dieses Wertes, welche unter Gliederungspunkt 8.6 näher erläutert wird.

Außerdem regelt die Beleihungswertermittlungsverordnung in § 24 BelWertV Erleichterungen bezüglich der Wertermittlung bei so genannten Kleindarlehen, die unter Gliederungspunkt 8.4.4.5 näher erläutert werden.

Das Kapitel könnte an dieser Stelle enden, wenn die klaren Bestimmungen für die Pfandbriefdeckung auch für die Anrechnungserleichterungen Gültigkeit hätten. Da dies nicht der Fall ist, muss im Folgenden herausgearbeitet werden, welche Anforderungen für die jeweiligen Anrechnungserleichterungen gelten.

3.3.2 Allgemeinverbindlichkeit der Beleihungswertermittlungsverordnung

Bevor die Anforderungen an die Wertermittlung für Anrechnungserleichterungen aus den einzelnen Vorschriften herausgearbeitet werden, ist die Frage zu klären, inwiefern bei der Ermittlung von nachhaltig erzielbaren Werten im Sinne von § 16 Abs. 2 Satz 1 bis 3 PfandBG die Beleihungswertermittlungsverordnung Anwendung findet. Nach § 16 Abs. 4 PfandBG ist der Beleihungswert nach den Regeln der Beleihungswertermittlungsverordnung zu ermitteln.

Das Kreditwesengesetz verweist in §§ 21 Abs. 3 Nr. 1 sowie 20 a KWG Abs. 5 zwar unter anderem auf § 16 Abs. 2 PfandBG (Beleihungswert), nicht aber auf § 16 Abs. 4 PfandBG (BelWertV). Damit stellt das Kreditwesengesetz klar, dass die Beleihungswertermittlungsverordnung außer für die Pfandbriefrefinanzierung keine Allgemeinverbindlichkeit hat, d. h. insbesondere nicht für die Anrechnungserleichterungen oder für Zwecke der Eigenkapitalermittlung.

Daher wurde eine Möglichkeit geschaffen, für Zwecke der Ermittlung der Eigenkapitalgewichtung den privilegierungsfähigen Teil eines grundpfandrechtlich gesicherten Kredites auch anhand eines „anders ermittelten nachhaltig erzielbaren Wertes, der den Anforderungen nach § 16 Abs. 2 Satz 1 bis 3 PfandBG genügt", zu bestimmen (vgl. §§ 35, 159 SolvV).

Hieraus ergibt sich die Frage, welchen Kriterien dieser anders ermittelte Wert genügen muss. Die gleiche Frage stellt sich für den Wert, der gemäß Verweis aus § 21 Abs. 3 Nr. 1 KWG auf § 16 Abs. 2 PfandBG wie oben dargestellt ohne Allgemeinverbindlichkeit der BelWertV zu ermitteln ist.

Aus Sicht der methodischen Vorgehensweise bei der Wertermittlung ergeben sich demnach drei nachhaltige Werte, die zu unterscheiden wären:

- der Beleihungswert nach § 16 Abs. 2 PfandBG zu ermitteln nach BelWertV,
- der Beleihungswert nach § 16 Abs. 2 PfandBG ohne Bezug zur BelWertV (siehe Verweis aus § 21 Abs. 3 Nr. 1 KWG) und
- der in der Solvabilitätsverordnung bezeichnete „anders ermittelte nachhaltige Wert, der § 16 Abs. 2 Satz 1 bis 3 genügt".

Die Anforderungen nach § 16 Abs. 2 Satz 1 bis 3 PfandBG müssen in allen aufgezeigten Fällen eingehalten werden.

Vergleicht man diese Anforderungen mit den Anforderungen an den Beleihungswert nach § 3 Abs. 2 BelWertV, so sind diese weitgehend identisch. Damit dokumentiert die BelWertV in § 3 i. V. m. § 1, dass die ihm folgenden Vorschriften der Verordnung der Einhaltung des § 16 Abs. 2 Satz 1 bis 3 dienen.

Bis zum Inkrafttreten des Pfandbriefgesetzes und der Beleihungswertermittlungsverordnung gab es keine konkreten Vorgaben zur Vorgehensweise bei der Ermittlung des Beleihungswertes nach § 12 HBG. Eine weitgehend gleichgerichtete Vorgehensweise in der Beleihungswertermittlung war aber Voraussetzung für die Qualitätssicherung durch Personalzertifizierung in der HypZert GmbH, die durch Schreiben der BaFin und Vereinbarungen mit der BaFin auch in den Wertermittlungsanweisungen nach § 13 HBG für die damaligen Hypothekenbanken ihre Berücksichtigung fanden. Auch die Jahresabschlussprüfer bei den Banken sowie die so genannten Deckungsprüfer (Prüfer der BaFin für Qualität der Pfandbriefsicherheiten) orientierten sich an diesen Standards.

In der BelWertV finden diese Standards ihre Fortsetzung und wurden nur an wenigen Stellen ergänzt bzw. verändert.

Man kann davon ausgehen, dass in der Praxis in Auslegungs- oder Grundsatzfragen zur Beleihungswertermittlung auf die Beleihungswertermittlungsverordnung und auf die vor Inkrafttreten der BelWertV akzeptierte Vorgehensweise zurück gegriffen wird. Es ist zu vermuten, dass insbesondere die BaFin als Verfasserin dieser Rechtsverordnung bei der Erfüllung ihrer Aufgaben die Inhalte der BelWertV reflektiert. Prüfer und Prüfungsverbände werden sich ebenso bei grundsätzlichen Problemen und Zweifelsfragen an vorhandenen Normen orientieren, die sich für die Beleihungswertermittlung aus der BelWertV und für die Marktwertermittlung inländischer Immobilien aus der WertV ergeben.

Schaut man in den Bereich der Verkehrswertermittlung, so ist eine Allgemeinverbindlichkeit der Wertermittlungsverordnung WertV auch nicht gegeben. Die WertV ist nicht generell für alle Sachverständige bindend, sondern nur für Gutachter der örtlichen Gutachterausschüsse. Die aus ihr abgeleiteten normierten Verfahren sind jedoch bei Gerichten und in Fachkreisen anerkannte Verfahren. Das hat zur Konsequenz, dass auch Sachverständige, die nicht im Rahmen der örtlichen Gutachterausschüsse tätig sind, die WertV und ihre Verfahren beachten.

Die Differenzierung nach einem „anders ermittelten, nachhaltig erzielbaren Wert“ und einem Beleihungswert nach BelWertV sowie einem Wert nach § 16 Abs. 2 ohne Allgemeinverbindlichkeit der BelWertV ist ein Mangel. Aus der bisherigen fachlichen Diskussion in den kreditwirtschaftlichen Gremien (Stand Januar 2008) zeichnet sich ab, dass eine Definition des anders ermittelten, nachhaltig erzielbaren Wertes in enger Anlehnung an die Inhalte der BelWertV erfolgen wird.

3.3.3 Anrechnungserleichterungen

3.3.3.1 § 10 KWG Eigenmittelausstattung

Für Risikoaktiva wie Kredite an Kunden fordert der Gesetzgeber für eventuelle Verluste eine Eigenkapitalunterlegung. Diese Eigenkapitalunterlegung des je nach Risikogewicht angerechneten Kreditbetrages wird für z. B. Realkredite bzw. Realkreditanteile eines Kredites reduziert. Je weniger Eigenkapitalunterlegung erforderlich ist, umso mehr Kredite können mit gleichem Eigenkapitaleinsatz herausgelegt werden, was zu einem beachtlichen Renditeeffekt führen kann. Nach den Eigenkapitalvorschriften des KWG in Verbindung mit der Solvabilitätsverordnung gibt es mehrere Methoden, die Anwendung finden dürfen, um die Höhe der Eigenkapitalunterlegung für Risiken zu bemessen. Die folgenden Ausführungen beschränken sich auf Risiken aus Immobilienfinanzierungen.

Wie diese bemessen werden und wie viel Eigenkapital hierfür zu unterlegen ist, wird in der Solvabilitätsverordnung geregelt.

Ziel der Bankenaufsicht ist grundsätzlich eine Eigenkapitalunterlegung von 8 % der anrechenbaren Kredite. Basis für die unterschiedlich hohe Eigenkapitalunterlegung von 8 % ist das so genannte Risikogewicht mit dem die anrechenbare Kreditforderung in Ansatz gebracht wird. Eine Finanzierung ohne besondere Sicherheit mit normaler Kundenbonität wird mit 100 % Risikogewicht, also in voller Kredithöhe, in Ansatz gebracht. Eine mit erstrangigen Grundschulden z. B. auf Gewerbeimmobilien abgesicherte Forderung wird im Kreditrisiko – Standardansatz nur mit 50 % Risikogewicht in Ansatz gebracht, während die mit erstrangigen Grundschulden auf Wohnimmobilien gesicherten Kreditforderungen nur zu 35 % gewichtet werden. Von dieser gewichteten Kreditforderung ausgehend werden dann 8 % Eigenkapitalunterlegung berechnet.

Für andere Risiken kann das Risikogewicht das Vielfache von 100 % betragen, wie unter anderem in § 85 Abs. 6 SolvV festgelegt, sind für bestimmte Risiken bis 1.250 % Risikogewicht anzusetzen. Das bedeutet ein Risiko von 100 TEUR wird mit 1.250 % gewichtet, also mit 1.250.000 TEUR in Ansatz gebracht, so dass bei 8 % Eigenkapitalunterlegung von diesem Risikoansatz 100 TEUR Eigenkapitalunterlegung vorzusehen ist und somit das gesamte eingegangene nominale Risiko mit Eigenkapital zu unterlegen wäre.

Eigenkapital ist schwierig zu beschaffen und sehr teuer, da der Kapitalgeber eine entsprechende Rendite erwartet. Anrechnungserleichterungen tragen dem niedrigeren Risikogehalt von bestimmten Risikoaktiva Rechnung.

Bei Immobilienfinanzierungen können unterschiedlich hohe Risiken eingegangen werden. Für die Bemessung des Risikos einer Finanzierung bezogen auf die Sicherheit ist der Wert der belasteten Immobilie entscheidend, insbesondere wie viel Kredit gemessen am Wert der Immobilie vergeben wird (LTV/loan to value). An dieser Stelle ist es unerheblich, ob der Wert der Immobilie am Marktwert oder Beleihungswert bemessen wird. Der Gesetzgeber bestimmt aus Erfahrungen der Vergangenheit, z. B. in § 14 Abs. 1 PfandBG, als Grenze für die Pfandbriefdeckung 60 % des Beleihungswertes als eine sichere Größe, an der sich andere Vorschriften auch orientieren bzw. auf diese Vorschrift direkt verweisen.

So ist auch für die Eigenkapitalunterlegung bei Immobilienfinanzierungen die Beleihungshöhe gemessen am Wert der Sicherheit eine entscheidende Größe. Folglich sind Vorschriften, die die Wertermittlung betreffen, unerlässlich. Für erstrangige Gewerbefinanzierungen wird nach dem Standardansatz und dem IRBA Basisansatz das niedrigere von 50 % des Marktwertes und 60 % des Beleihungswertes oder eines anders ermittelten nachhaltigen Wertes, der den Anforderungen des § 16 Abs. 2 Satz 1 bis 3 genügt, in Ansatz gebracht. Für diesen Kreditteil wird dann ein Risikogewicht von 50 % für die Bemessung der Eigenkapitalunterlegung angesetzt. Bevor die unterschiedlichen Methoden und Anforderungen für die Eigenkapitalbemessung kurz umrissen werden, soll das folgende einfache Beispiel den wirtschaftlichen Effekt der Anrechnungserleichterungen verdeutlichen.

BEISPIEL

Beispiel für Eigenkapitalunterlegung nach dem Kreditrisiko-Standardansatz (KSA) bei Krediten mit Grundpfandrechten auf Gewerbeimmobilien:

Für 1 Mrd. EUR wurden Kredite für Gewerbeimmobilienfinanzierungen mit Grundpfandrechten an erster Rangstelle vergeben. Der Marktwert der Immobilien beträgt 2 Mrd. EUR. Hiervon 50 % entsprechen 1 Mrd. EUR. Der Beleihungswert nach BelWertV beträgt 1,75 Mrd. EUR. Hiervon 60 % entsprechen 1,05 Mrd. EUR.

Für Anrechnungserleichterungen muss der niedrigere Wert in Ansatz gebracht werden. In diesem Beispiel 50 % des Marktwertes, also 1 Mrd. EUR.

Würde das Kreditinstitut (KI) keine Wertermittlungen entsprechend der SolvV vornehmen wollen, käme es auch nicht in den Genuss der Anrechnungserleichterungen, die das Risikogewicht für Kredite mit erstrangigen Grundpfandrechten auf Gewerbeimmobilien nur mit 50 % ansetzen.

Ohne Anrechnungserleichterung muss das KI 100 % der Kreditsumme in Ansatz bringen und somit 8 % × 1 Mrd. EUR = 80 Mio. EUR Eigenkapital binden.

Nimmt es Anrechnungserleichterungen in Anspruch, so wird die Kreditsumme, die am Wert der Immobiliensicherheiten gemessen komplett in den erstrangigen Beleihungsrahmen fällt, in diesem Fall 50 % des Marktwertes, nur mit 50 % gewichtet.

Demnach berechnet sich die Eigenkapitalunterlegung wie folgt:

1 Mrd. EUR Kredit × 50 % Risikogewicht = 500 Mio. EUR

500 Mio. EUR × 8 % Eigenkapital = 40 Mio. EUR

Das bedeutet wiederum, dass das Kreditinstitut mit 80 Mio. EUR Eigenkapital bei Inanspruchnahme von Anrechnungserleichterungen das doppelte Volumen zu gleichen Bedingungen ausleihen könnte.

Bei einer angenommenen Nettomarge für eine weitere Milliarde EUR Gewerbefinanzierungen in Höhe von 15 Basispunkten p. a. würde diese Milliarde bei einer zehnjährigen Finanzierung, vereinfacht ohne Tilgungseffekt, folgenden Mehrertrag bringen:

1 Mrd. EUR × 0,15 % × 10 Jahre = **15 Mio. EUR** (vereinfacht gerechnet)

Die Herausforderung für eine geringere Eigenkapitalunterlegung ist demnach die Bemessung des Risikogewichtes, wofür es drei unterschiedliche Verfahren gibt, für deren jeweilige Anwendung sich ein Kreditinstitut entscheiden muss.

Unterschieden werden in der Solvabilitätsverordnung:

- Kreditrisiko-Standardansatz (KSA) nach § 35 SolvV,
- IRBA (Internal Ratings Based Approach), dieser wiederum nach
  - **IRB Basisansatz** nach § 159 SolvV
  - **IRB Fortgeschrittener Ansatz** nach § 132 SolvV.

Die genannten Vorschriften enthalten die für die Sicherheitenbewertung relevanten Vorgaben mit den bereits aufgezeigten Verweisen auf weitere Vorschriften.

Beim so genannten Kreditrisiko-Standardansatz wird das Risikogewicht für die anrechenbare Forderung entsprechend der Objektart (Gewerbe oder Wohnen) und dem Beleihungsauslauf (erstrangig oder nachrangig) vorgegeben. Einzelheiten hierzu sind in § 35 SolvV geregelt.

Beim IRBA wird die Eigenkapitalunterlegung grundsätzlich auf der Basis der einzelnen Forderung ermittelt. Die oben dargestellte Risikogewichtung, also der Teil der Forderung, der mit 8 % Eigenkapital zu unterlegen ist, wird im IRBA durch eine Risikogewichtsfunktion ermittelt. Diese ist abhängig von den Risikoparametern eines Kredites. Die englischen Begriffe sind leider etwas verwirrend, so dass vorab einige Begrifflichkeiten geklärt werden, damit das eigentlich einfache Grundprinzip nicht durch die Basel II-Terminologie verloren geht.

An erster Stelle steht die Frage, wie hoch der Kredit im Falle eines Ausfalles (90-Tage-Verzug des Kreditnehmers) sein wird. Die Forderungshöhe bei Ausfall wird in Basel II-Sprache **EAD** (**E**xposure **at** **D**efault) genannt.

Nachdem die Kreditsumme für den Fall des Ausfalls des Kreditnehmers berechnet wurde, stellt sich die Frage nach der Wahrscheinlichkeit, dass der Kunde in Verzug gerät bzw. nach seiner Bonität und seiner Ausfallwahrscheinlichkeit oder in der „Basel-Sprache“ **PD** (**P**robability of **D**efault). Diese misst die Bank mittels eines Bonitätsratings.

Kennt die Bank die mögliche Forderungshöhe und die Ausfallwahrscheinlichkeit des Kunden, möchte sie wissen, wie viel als Risiko übrig bleibt, wenn alle Sicherheiten verwertet sind. Das ist die Verlustquote oder **LGD** (**L**ost **G**iven **D**efault). Der LGD ist das Ergebnis aus dem Verlust der Forderung im Verhältnis zur Forderung beim Ausfall (EAD). Der Verlust ergibt sich aus dem EAD abzüglich dem erwarteten Erlös, der durch Abwicklung oder Vergleich für das entsprechende Sicherungsgut im jeweiligen Markt, in diesem Fall für bestimmte Immobilien, erzielt werden kann. Die erwarteten Erlöse aus Abwicklung oder Vergleich werden gemindert durch Abwicklungskosten und kalkulatorischen Zinsverlust (Verlust = Forderungen – Erlöse + Kosten). Zusammengefasst:

$$\text{LGD} = \frac{\text{Verlust}}{\text{EAD}} = \frac{\text{Forderung} - \text{Erlöse} + \text{Kosten}}{\text{Forderungen bei Ausfall}}$$

Schließlich bleibt noch die Frage, wie lange die Bank mit diesem möglichen Risiko zu rechnen hat (je länger desto unsicherer und damit risikoreicher). Die Restlaufzeit der Forderung wird mit **M** (**M**aturity) bezeichnet.

Alles in allem sind dies keine neuen Größen oder Geheimnisse, eher übliches Kreditgeschäft. Damit wären alle Risikoparameter dargestellt, die als Basis für die Berechnung der Risikogewichtung dienen und damit der Berechnung der Eigenkapitalunterlegung.

Im IRB Basisansatz werden LGD und M von der Aufsicht vorgegeben. Lediglich die Forderungshöhe (EAD) und die Bonität des Kunden (PD) bzw. die Ausfallwahrscheinlichkeit werden von dem Kreditinstitut ermittelt. Regelungen zum IRB Basisansatz sind in § 159 SolvV enthalten, der auch die Anwendung des alternativen Risikogewichtes zulässt, welches in § 159 Abs. 2 SolvV geregelt ist.

Beim IRB Fortgeschrittenen Ansatz werden alle Größen von der Bank selbst ermittelt, was nur über lange Zeitreihen und umfangreiche Auswertungen auf einer ausreichend großen Datenbasis möglich ist.

Daraus wird deutlich, dass sowohl im Kreditrisiko-Standardansatz, als auch im IRBA der Gutachter für die Ermittlung des Wertes der Sicherheit, an dem der Beleihungsauslauf bemessen wird, eine Schlüsselrolle spielt.

Die o. a. Standardfrage, **wer, welchen Wert, für welchen Zweck, nach welcher Methode zu ermitteln und schließlich wie zu überwachen hat**, muss nun nach den Verfahren differenziert beantwortet werden.

Kreditrisiko-Standardansatz (KSA) Wohnen:
Für Wohnimmobilien als Kreditsicherheit ist für die Bewertung der Immobiliensicherheit § 35 Abs. 1 Satz 4 Nr. 1 und Abs. 2 maßgebend, der auch die Einhaltung der Vorschriften des § 20 a Abs. 4 bis 8 KWG fordert.

Ein unabhängiger Sachverständiger nach § 20 a Abs. 5 KWG ermittelt:

- den Beleihungswert in Verbindung mit der BelWertV, wovon 60 % in Ansatz gebracht werden,
- oder anders einen nachhaltig erzielbaren Wert, der den Anforderungen des § 16 Abs. 2 Satz 1 bis 3 PfandBG genügt, wovon ebenso 60 % in Ansatz gebracht werden (§ 35 Abs. 1 Satz 4 Nr. 1 SolvV).

Der anders ermittelte nachhaltige Wert hat keinen Bezug zur BelWertV und kann somit abweichend von dieser ermittelt werden.

Über die Regelung des § 20 a Abs. 6 KWG besteht das Erfordernis zur Überwachung der Werte.

Kreditrisiko-Standardansatz (KSA) Gewerbe:
Für Gewerbeimmobilien, die als Kreditsicherheit dienen, gilt als Vorschrift für die Bewertung der Immobiliensicherheit § 35 Abs. 1 Satz 4 Nr. 2 Buchstabe a) i. V. m. Abs. 3 SolvV für inländische Immobilien, der die Einhaltung der Vorschriften des § 20 a Abs. 4 bis 8 KWG fordert. Als Basis für die Berechnung des Risikogewichtes wird hiernach das Niedrigere von 50 % des Marktwertes und 60 % des Beleihungswertes nach § 16 Abs. 2 Satz 1 bis 3 PfandBG i. V. m. der BelWertV oder eines anders ermittelten nachhaltig erzielbaren Wertes, der den Anforderungen des § 16 Abs. 2 Satz 1 bis 3 PfandBG genügt, festgelegt.

Die Anforderungen des § 20 a Abs. 4 bis 8 KWG müssen für alle Fälle eingehalten sein, wobei die Vorgaben des § 20 a Abs. 5 KWG für die Bewertung der Immobilien durch § 35 SolvV mit seinen Vorgaben ergänzt werden.

Die o. a. Frage wird für **Gewerbeimmobilien** wie folgt beantwortet: Ein unabhängiger Sachverständiger ermittelt in jedem Fall

- einen Marktwert, wovon 50 % bemessen werden,
- alternativ ermittelt er den Beleihungswert in Verbindung mit der Beleihungswertermittlungsverordnung,
- oder anders einen nachhaltig erzielbaren Wert, der den Anforderungen des § 16 Abs. 2 Satz 1 bis 3 PfandBG genügt.

Von dem gewählten Wert werden 60 % errechnet und das Niedrigere von 50 % des Marktwertes und 60 % des gewählten Wertes für Anrechnungserleichterungen in Ansatz gebracht.

Für die Überwachung der Werte gilt das Gleiche wie für den Kreditrisiko-Standardansatz Wohnen.

Für den Gewerbeimmobilienbereich werden keine privilegierten Objekte vorgegeben. Stattdessen sind der BaFin Verlustraten für unterschiedliche Objektarten nachzuweisen, die nicht überschritten werden dürfen, damit diese Objektarten für Anrechnungserleichterungen bei der Eigenkapitalbemessung weiter Berücksichtigung finden dürfen. Diese so genannten Hard-Tests werden in § 35 Abs. 4 SolvV vorgegeben.

Demnach dürfen die Verlustraten der Kredite, die mit Grundpfandrechten im erststelligen Beleihungsauslauf im Inland besichert sind (das Niedrigere von 60 % des Beleihungswertes nach § 16 Abs. 2 Satz 1 bis 3 PfandBG i. V. m. BelWertV oder eines anders ermittelten nachhaltig erzielbaren Wertes, der den Anforderungen nach § 16 Abs. 2 Satz 1 bis 3 PfandBG genügt und 50 % des Marktwertes) bundesweit nicht mehr als 0,3 % betragen. Die Verluste aus Krediten, die durch Grundpfandrechte an im Inland belegene Gewerbeimmobilien besichert sind, dürfen nicht mehr als 0,5 % betragen. Die Kreditinstitute sind verpflichtet, die Daten zur Erhebung der Verlustraten an die BaFin zu melden.

IRB Basisansatz für Wohnimmobilien
Für die Ermittlung des Sicherheitenwertes bei Wohnimmobilien als Basis für die Eigenkapitalanrechnung ist maßgebende Vorschrift § 159 Abs. 1 Nr. 1 SolvV mit Verweis auf § 35 Abs. 2 Satz 1 SolvV und damit nur auf § 20 a Abs. 4 bis 8 KWG mit seinen bewertungsrelevanten Vorschriften in den Absätzen 5 und 6.

Demnach beantwortet sich die o. a. Frage wie folgt: Ein unabhängiger Sachverständiger (§ 20 a Abs. 5 KWG) ermittelt

- den Beleihungswert nach § 16 Abs. 2 Satz 1 bis 3 PfandBG oder
- den Marktwert nach § 16 Abs. 2 Satz 4 PfandBG.

Die Methodik für die Ermittlung des Beleihungswertes wird nicht vorgegeben mangels Verweis auf die BelWertV bzw. auf § 16 Abs. 4 PfandBG. Aus § 20 a

Abs. 5 KWG und dem dort enthaltenen Verweis auf § 16 Abs. 2 Satz 4 PfandBG gibt es ebenso keine methodischen Vorgaben für die Ermittlung des Marktwertes.

Die Überwachung des gewählten Wertes hat nach § 20 a Abs. 6 KWG zu erfolgen.

IRB Basisansatz für Gewerbeimmobilien
Für die Ermittlung des Sicherheitenwertes bei Gewerbeimmobilien als Basis für die Eigenkapitalanrechnung ist maßgebende Vorschrift § 159 Abs. 1 Nr. 2 SolvV mit Verweis auf § 35 Abs. 3 Satz 1 SolvV und damit ebenfalls nur auf § 20 a Abs. 4 bis 8 KWG mit seinen für die Bewertung wichtigen Vorschriften in den Absätzen 5 und 6.

Demnach beantwortet sich die o. a. Frage wie folgt: Ein unabhängiger Sachverständiger (§ 20 a Abs. 5 KWG) ermittelt

- den Beleihungswert nach § 16 Abs. 2 Satz 1 bis 3 PfandBG oder
- den Marktwert nach § 16 Abs. 2 Satz 4 PfandBG.

Die Methodik für die Ermittlung der Werte wird **nicht** vorgegeben, wie bereits zu Wohnimmobilien erläutert wurde.

Die Überwachung des gewählten Wertes hat nach § 20 a Abs. 6 KWG zu erfolgen.

Durch Verweis aus § 159 Abs. 1 Nr. 2 SolvV auf § 35 Abs. 4 SolvV ist für Gewerbeimmobilien auch bei diesem Ansatz der Hard-Test vorgeschrieben. Dadurch müssen sowohl der Marktwert als auch der Beleihungswert bzw. der anders ermittelte Wert für Gewerbeimmobilien bekannt sein (siehe auch die Erläuterungen zu KSA Gewerbe).

Alternatives Risikogewicht für Wohnimmobilien
Das alternative Risikogewicht kann für Wohnimmobilien im IRB Basisansatz gewählt werden und bedeutet, dass als Risikogewicht für den erststelligen Beleihungsraum nach § 85 Abs. 5 SolvV 50 % in Ansatz gebracht werden darf. Zur Bemessung des erststelligen Beleihungsraumes ist die Wertermittlung nach § 100 Abs. 8 Nr. 1 SolvV, auf den § 159 Abs. 2 SolvV verweist, vorzunehmen.

Um als grundpfandrechtlich besicherte IRBA-Position im Sinne von § 159 Abs. 2 Satz 1 SolvV zu gelten, ist darüber hinaus die Erfüllung der Anforderungen nach § 159 Abs. 1 SolvV erforderlich, der, wie unter **„IRB Basisansatz für Wohnimmobilien"** dargestellt, auf die Einhaltung von § 35 Abs. 2 Satz 1 SolvV verweist, der wiederum die Einhaltung der Vorschriften des § 20 a Abs. 4 bis 8 KWG durch Verweis auf diese Vorschrift fordert.

Somit beantwortet sich die o. a. Frage wie folgt:

Ein unabhängiger Sachverständiger (§ 20 a Abs. 5 KWG) ermittelt nach § 100 Abs. 8 Nr. 1 SolvV den Beleihungswert nach § 16 Abs. 2 Satz 1 bis 3 PfandBG in Verbindung mit der BelWertV oder einen anders ermittelten nachhaltig erzielbaren Wert, der den Anforderungen des § 16 Abs. 2 Satz 1 bis 3 PfandBG genügt.

Von dem gewählten Wert werden 60 % in Ansatz gebracht. Die Überwachung des gewählten Wertes hat nach § 20 a Abs. 6 KWG zu erfolgen.

Nach § 159 Abs. 2 Nr. 1 SolvV ist der oben beschriebene Hard-Test vorgeschrieben, so dass 50 % des Marktwertes und 60 % des Beleihungswertes nach BelWertV oder des anders ermittelten nachhaltig erzielbaren Wertes für die Meldungen an die BaFin bekannt sein müssen.

Alternatives Risikogewicht für Gewerbeimmobilien
Das alternative Risikogewicht kann im IRB Basisansatz auch für Gewerbeimmobilien gewählt werden und bedeutet, dass als Risikogewicht für den erststelligen Beleihungsraum nach § 85 Abs. 5 SolvV 50 % in Ansatz gebracht werden dürfen. Zur Bemessung des erststelligen Beleihungsraumes ist die Wertermittlung nach § 100 Abs. 8 Nr. 2 SolvV, auf den § 159 Abs. 2 SolvV verweist, vorzunehmen.

Um als grundpfandrechtlich besicherte IRBA-Position im Sinne von § 159 Abs. 2 Satz 1 SolvV zu gelten, ist darüber hinaus die Erfüllung der Anforderungen nach § 159 Abs. 1 SolvV erforderlich, der, wie unter **„IRB Basisansatz für Gewerbeimmobilien"** dargestellt, auf die Einhaltung von § 35 Abs. 3 Satz 1 SolvV verweist, der wiederum auf die Einhaltung des § 20 a Abs. 4 bis 8 KWG verweist.

Demnach beantwortet sich die o. a. Frage wie folgt:

Ein unabhängiger Sachverständiger (§ 20 a Abs. 5 KWG) ermittelt nach § 100 Abs. 8 Nr. 2 SolvV einen Marktwert. Alternativ ermittelt er den Beleihungswert i. V. m. BelWertV, oder einen anders ermittelten nachhaltigen Wert, der den Anforderungen des § 16 Abs. 2 Satz 1 bis 3 PfandBG genügt.

Von dem gewählten Wert werden 60 % bemessen und das Niedrigere von 50 % des Marktwertes und 60 % des gewählten Wertes für Anrechnungserleichterungen (50 % Risikogewicht) in Ansatz gebracht.

Die Überwachung des angesetzten Wertes hat nach § 20 a Abs. 6 KWG zu erfolgen. Wird der Beleihungswert in Verbindung mit der BelWertV in Ansatz gebracht, hat die Überwachung des Wertes außerdem nach § 26 BelWertV zu erfolgen.

In § 159 Abs. 2 Nr. 2 ist der oben beschriebene Hard-Test durch Verweis auf § 35 Abs. 4 SolvV vorgeschrieben. Also muss hierfür analog zum KSA-Standardansatz für Gewerbeimmobilien vorgegangen werden.

IRB Fortgeschrittener Ansatz Wohnen und Gewerbe
Hat ein Kreditinstitut dieses Verfahren zur Bemessung der Eigenkapitalunterlegung gewählt, ermittelt es selbst alle Faktoren der oben beschriebenen Risikogewichtsfunktion auf Basis langer Zeitreihen und statistisch-mathematischer Verfahren, die die tatsächliche Risikoeinschätzung zu einzelnen Kunden und Sicherheiten auf Basis der langen Erfahrungen aus den Geschäften des Kreditinstitutes ermöglicht.

Als Basis für die Ermittlung des Wertes der Sicherheit verwenden diese Institute den Marktwert, der auch als Marktwert für den Verwertungszeitpunkt über Marktpreisprognoseindizes geschätzt wird, um anhand dieses geschätzten Wertes und der geschätzten Erlösquote zuzüglich Kosten den möglichen Verlust zu schätzen, der neben den weiteren Faktoren als Basis für die Berechnung der Eigenkapitalunterlegung dient.

Ziel dieses sehr aufwendigen Verfahrens ist, das Risikogewicht niedriger als im Kreditrisiko-Standardansatz oder IRB Basisansatz ansetzen zu dürfen. Voraussetzung ist allerdings, dass die „Risikoerfahrungswerte" der Bank aus eigenen Daten besser sind als die Vorgaben der BaFin für alle anderen Banken.

Für den IRB Fortgeschrittenen Ansatz gibt es keine Vorgaben zu den gestellten Fragen mit Ausnahme für die Überwachung der Werte. Diese wird durch den Verweis aus § 132 Abs. 7 SolvV auf § 20 a Abs. 4 und 6 bis 8 KWG vorgegeben.

3.3.3.2 § 13 KWG Großkredite

Zur Überwachung von so genannten Klumpenrisiken muss das Kreditinstitut die an einen Kreditnehmer vergebenen Kredite melden, wenn diese insgesamt 10 % des haftenden Eigenkapitals der Bank erreichen oder überschreiten. Die Meldung erfolgt an die Deutsche Bundesbank und ab bestimmten Grenzen auch an die BaFin. Ferner ist beispielsweise ein einstimmiger Beschluss aller Geschäftsleiter bei der Kreditvergabe erforderlich. Ab einer Überschreitung des Kreditvolumens an einen Kreditnehmer in Höhe von 25 % des haftenden Eigenkapitals ist die Zustimmung der BaFin vorgeschrieben. Meldepflichten und besondere Genehmigungsprozesse gelten für Großkredite, die die o. a. Grenzen überschreiten.

Kredite oder Kreditteile sind bei der Anrechnung auf die Großkreditgrenze ausgenommen, sofern es sich um erstrangig abgesicherte Hypothekarkredite handelt. Die Bewertungsanforderung der hierfür maßgebenden Wertgrenzen wird in den unten näher beschriebenen Vorschriften festgelegt. Damit kann ein großer Kredit durch Nichtanrechnung von o. a. Krediten oder Kreditteilen unter der Grenze eines meldepflichtigen Großkredites bleiben. Mit diesen für Immobilienfinanzierungen beispielhaft aufgezeigten Vorschriften, aus den ansonsten umfangreichen Großkreditvorschriften, sollen die Anforderungen und damit auch der Vorteil von Erleichterungen deutlich gemacht werden.

Die Bewertungsanforderungen für die Immobiliensicherheiten für Großkredite sind in der Großkredit- und Millionenkreditverordnung in § 25 Abs. 1 Nr. 1 für Wohnen und Nr. 2 für Gewerbe geregelt.

Für **Großkredite Wohnen** besteht ein Wahlrecht, als Basis den Marktwert zu ermitteln und hiervon 50 % in Anrechnung zu bringen. Der Marktwert ist hierbei jährlich zu überprüfen.

Als Alternative kann die gleiche Systematik, wie sie für die Eigenkapitalunterlegung im Kreditrisiko-Standardansatz nach § 35 Abs. 1 Satz 4 Nr. 1 und Abs. 2 SolvV vorgeschrieben ist, gewählt werden. Hiernach ist der Beleihungswert gemäß § 16 Abs. 2 Satz 1 bis 3 Pfandbriefgesetz, der i. V. m. der BelWertV ermittelt wurde oder ein anders ermittelter nachhaltig erzielbarer Wert, der den Anforderungen des § 16 Abs. 2 Satz 1 bis 3 PfandBG genügt, in Ansatz zu bringen. Von dem gewählten Wert werden 60 % in Anrechnung gebracht, die die Großkreditgrenze nicht belasten.

Die Vorschriften des § 20 a Abs. 4 bis 8 KWG müssen wie im Kreditrisiko-Standardansatz erfüllt werden. Die Bewertungsvorschriften des § 20 a Abs. 5 KWG, wonach der Marktwert nach § 16 Abs. 2 Satz 4 PfandBG oder der Beleihungswert nach § 16 Abs. 2 Satz 1 bis 3 PfandBG von einem unabhängigen Sachverständigen zu ermitteln sind, werden durch die Vorgaben des § 25 GroMiKV und den Verweis auf § 35 Abs. 1 Satz 4 Nr. 1 und Abs. 2 SolvV ersetzt. Nach § 20 a Abs. 6 KWG sind die Werte zu überwachen.

Zusammengefasst wird die gestellte Frage, **wer welchen Wert, für welchen Zweck, nach welcher Methode, zu ermitteln und schließlich wie zu überwachen hat** für Großkredite Wohnen wie folgt beantwortet:

Ein unabhängiger Sachverständiger nach § 20 a Abs. 5 KWG ermittelt alternativ

- den Marktwert nach § 16 Abs. 2 Satz 4 PfandBG, wovon 50 % in Ansatz gebracht werden, der jährlich zu überwachen ist oder
- den Beleihungswert in Verbindung mit der BelWertV, wovon 60 % in Ansatz gebracht werden oder
- anders einen nachhaltig erzielbaren Wert, der den Anforderungen des § 16 Abs. 2 Satz 1 bis 3 PfandBG genügt, wovon ebenfalls 60 % in Ansatz gebracht werden.

Der letzte alternative Wert hat keinen Bezug zur BelWertV und könnte somit abweichend von dieser ermittelt werden.

Über die Regelung des § 20 a Abs. 6 KWG besteht das Erfordernis zur Überwachung der Werte.

Wird der Marktwert gewählt, so muss dieser jährlich überwacht werden (§ 25 Abs. 1 Nr. 1a GroMiKV), statt nach § 20 a Abs. 6 KWG mindestens alle drei Jahre.

Für **Großkredite Gewerbe** gelten nach § 25 Abs. 1 Nr. 2 GroMiKV die Vorschriften aus dem Kreditrisiko-Standardansatz für Gewerbeimmobilien, die als Kreditsicherheit zur Verfügung stehen, nach § 35 Abs. 1 Satz 4 Nr. 2 Buchstabe a und Abs. 3 SolvV für die Bewertung der Immobiliensicherheit. Als Basis für die Anrechnung für Eigenkapitalunterlegung gilt hiernach das Niedrigere von 50 % des Marktwertes und 60 % des Beleihungswertes nach § 16 Abs. 2 Satz 1 bis 3 PfandBG i. V. m. der BelWertV oder eines anders ermittelten nachhaltig erzielbaren Wertes, der den Anforderungen des § 16 Abs. 2 Satz 1 bis 3 PfandBG genügt.

Die Anforderungen des § 20 a Abs. 4 bis 8 KWG müssen durch den Verweis auf § 35 Abs. 3 SolvV eingehalten werden.

Die o. a. Frage wird für **Großkredite Gewerbe** demnach wie folgt beantwortet: Ein unabhängiger Sachverständiger nach § 20 a Abs. 5 KWG ermittelt in jedem Fall

- einen Marktwert, von dem 50 % in Anrechnung gebracht werden.
- Alternativ ermittelt er den Beleihungswert i. V. m. BelWertV oder,

- anders einen nachhaltig erzielbaren Wert, der den Anforderungen des § 16 Abs. 2 Satz 1 bis 3 genügt.

Von dem gewählten Wert werden 60 % ermittelt und das Niedrigere von 50 % des Marktwertes und 60 % des gewählten Wertes für Anrechnungserleichterungen in Ansatz gebracht.

Für die Überwachung der Werte gilt § 20 a Abs. 6 KWG.

3.3.3.3 § 14 KWG Millionenkredite

Diese Kredite müssen der Bundesbank gemeldet werden, sofern sie den Betrag von 1,5 Millionen EUR im Sinne des § 19 KWG je Kreditnehmer bzw. Kreditnehmereinheit erreichen oder übersteigen. Diese Verpflichtung zur Meldung größerer Kredite ermöglicht der Bundesbank als Evidenzzentrale für große Kreditnehmer zu fungieren. Es ist wichtig zu wissen, dass eventuell der eigene große Kreditnehmer in anderen Häusern auch ein großer Kreditnehmer ist. Eine Erleichterung ist für Realkredite direkt nicht gegeben. Diese werden bei der vierteljährlichen Meldung lediglich gesondert ausgewiesen. Dieser besondere Ausweis ermöglicht der Bundesbank und den Kreditinstituten eine differenziertere Beurteilung der Risikostruktur des Kreditnehmers. Ein hoher Realkreditanteil lässt eine positivere Beurteilung zu. In § 14 KWG ist die Vorschrift des gesonderten Ausweises von Realkrediten nicht mehr enthalten. Die Großkredit- und Millionenkreditverordnung regelt dieses über den § 75 Abs. 1 mit Verweis auf die Anlage 5.

3.3.3.4 § 15 KWG Organkredite

Kredite an Organe der Bank und leitende Angestellte sowie an Unternehmen oder Personen in diesen Unternehmen, die in irgendeiner Form mit der Kredit gebenden Bank verbunden sind, unterliegen besonderen aufwendigen Genehmigungsprozessen (z. B. einstimmiger Beschluss aller Geschäftsleiter des Instituts und in bestimmten Fällen mit Zustimmung des Aufsichtsorgans, darüber hinaus kann die BaFin für die Gewährung von Organkrediten im Einzelfall Obergrenzen anordnen), für die es ebenfalls in sechs von zwölf Regelungstatbeständen bei Realkrediten Erleichterungen gibt. Die Voraussetzung für die Inanspruchnahme von Erleichterungen ist in § 21 Abs. 3 Nr. 1 KWG geregelt. Diese Vorschrift gilt gleichfalls für Erleichterungen zu § 18 KWG „Kreditunterlagen". Somit kann die Beantwortung der o. a. Frage mit Gültigkeit für beide Anrechnungserleichterungen im anschließenden Absatz erfolgen.

3.3.3.5 § 18 KWG Kreditunterlagen

Grundsätzlich muss die Bank bei der Vergabe von Krediten und danach laufend die Kapitaldienstfähigkeit des Kreditnehmers anhand von aktuellen Einkommensunterlagen überprüfen. Hiervon ist sie unter anderem befreit, wenn es sich um Realkredite handelt. Die Voraussetzungen hierfür sind wie zu § 15 KWG „Organkredite" in § 21 Abs. 3 Nr. 1 KWG festgelegt.

Wortlaut: *„Kredite, soweit sie den Erfordernissen des § 14 Abs. 1 und des § 16 Abs. 1 und 2 des Pfandbriefgesetzes entsprechen (Realkredite)"*

Hieraus ergibt sich bei der Beantwortung der Standardfrage: Ein Gutachter gemäß § 16 Abs. 1 PfandBG ermittelt

- den Beleihungswert nach § 16 Abs. 2 PfandBG,
- von dem gemäß § 14 Abs. 1 PfandBG 60 % in Ansatz gebracht werden, um für diesen Kreditteil die Erleichterungen in Anspruch nehmen zu können.

Für die Methode der Wertermittlung gibt es keine konkreten Vorgaben durch mangelnden Verweis auf die BelWertV. Somit ist bei der Ermittlung des Wertes nach § 16 Abs. 2 PfandBG die BelWertV derzeit nicht zu beachten. Dennoch zeichnet sich nach dem Stand der fachlichen Diskussion (Januar 2008) ab, dass ebenso wie bei der Ausgestaltung des „anders ermittelten, nachhaltig erzielbaren“ Wertes (§§ 35, 159 SolvV) die Methodik der Ermittlung dieses Wertes in enger Anlehnung an die BelWertV erfolgt (siehe auch 3.3.2).

Ferner gibt es keinen Verweis auf § 20 a KWG, somit ergeben sich mangels Verweis auf BelWertV und auf § 20 a KWG auch keine Pflichten zur Überwachung des Beleihungswertes. Diese könnten nur aus den MaRisk abgeleitet werden.

Eine Zusammenfassung der bisherigen Ausführungen ist in der Anlage in Form einer Übersichtmatrix angefügt, die der Beantwortung der Frage dient:

Wer, welchen Wert, für welchen Zweck, nach welcher Methode zu ermitteln und schließlich zu überwachen hat.

3.3.4 Differenzierung der Darlehen nach den unterschiedlichen Vorschriften zur Bewertung und Überwachung der Werte von Immobiliensicherheiten

Aus den Ausführungen unter Gliederungspunkt 3.3.3 ist zu erkennen, dass unterschiedliche Vorschriften für Wohn- und Gewerbeimmobilien bestehen. Ferner wurde erwähnt, dass in der BelWertV eine Vorschrift für so genannte Kleindarlehen vorhanden ist, die Erleichterungen ermöglicht. Ebenso wurden Vorschriften für die Überwachung der Werte aus § 20 a Abs. 6 KWG und § 26 BelWertV erwähnt. Ohne diese bisher im Detail behandelt zu haben, sind für diese Vorschriften Darlehen wiederum nach unterschiedlichen Anforderungen zu differenzieren.

Vor Beauftragung oder Anfertigung eines Gutachtens muss die betreffende bzw. zu finanzierende Immobilie in eine Kategorie eingeordnet werden, die wiederum für die formell richtige Bewertung und Überwachung der Immobiliensicherheit entscheidend ist.

Unterschieden werden sollte für die Bewertung in der nachfolgenden Reihenfolge:

1. Nach inländischen und ausländischen Beleihungen.
2. Die inländischen Beleihungen werden wiederum nach Kleindarlehen und Darlehen außerhalb der Kleindarlehensgrenze unterschieden.
3. Die Darlehen außerhalb der Kleindarlehensgrenze werden schließlich nach der Besicherung durch Gewerbe- und Wohnimmobilien unterschieden.

Eine weitere Unterscheidung für Anrechnungserleichterungen und Überwachung der Werte ist nach folgenden Kriterien erforderlich:

4. Nach KSA-Standardansatz und IRB Basisansatz Wohnimmobilien sind Erleichterungen für Darlehen gegeben, wenn die Wohnimmobiliensicherheiten vom Eigentümer gegenwärtig oder künftig selbst bewohnt oder zu Wohnzwecken vermietet werden (Sicherheit für den Kredit kann vom Eigentümer gestellt werden, der nicht Kreditnehmer sein muss, also auch von einem Dritten).
5. Für Großkredite Wohnen nach § 25 Abs. 1 Nr. 1 GroMiKV gibt es nur Erleichterungen, wenn das Wohneigentum, das als Sicherheit dient, von dem Kreditnehmer gegenwärtig oder künftig selbst genutzt oder vermietet wird (Kreditnehmer muss Eigentümer der Sicherheit sein, kein Dritter).
6. Für die Überwachung der Werte muss darüber hinaus gemäß § 20 a Absatz 6 KWG nach der Höhe des Kredites (Bemessungsgrundlage des Kredites und der Wert der belasteten Immobilie müssen das kleinere von 3 Millionen EUR oder 5 vom 100 des haftenden Eigenkapitals nach § 10 Abs. 2 Satz 2 KWG des Instituts übersteigen) unterschieden werden.
7. Nach § 26 BelWertV muss bei wohnwirtschaftlichen Objekten nach Eigen- und Fremdnutzung für die Überwachung differenziert werden.

3.3.4.1 Differenzierungsmerkmale für Kleindarlehen

Für inländische Beleihungsobjekte gibt es nach dem PfandBG und der BelWertV für die Wertermittlung Vereinfachungen, die unter bestimmten Voraussetzungen angewandt werden dürfen. Legt eine Bank bei der Beleihungswertermittlung die Beleihungswertermittlungsverordnung zugrunde (siehe § 35 SolvV Verweis auf § 16 (2) PfandBG i. V. m. BelWertV), kann sie zweifellos auch die Vorteile der Vereinfachungen, die in dieser Verordnung geregelt sind, anwenden. Diese Vereinfachungen gelten für so genannte Kleindarlehen mit überwiegend wohnwirtschaftlicher Nutzung. Die Anwendung dieser Vereinfachungen ist dann nicht nur für die Pfandbriefdeckung maßgebend, sondern kann auch im Rahmen der KWG-Bestimmungen Anwendung finden, sofern die BelWertV zugrunde gelegt wird. Jede Bank hat ein Wahlrecht nach der SolvV und kann sich bei der Sicherheitenbewertung für einen Wert entscheiden, der entweder den Anforderungen des § 16 Abs. 2 Satz 1 bis 3 PfandBG genügt oder den des Beleihungswerts nach BelWertV.

Zur Bestimmung, ob es sich um ein Kleindarlehen handelt, muss § 24 „Wohnwirtschaftlich genutzte Objekte bei Vergabe von Kleindarlehen" der BelWertV (siehe auch Gliederungspunkt 8.4.4.5) herangezogen werden, da sich hieraus die Fragen zur richtigen Einordnung des Darlehens ergeben:

1. Beträgt der auf dem Beleihungsobjekt abgesicherte Darlehensbetrag unter Einbeziehung aller Vorlasten nicht mehr als 400.000 EUR?
2. Beträgt der Rohertrag für einen eventuell gewerblichen Anteil des Beleihungsobjektes nicht mehr als ein Drittel vom gesamten Rohertrag des Objektes?

Werden beide Fragen positiv beantwortet, so handelt es sich nach dieser Definition um ein überwiegend wohnwirtschaftliches Objekt innerhalb der Kleindarlehensgrenze.

3.3.4.2 Differenzierungsmerkmale für Darlehen außerhalb der Kleindarlehensgrenze

Für die Einordnung eines Darlehens als Kleindarlehen gilt, wie oben dargestellt, neben der Darlehenshöhe der Anteil der gewerblichen Mieterträge am gesamten Rohertrag des Beleihungsobjektes als Messgröße. Wird nur eine dieser Messgrößen überschritten, so handelt es sich nicht um ein Kleindarlehen, womit eine Beleihung außerhalb der Kleindarlehensgrenze vorliegt, die wiederum weitere Fragen aufwirft.

Bei einem Darlehen außerhalb der Kleindarlehensgrenze ist für die vorhandenen Vorschriften die Unterscheidung nach wohnwirtschaftlicher und gewerblicher Nutzung eines Beleihungsobjektes wichtig. Gemischt genutzte Objekte, die sowohl wohnwirtschaftlich als auch gewerblich genutzt werden, bilden keine gesonderte Kategorie. Im Sinne der KWG-Vorschriften gibt es nur ein „Entweder – Oder".

Darlehen, die mit überwiegend gewerblich genutzten Beleihungsobjekten besichert sind, unterliegen anderen Anforderungen als Darlehen mit überwiegend wohnwirtschaftlich genutzten Beleihungsobjekten als Absicherung. Also muss vor Beantwortung der Frage, **wer welchen Wert, für welchen Zweck, nach welcher Methode, zu ermitteln und schließlich wie zu überwachen hat**, zunächst die Einordnung in gewerbliche und wohnwirtschaftliche Nutzung erfolgen.

Leider führt diese Frage in der Praxis nicht selten zu Verwirrung. In der KWG-Kommentierung von Reischauer/Kleinhans (vgl. Reischauer/Kleinhans 2007) zur ursprünglichen Vorschrift des § 18 wird das Rundschreiben der BaFin 7/96 (7/96 durch Rundschreiben 9/98 aufgehoben, 9/98 durch Rundschreiben 16/99 aufgehoben und 16/99 durch Schreiben vom 9.05.2005 aufgehoben) nach wie vor als gültige Anweisung für die Vorgehensweise bei der Einordnung in überwiegend wohnwirtschaftliche oder gewerbliche Nutzung gesehen. Im Rundschreiben 7/96 ist die Nutzungsart nach Quadratmeter entscheidend. Dort heißt es *„... ob diese eine überwiegend wohnwirtschaftliche ist. Sie ist gegeben, solange der Teil der Wohnung, der für gewerbliche Zwecke reserviert ist, nicht 50 % der Wohnfläche (einschließlich des gewerblich genutzten Teils) erreicht"*. Damit wird bei einer gewerblichen oder wohnwirtschaftlichen Nutzung von mehr als 50 % der gesamten Wohn- und Nutzfläche das Objekt entsprechend der überwiegenden Nutzung zugeordnet. Auch das Fachgremium (FG) Sicherungstechniken hat sich gemäß Protokoll vom 10. November 2005 für das Konzept der „überwiegenden Nutzung" ausgesprochen. Auf Seite 2 des Protokolls heißt es unter anderem: *„Der Maßstab für die Zuordnung der Immobilie zu den wohnwirtschaftlichen Realkrediten soll sich aus dem Verhältnis der genutzten Fläche errechnen, da diese Information auf jeden Fall verfügbar, objektiv bestimmbar und über die Zeit stabil ist. Der Schwellenwert für die überwiegende Nutzung soll 50 % betragen."*

Im Kleindarlehensbereich ist das Maß der Differenzierung, wie bereits dargestellt, nicht die Fläche sondern der Rohertrag.

Das bedeutet, dass alle Darlehen, die nicht Kleindarlehen sind, einer weiteren Überprüfung entsprechend ihrer Flächennutzung nach wohnwirtschaftlichen und gewerblichen Darlehen bedürfen.

Es gibt Banken, die sich aus Vereinfachungsgründen in der Praxis selbst beschränken, in dem die Ein-Drittel-Grenze aus dem Kleindarlehensbereich als einziges Maß für die Differenzierung nach Gewerbe und Wohnen genommen wird.

Zur weiteren Differenzierung oder besser gesagt Selektierung nach Immobiliensicherheiten, die dem Kreditnehmer gehören müssen, damit Erleichterungen für die Großkreditvorschrift im Bereich Wohnen möglich sind, ist es sinnvoll Kriterien in der EDV zu hinterlegen, die eine Auswahl solcher Kredite für die Großkreditvorschrift erleichtern.

3.3.5 Überwachung der Werte

Für die Überwachung der Werte sind zwei Vorschriften maßgeblich, § 26 BelWertV und § 20 a Abs. 6 KWG.

Ferner wird in den MaRisk die Überwachung von Sicherheiten wie folgt gefordert: *„Die Werthaltigkeit und der rechtliche Bestand von Sicherheiten sind im Rahmen der Kreditweiterbearbeitung in Abhängigkeit von der Sicherheitenart ab einer vom Kreditinstitut unter Risikogesichtspunkten festzulegenden Grenze in angemessenen Abständen zu überprüfen. Außerordentliche Überprüfungen von Engagements einschließlich der Sicherheiten sind zumindest dann unverzüglich durchzuführen, wenn dem Kreditinstitut aus externen oder internen Quellen Informationen bekannt werden, die auf eine wesentliche negative Änderung der Risikoeinschätzung der Engagements oder der Sicherheiten hindeuten. Derartige Informationen sind unverzüglich an alle einzubindenden Organisationseinheiten weiterzuleiten.“* (MaRisk, Anlage 1, BTO 1.2.2, Ziffer 3 und 4, 30.10.2007)

Die beiden aufgeführten gesetzlichen Vorschriften enthalten dagegen konkretere Anforderungen an die Überwachung von Werten, die in ihrer Auslegung zur Umsetzung insbesondere zu § 20 a Abs. 6 KWG im Folgenden den aktuellen Stand (Dezember 2007) der Diskussion zwischen dem Zentralen Kreditausschuss und der BaFin sowie der Deutschen Bundesbank widerspiegelt.

§ 26 BelWertV fordert eine Überprüfung der Grundlagen der Beleihungswertermittlung, wenn für die Bank Anhaltspunkte bestehen dass sich die Grundlagen der Beleihungswertermittlung verschlechtert haben, insbesondere wenn das allgemeine Preisniveau auf dem jeweiligen regionalen Immobilienmarkt in einem die Sicherheit der Beleihung gefährdeten Umfang gesunken ist, oder

- die auf dem Beleihungsobjekt abgesicherte Forderung einen wesentlichen Leistungsrückstand von mindestens 90 Tage aufweist (gilt nicht für eigengenutzte Wohnimmobilien).
- Sofern eine weitergehende Verpflichtung zur Überprüfung des Beleihungswertes nach anderen Vorschriften besteht, bleibt diese unberührt.

Von der Überwachungspflicht bei einem wesentlichen Leistungsrückstand sind Wohnimmobilien, die eigengenutzt sind, ausgenommen, wobei laut BaFin die Überprüfung der tatsächlichen Eigennutzung keinen „detektivischen Aufwand" erfordert.

§ 20 a Abs. 6 KWG fordert, dass der Wert einer Immobilie grundsätzlich in regelmäßigen Abständen überwacht werden muss:

- Jedes Jahr bei Gewerbeimmobilien,
- alle drei Jahre bei Wohnimmobilien,
- häufiger, wenn der Markt für die belastete Immobilie starken Wertschwankungen ausgesetzt ist. Dies sind nach derzeitiger Interpretation Sonderereignisse (technische, ökonomische oder ökologische Katastrophen).

Um die Immobilien zu bestimmen die einer Neubewertung bedürfen oder deren Wert zu überwachen ist, können statistische Verfahren angewandt werden.

Die statistischen Verfahren werden in § 20 a Abs. 6 KWG als Alternative für die jährliche oder dreijährliche komplette Überprüfung jeder Immobilienfinanzierung erlaubt. Statistische Methoden, so heißt es in der Vorschrift, können Institute verwenden, um diejenigen Immobilien zu bestimmen, die einer Neubewertung bedürfen und um den Wert der belasteten Immobilie zu überwachen. Das Marktschwankungskonzept für Gewerbeimmobilien hat sich bereits für die Umsetzung der Solvabilitätsrichtlinie bewährt und wird von der Aufsicht nach den neuen Vorschriften als statistische Methode akzeptiert. Für Wohnen wurde ebenso ein System erarbeitet, welches wie das Marktschwankungskonzept für Gewerbe im ZKA (Zentraler Kreditausschuss) verabschiedet wurde.

Für Gewerbe existiert für verschiedene Immobilienarten (Büro, Handel, Lager, Hotel) ein synthetisches Portfolio, welches von Experten aus den verschiedenen Mitgliedsinstituten der im ZKA vertretenen Verbände jährlich neu bewertet wird, um die Wertschwankungen in verschiedenen festgelegten Regionen (4 Großregionen mit jeweils 5 Städten) zu messen und an die BaFin zu melden. Treten negative Wertschwankungen von mehr als 10 % innerhalb von drei Jahren auf, müssen die Immobilienwerte in den betroffenen Regionen von den Kreditinstituten überprüft werden.

Ein ähnliches Konzept wurde für den Bereich Wohnimmobilien, die nun auch zu überwachen sind, verabschiedet. Bei diesem Konzept werden die Werte in Regionen überprüft, wenn dort eine negative Marktschwankung von 20 % innerhalb von drei Jahren festgestellt wurde.

- Ein weiterer Überprüfungsanlass ist die Überprüfung der Bewertung der belasteten Immobilie, die zumindest alle drei Jahre durch einen unabhängigen Sachverständigen zu erfolgen hat, wenn die Bemessungsgrundlage des Kredites **und** der Wert der belasteten Immobilie das kleinere von 3 Millionen EUR oder 5 % des haftenden Eigenkapitals nach § 10 Abs. 2 Satz 2 KWG des Instituts übersteigt. Welcher Wert hierbei gemeint ist, stellt der Arbeitskreis „Umsetzung Basel II", dem die Deutsche Bundesbank und die BaFin durch Vertreter vorsitzen, sinngemäß wie folgt klar:

Die Bemessungsgrundlage des Kredites in Höhe von 3 Millionen EUR wird als der Teil des Kredites definiert, der der KSA-Forderungsklasse „durch Immobilien besicherte Positionen" zugeordnet wird. Dies gilt für Institute, die den Kreditrisiko – Standardansatz gewählt haben und für Institute, die im IRB Basisansatz das alternative Risikogewicht anwenden. Für die anderen Institute, die den IRB Basisansatz gewählt haben, soll die Bemessungsgrundlage anhand von § 94 Abs. 7 SolvV bestimmt werden. Verständlich wird dies in der Zusammenfassung aus dem Protokoll der 15. Sitzung des Arbeitskreises „Umsetzung Basel II" vom 8. März 2007:

> *„Die Neuerung führe zur Erhöhung des Objektwertes von 3 Millionen EUR auf ca. 5 Millionen EUR, ab dem der dreijährige Neubewertungsturnus greife und stelle daher eine Erleichterung für die Industrie dar."*

Vereinfacht kann gesagt werden, dass die 3 Millionen EUR Bemessungsgrundlage einem 60 % Beleihungsauslauf entspricht, der wiederum einen ermittelten Wert der Immobilie von 5 Millionen EUR voraussetzt.

- Darüber hinaus ist ein Überprüfungsanlass der Bewertung der belasteten Immobilie durch einen unabhängigen Sachverständigen gegeben, wenn Informationen vorliegen, dass der Wert der belasteten Immobilie gegenüber dem allgemeinen Markt für vergleichbare Immobilien wesentlich gesunken sein könnte.

Für die Überwachung der Werte sind sach- und fachkundige Mitarbeiter der Kreditabteilungen zuständig, die die zu überwachenden Kredite nicht bearbeitet haben. Stellen diese Mitarbeiter fest, dass die Grundlagen einer Beleihungswertermittlung nicht mehr zutreffen, muss eine neue Wertermittlung durch einen Gutachter erstellt werden, wobei die Erleichterungen für Kleindarlehen auch für diesen Bereich Anwendung finden dürfen.

Liegt der Marktwert zugrunde, ist für die zu überprüfenden Fälle eine neue Marktwertermittlung zu fertigen. Institute, die den Beleihungswert und nicht den Marktwert als Grundlage nehmen, müssen eine Überprüfung der der Beleihung zugrunde liegenden Annahmen vornehmen.

Grundsatz bei der Überwachung der Werte ist, dass die für die ursprüngliche Wertermittlung maßgebende Methode zugrunde zu legen ist. Wird eine neue Wertermittlung erstellt, sind die aktuell zu verwendenden Methoden hierfür maßgebend.

Für Wohnimmobilien gilt ferner, dass der Altbestand nicht zu überprüfen ist, so dass bei Nutzung der Übergangsfrist für die Anwendung der Vorschriften aus der Umsetzung von Basel II (Europäische Bankenrichtlinie) alle Darlehen, die vor dem 31.12.2006 vergeben wurden, nicht zu überprüfen sind, sofern dies nicht aus dem Kreditvertragsverhältnis heraus erforderlich ist (Für Institute, die erst zum 01.01.2008 auf Basel II umstellen, gilt die Altbestandsregelung für bis zum 31.12.2007 ausgegebene wohnwirtschaftliche Kredite). Für Gewerbe gibt es diesbezüglich keine Ausnahmen.

Für Wohnimmobilien existieren darüber hinaus (laut Bundesbank) nur für den Kreditrisiko-Standardansatz Bagatellgrenzen, innerhalb derer auf eine Neubewertung verzichtet werden kann:

1. Aktueller Beleihungsauslauf ≤ 40 %,
2. aktuelle Kreditsumme oder Beleihungswert ≤ 30 TEUR.

Neben den MaRisk zeigen die Vorschriften § 20 a Abs. 6 KWG und § 26 BelWertV konkrete Anforderungen an die Überwachung der Sicherheiten auf. Anhand der Vorschriften werden diese im Folgenden gegliedert und die Instrumente für die Identifizierung der zu überwachenden Immobilienbewertungen in einer Übersicht dargestellt.

Natürlich kann jedes Institut, insbesondere bei Anwendung des fortgeschrittenen Ansatzes für die Bemessung der Eigenkapitalunterlegung eigene Messverfahren entwickeln und anwenden, um Marktschwankungen zu ermitteln und damit ein Monitoring des eigenen Portfolios gezielt vornehmen.

Abb. 6: Übersicht über die Anforderungen an die Überwachung der Sicherheiten

Verfahren zur Identifizierung der zu überwachenden Werte / Anlässe	Statistisches Verfahren § 20 a Abs. 6 Satz 4 KWG Wohnen Marktschwankungskonzept neu	Statistisches Verfahren § 20 a Abs. 6 Satz 4 KWG Gewerbe Marktschwankungskonzept alt	institutseigene Systematik/ Auswertung	Vorschrift
Grundlagen der Beleihungswertermittlung haben sich gravierend verschlechtert, insbesondere das nachhaltige, regionale Preisniveau	X	X		§ 26 Abs. 1 Satz 1 und 2 BelWertV
Wesentlicher Leistungsrückstand von mindestens 90 Tagen			X	§ 26 Abs. 1 Satz 3 BelWertV
Überwachung Wohnen mindestens alle drei Jahre	X			§ 20 a Abs. 6 Satz 1 und 2 KWG
Überwachung Gewerbe mindestens jährlich		X		§ 20 a Abs. 6 Satz 1 und 2 KWG
Häufiger als o. a., wenn der Markt starken Wertschwankungen ausgesetzt ist*			X	§ 26 BelWertV, § 20 a Abs. 6 Satz 3 KWG
Kredit und Wert der Immobilie > 3 Mio. EUR oder 5 % des haftenden EK zumindest alle 3 Jahre			X	§ 20 a Abs. 6 Satz 7 KWG

Abb. 6: Übersicht über die Anforderungen an die Überwachung der Sicherheiten (Fortsetzung)

Verfahren zur Identifizierung der zu überwachenden Werte / Anlässe	Statistisches Verfahren § 20 a Abs. 6 Satz 4 KWG Wohnen Marktschwankungskonzept neu	Statistisches Verfahren § 20 a Abs. 6 Satz 4 KWG Gewerbe Marktschwankungskonzept alt	institutseigene Systematik/ Auswertung	Vorschrift
Wert der belasteten Immobilie könnte gegenüber dem allgemeinen Marktwert für vergleichbare Immobilien gesunken sein			X	§ 26 BelWertV, § 20 a Abs. 6 Satz 6 KWG
Überwachung und „Frühwarnsystem" nach MaRisk und Schreiben der BaFin zu § 20 Abs. 2 Nr. 1 KWG vom 4. 3. 1987***			X**	MaRisk bzw. Ordnungsmäßigkeit des Kreditgeschäftes

* Dies sind nach derzeitiger Interpretation Sonderereignisse (z. B. technische, ökonomische oder ökologische Katastrophen).

** Diese Überprüfungen müssten so organisiert werden, dass sie sich mit den anderen Vorschriften ergänzen und abgestimmt sind.

*** Nach diesem noch gültigen Schreiben ist eine Überwachung der Werte bzw. Neubewertung mindestens alle 5 Jahre erforderlich, wenn es sich um revolvierende Kredite wie Kontokorrentkredite handelt, die mit Grundpfandrechten besichert sind und für die Realkreditprivilegierung in Anspruch genommen wurde.

Teil II

Die Methodik der Beleihungswertermittlung nach dem Pfandbriefgesetz und der Beleihungswertermittlungsverordnung

4 Werttheorie

4.1 Investitionsaufwand, Preis und Wert

Wer Vermögen wirtschaftlich sinnvoll investieren will, muss das richtige Verhältnis von Investitionsaufwand und erwarteten Ertrag erreichen. Er darf nicht mehr Kapital investieren als sich aus dem künftigen Ertrag nach Abzug aller Kosten einschließlich einer angemessenen Abschreibung sicher und auf längere Zeit branchenüblich verzinst. Er darf aber auch nicht weniger investieren als zur nachhaltigen, vollen Ertragsfähigkeit der Investition, etwa einer Immobilie, notwendig ist. Wurde zu viel investiert, ergibt sich eine zu geringe Rendite und im Verkaufsfall wird der Erlös nicht das gesamte investierte Kapital zurückliefern. Liegt der Investitionsaufwand bei qualitativ guter Ausführung unter dem Branchendurchschnitt, kann eine über dem Durchschnitt liegende Rendite erreicht werden und im Verkaufsfall ein über dem einstigen Aufwand liegender Erlös (ein Verkaufsgewinn) erzielt werden, wenn wie bereits erwähnt, die Qualität angemessen ist. Die Höhe der Investition in ein Objekt kann deshalb allein keine Grundlage für dessen Wert sein. Sie gibt bestenfalls eine Größenordnung an. Gerade bei Immobilien, insbesondere bei privat genutzten Immobilien, sind oft hohe, im Verkaufsfall uneinbringliche Investitionen weit verbreitet, wie z. B. die meisten Schwimmbäder in Privathäusern, besondere Innenausstattungen vor allem in Küchen und Bädern und aufwendige Gartenanlagen. Diese „unrentierlichen" Investitionen können bei der Ermittlung von Marktwerten nur relativ gering angesetzt werden und müssen bei der Ermittlung von Beleihungswerten weitgehend unberücksichtigt bleiben.

Ähnlich sind auch stark subventionierte Wohnobjekte mit entsprechend reduzierten Mieten zu betrachten. Der Aufwand für den Neubau oder die Sanierung wird nur durch eine Subvention wirtschaftlich. Ein Erwerber zahlt später nur einen aus dem Ertrag dauerhaft rentierlichen Preis. Dementsprechend ist auch der Beleihungswert zu ermitteln. Der sich bei einem Verkauf bzw. Kauf einer Immobilie im Einzelfall ergebende Preis deckt sich nicht unbedingt mit dem von einem sorgfältigen und fachkundigen Gutachter ermittelten Marktwert, weil bei dem konkreten Verkauf alle individuellen Gegebenheiten des Geschäfts, insbesondere die jeweiligen Konkurrenzverhältnisse, in den Preis mit einfließen. Weicht jedoch der Kaufpreis einer zuvor bewerteten Immobilie erheblich von dem durch den Gutachter ermittelten Marktwert ab, ist dies ein Anlass für eine Prüfung, worin eine solche starke Abweichung begründet ist; etwa an den Umständen des Einzelfalls oder an der zu optimistischen oder pessimistischen Beurteilung durch den Gutachter.

4.2 Vom Preis zum Wert

Für viele wichtige Güter und Dienstleistungen werden die an den Märkten erzielten Preise veröffentlicht. Mitunter entstehen so für genau festgelegte Qualitäten an Spezialbörsen oder ähnlichen völlig transparenten Märkten (beispielsweise für Wertpapiere, Getreide, Vieh oder Öl) allgemein anerkannte Preise. Anhand solcher Preise kann eigener Besitz durch einfache Vergleiche bewertet werden. Es wird unterstellt, dass für ein bestimmtes Gut auf einem funktionierenden Markt in einer angemessenen Vermarktungszeit etwa der gleiche Preis erzielt wird. So entstehen aus dem Durchschnitt vieler Einzelpreise Wertvorstellungen und allgemein anerkannte Marktwerte, die dann in vielfältige private und geschäftliche Überlegungen, Dispositionen und Transaktionen einfließen. Bewerten ist also zunächst ein einfacher und direkter Vergleich mit dem Durchschnitt der an einem funktionierenden Markt für dasselbe Gut tatsächlich erzielten Preise.

Solche direkten Preisvergleiche sind nur für Güter möglich, die weitgehend homogen sind und wenn ein ausreichend großer Markt dafür existiert. Am Immobilienmarkt ist dies nur selten der Fall. Immobilien sind vielmehr sehr individuelle Güter, je nach Lage, Größe, Bauausführung, Einteilung, Nutzung und einer etwaigen Vermietung. Ein einfacher direkter Preisvergleich scheidet damit zur Wertfindung meistens aus. Deshalb werden Immobilien für die Wertermittlung in der Regel geistig in ihre Einzelteile zerlegt, zumeist in Grundstück, Gebäude und Außenanlagen. Diese Einzelteile werden dann, nach einer rechnerischen Berücksichtigung von Unterschieden etwa bei der Nutzungsmöglichkeit von Grundstücken, mit den am Markt beim Verkauf anderer Immobilien für deren geistige Einzelteile im Durchschnitt erzielten Preisen bewertet. Die einzelnen Werte werden sodann zum Substanzwert der Immobilie, auch Sachwert genannt, zusammengesetzt.

Ähnlich wird bei der Ermittlung des Ertragswerts vorgegangen. Zunächst werden die Nutzflächen nach ihren unterschiedlichen Ertragserwartungen (Mieten) aufgegliedert. Aus den nachhaltigen aktuellen Jahresmieten werden Roherträge errechnet, von denen die nicht umlagefähigen Bewirtschaftungskosten abgezogen werden. Diese Differenz wird als Jahresreinertrag bezeichnet. Dieser wird mit einem laufenden Zinssatz (dem Liegenschaftszins) kapitalisiert, der aus dem Vergleich mit am Markt umgesetzten gleichartigen Immobilien gewonnen wurde und von den Gutachterausschüssen gemäß §§ 192 und 193 BauGB regelmäßig veröffentlicht wird. Der so ermittelte Ertragswert ist daher als ein mittelbarer Marktvergleich anhand der Jahresreinerträge bzw. der Ertragsmöglichkeiten und der laufenden Liegenschaftsverzinsung zu verstehen. Bei bebauten Grundstücken erfolgt die Vorgehensweise meistens nach dem so genannten gesplitteten Verfahren, bei dem der Bodenwertanteil auf ewig, der Bauwertanteil jedoch nur für die voraussichtliche restliche Nutzungsdauer des Gebäudes kapitalisiert wird. Diese Vorgehensweise wird insbesondere bei der Bewertung bebauter Grundstücke mit vermieteten Gebäuden angewendet.

Die Makler wenden häufig ein überschlägiges Bewertungsverfahren an. Sie dividieren anhand von Informationen aus realen Verkäufen den Preis durch die Jahresmiete (Brutto- oder Nettomiete) und verwenden den so erhaltenen Ertragsvervielfältiger für die Bewertung anderer vergleichbarer Objekte (Maklermethode).

4.3 Werte und deren Zweckbestimmung

Hat eine Immobilie mehrere Werte? Diese Frage kann nur mit ja beantwortet werden. Sie hat aber nur **einen** Marktwert als Stichtagswert. Für sie gilt nur **ein** Einheitswert. Sie hat nur **einen** Beleihungswert als nachhaltigen Wert. Diese Aufzählung könnte nun mit unterschiedlichen Wertbegriffen fortgesetzt werden. Im

Vergleich unterscheidet sich der Wert für die Bemessung der Schenkungssteuer vom Wert einer Immobilie, der auf einen Stichtag bezogen nach WertV ermittelt wurde. So unterscheidet sich ebenso der Stichtagswert (Marktwert) von dem auf einen Zeitraum bezogenen Wert (Beleihungswert).

Eine Immobilie besitzt somit auf die **jeweilige Zweckbestimmung** bezogen nur einen Wert.

Die Methode der Wertermittlung richtet sich ebenfalls nach dem Zweck, für den der Wert ermittelt wird. Somit gibt es unterschiedliche Methoden bzw. Wertansätze, die den jeweils zweckentsprechenden Wert ergeben. Daher ist das Gebot der Transparenz bei der Wertermittlung entscheidend, um dem Adressaten die Zweck begründeten Abweichungen der einzelnen Werte deutlich zu machen.

4.3.1 Verkehrswert, Marktwert

Der Verkehrswert wird in § 194 BauGB wie folgt definiert: *„Der Verkehrswert (Marktwert) wird durch den Preis bestimmt, der in dem Zeitpunkt, auf den sich die Ermittlung bezieht, im gewöhnlichen Geschäftsverkehr nach den rechtlichen Gegebenheiten und tatsächlichen Eigenschaften, der sonstigen Beschaffenheit und der Lage des Grundstücks oder des sonstigen Gegenstandes der Wertermittlung ohne Rücksicht auf ungewöhnliche oder persönliche Verhältnisse zu erzielen wäre“.*

Im Pfandbriefgesetz wird die folgende Definition für den Marktwert in § 16 Abs. 2 Satz 4 PfandBG genannt: *„Der Marktwert ist der geschätzte Betrag, für welchen ein Beleihungsobjekt am Bewertungsstichtag zwischen einem verkaufsbereiten Verkäufer und einem kaufbereiten Erwerber, nach angemessenem Vermarktungszeitraum, in einer Transaktion im gewöhnlichen Geschäftsverkehr verkauft werden könnte, wobei jede Partei mit Sachkenntnis, Umsicht und ohne Zwang handelt.“*

Unter den beiden Begriffen Verkehrswert und Marktwert wird heute dasselbe verstanden: Nämlich der aktuelle Wert – als Durchschnitt zu erwartender Kaufpreise, ohne Ausreißer – am festgelegten Bewertungsstichtag. Auf internationaler Ebene wird vorwiegend der Begriff Marktwert verwendet. Auch in Deutschland setzt sich zunehmend der Begriff Marktwert gegenüber dem Verkehrswert durch. Wesentlich dazu beigetragen hat, dass Kleiber die Begriffe gleichsetzt (vgl. Kleiber/Simon, 2007, S. 430 f.).

Manche Sachverständige versuchen, dem Verkehrswert wegen der Forderung „nachhaltiger Mietansätze“ in § 17 WertV eine gewisse Dauerhaftigkeit beizulegen und ihm damit die Stichtagsbezogenheit zu nehmen. Diese Stichtagsbezogenheit wird vom Verkehrswert jedoch erwartet. Wer ein Grundstück kaufen oder verkaufen will, eine Erbauseinandersetzung zu regeln hat oder den Wert eines Grundstücks benötigt, um es beispielsweise aus der Bilanz herauszunehmen, braucht den Grundstückswert zu einem konkreten Stichtag. Dem Streben nach einer gewissen Nachhaltigkeit sind deshalb in der Verkehrswertermittlung sehr enge Grenzen gesetzt. Sie können nur in dem Umfang berücksichtigt werden, in welchem dies die Marktpartner zum Bewertungszeitpunkt auch tun und wie es bei der Preisbildung wirksam wird. Natürlich wird jeder Kaufinteressent die Mieten eines Kaufobjekts daraufhin untersuchen, ob er aus der Sicht des Bewertungszeitpunkts auch in Zukunft mit ihrem ungeschmälerten Eingang rechnen kann. Viel Spielraum für besondere Abschläge bleibt ihm dabei gewöhnlich nicht. Bei einem ausgeglichenen Markt und erst Recht in Boomzeiten, wenn die Verkäufer eine starke Marktstellung besitzen und wenn die Renditeerwartungen relativ niedrig sind, würde ein Kaufinteressent bei zu vorsichtiger Kalkulation rasch von einem Konkurrenten überboten. Die Verkehrswerte sind deshalb zwangsläufig marktnah und damit stichtagsbezogen zu ermitteln. Nur bei stark fallendem Markt sind im unteren Bereich der Baisse nennenswerte Abschläge angemessen. In solchen Zeiten stehen die Verkehrswerte aber insgesamt auf schwachen Füßen, denn ein „gewöhnlicher Geschäftsverkehr" findet dann erfahrungsgemäß vielerorts nicht oder nur eingeschränkt statt. Stattdessen bestimmen die Preise aus Notverkäufen und Zwangsverwertungen den Markt. Man kann den Verkehrswert auch als den Durchschnitt der für das zu bewertende Objekt bei einer „öffentlichen" Ausschreibung zu erwartenden, ernst zu nehmenden und fundierten Kaufangebote ansehen. Der „Durchschnitt" bedeutet jedoch, dass ein erheblicher Teil der Gebote unter dem Verkehrswert liegen wird. Orientierten sich die Beleihungen unmittelbar an den Verkehrswerten, würden sie demnach in vielen Fällen zu hoch liegen. Möglicherweise ist der deutsche Verkehrswertbegriff durch seine lange Verwendung, seine umfangreiche Kommentierung, seine Bindung an die in Deutschland bei den Gutachterausschüssen nach §§ 192 und 193 BauGB erhältlichen Unterlagen und durch seine rechtliche Würdigung in vielen Gerichtsurteilen für die heute europaweit geforderten, zwangsläufig auf unterschiedlichen lokalen Traditionen und Daten aufbauenden Wertermittlungen schon zu stark eingeengt. Zusammenfassend lässt sich jedoch festhalten, dass ein ins Gewicht fallender sachlicher Unterschied zwischen den Begriffen „Verkehrswert" und „Marktwert" nicht zu erkennen ist.

4.3.2 Liquidationswert

(Die Kapitel 4.3.2 bis 4.3.4 sind dem Studienbrief des vdp für die Sachverständigenausbildung „Verkehrswert nach WertV und anderen Verfahren", Stand März 2007, entnommen.)

Das Liquidationswertverfahren stellt kein wirklich eigenständiges Wertermittlungsverfahren dar. Es ist vielmehr eine besondere Variante des normierten Ertragswertverfahrens nach WertV, das nur zur Anwendung kommt, wenn bei der Minderung des Reinertrages um den Verzinsungsbetrag des Bodenwertes kein Anteil für die Ermittlung des Ertragswertes der baulichen Anlagen verbleibt, das heißt, wenn der Wert des Grundstücks mit Bausubstanz geringer ist als ohne

$$(\text{Bodenwert} \times \text{Liegenschaftszins} > \text{Reinertrag}).$$

Die vorhandene Bebauung stellt in diesem Fall eine Belastung dar, die beseitigt werden muss, um das Grundstück wieder einer wirtschaftlichen Nutzung zuzuführen. In § 20 WertV wird der besondere Umstand für die Ertragswertermittlung weiter differenziert:

1. Ist die Freilegung des Grundstücks sofort möglich, wird als Ertragswert der Bodenwert abzüglich der Abbruchkosten angesetzt (§ 20 Abs. 1 WertV).

2. Ist der Abriss aus rechtlichen oder sonstigen Gründen nicht sofort möglich, wird mit Hilfe des Liquidationsverfahrens ein Liquidationswert als Ertragswert ermittelt (§ 20 Abs. 2 WertV).

3. Ist der Abriss längerfristig nicht möglich, wird der Ertragswert mit einem abweichenden Bodenwert ermittelt (§ 20 Abs. 3 WertV).

Das Liquidationswertverfahren kommt damit nur im zweiten der drei Fälle zum Einsatz:

> *„Wenn das Grundstück aus rechtlichen oder sonstigen Gründen alsbald nicht freigelegt und deshalb eine dem Bodenwert angemessene Verzinsung nicht erzielt werden kann, ist dies bei dem (...) Bodenwert für die Dauer der Nutzungsbeschränkung zusätzlich angemessen zu berücksichtigen. Der so ermittelte Bodenwert zuzüglich des kapitalisierten aus der Nutzung des Grundstücks nachhaltig erzielbaren Reinertrags ergeben den Ertragswert. Der (...) maßgebende Vervielfältiger bestimmt sich nach der Dauer der Nutzungsbeschränkung und dem (...) Liegenschaftszinssatz." (§ 20 Abs. 2 WertV)*

Der Liquidationswert nach WertV, der im Ergebnis einen Marktwert darstellt, steht damit nicht im Zusammenhang mit einem eventuell verminderten Verkaufserlös einer Betriebsimmobilie bei kurzfristiger Betriebsaufgabe z. B. bei Konkurs. Vielmehr bildet der Begriff nach WertV die vorübergehende Wertminderung eines Grundstücks durch suboptimale Nutzung mit einem unwirtschaftlichen Gebäude ab.

Das Liquidationswertverfahren entspricht dem normierten Ertragswertverfahren unter Anwendung einer veränderten mathematischen Formel:

$$\text{Liquidationswert} = \text{Reinertrag} \times \text{Vervielfältiger} + \frac{\text{korrigierter Bodenwert}}{(1+p)^n}$$

Der Liquidationswert ist danach die Summe des über die Restnutzungsdauer kapitalisierten Reinertrages und des über die Restnutzungsdauer abgezinsten, um die Freilegungskosten korrigierten Bodenwertes (Rosenbaum, 2003, S. 246).

4.3.3 Versicherungswert

Der Versicherungswert wird definiert in § 52 VVG in Verbindung mit §§ 88 ff. VVG (Gesetz über den Versicherungsvertrag vom 30.5.1908 zuletzt geändert durch Artikel 3 G vom 10.12.2007, BGBl. I, S. 2833):

„Bezieht sich die Versicherung auf eine Sache, so gilt, soweit sich nicht aus den Umständen ein anderes ergibt, der Wert der Sache als Versicherungswert". Diese Definition des Versicherungswertes nach § 52 VVG ist im Ersten Titel „Vorschriften für die gesamte Schadensversicherung" enthalten. In Verbindung mit § 51 VVG lässt sich der Schluss ziehen, dass sich die Höhe des Versicherungswertes entweder aus einer Parteivereinbarung oder aus den Umständen ergibt. Wenn keine der beiden Voraussetzungen zutrifft, ist der Sachwert entscheidend. (Simon/Cors/Halaczinsky/Teß, 2003, S. 304).

Darüber hinaus wird im Zweiten Titel „Feuerversicherung" in § 88 der Versicherungswert von Gebäuden bestimmt: *„Als Versicherungswert gilt bei Gebäuden der ortsübliche Bauwert unter Abzug eines dem Zustand des Gebäudes, insbesondere dem Alter und der Abnutzung entsprechenden Betrags."* Damit wird die bislang geltende Definition des Versicherungswertes von Gebäuden mit dem Bezugsjahr 1914 abgelöst.

Der Versicherungswert findet Anwendung bei der Versicherung von baulichen Anlagen gegen Feuer-, Leitungswasser- und Sturmschäden. Dabei wird üblicherweise nur der Gebäudewert ermittelt, da Grund und Boden als unzerstörbar gelten. Hinsichtlich des Leistungsumfangs der Versicherung im Schadensfall wird der Versicherungswert unterschieden in:

- Neuwertversicherung,
- gleitende Neuwertversicherung,
- Zeitwertversicherung,
- Versicherung zum gemeinen Wert.

Bei der Neuwertversicherung wird der ortsübliche Neubauwert als Versicherungssumme gewählt, wobei im Schadensfall der Ersatz des Neuwertes der baulichen Anlagen gewährt wird. Hierbei muss die Entwicklung der Neubaukosten im Zeitablauf beobachtet und die Versicherungssumme an den Versicherungswert entsprechend angepasst werden, damit im Schadensfall nicht der Einwand der Unterversicherung von Seiten der Versicherungsgesellschaft geltend gemacht wird. Bei der gleitenden Neuwertversicherung passt sich die Versicherungssumme im Zeitablauf automatisch den Schwankungen in den Preis- und Wertverhältnissen an (Versicherungswert = aktuelle Wiederherstellungskosten), jedoch kann auch hier eine Unterversicherung vorliegen, falls die Versicherungssumme niedriger als der Versicherungswert ist. Neuwert- und gleitende Neuwertversicherungen sind hauptsächlich im Bereich der Versicherung von Wohn- und Geschäftshäusern üblich. Im Bereich der Versicherung von nicht zu Wohnzwecken dienenden Gebäuden, beispielsweise von Gebäuden, die landwirtschaftlich genutzt werden, kommt die Zeitwertversicherung in Betracht. Bei der Zeitwertversicherung wird der Neubauwert abzüglich Abnutzung der baulichen Anlagen als Versicherungssumme festgelegt. Wird als Versicherungssumme hingegen der gemeine Wert festgelegt, so ist darunter der vom Versicherungsnehmer erzielbare Verkaufspreis des Grundstücks zu verstehen (Simon/Cors/Halaczinsky/Teß, 2003, S. 365 ff.).

4.3.4 Einheitswert

Als Einheits- bzw. Grundbesitzwert wird der nach den Regeln des Bewertungsgesetzes abgeleitete Gemeine Wert verstanden. Er stellt einen besonderen Steuerwert für im Einzelfall festzulegende Steuern dar. Er besitzt derzeit Relevanz bei der Festlegung der Grundsteuer. Bis Ende 1996 bildete er die maßgebliche Grundlage für die Substanzsteuern (Grundsteuer, Vermögensteuer, Erbschaft- und Schenkungsteuer).

Obgleich sich die Definition des Einheitswertes (Gemeiner Wert nach § 9 BewG) von der Definition des Verkehrswertes nach § 194 BauGB unterscheidet, herrscht doch eine materielle Identität der Begriffe vor (Kleiber/Simon, 2007, S. 113; Battis/Krautzberger/Löhr, 1994). Unterschiede zwischen den Begriffen liegen lediglich im Bereich des Wertermittlungsstichtages sowie der Bewertungsmethodik. So ist als Bewertungsstichtag bei der Ermittlung der Einheitswerte in den alten Bundesländern der 1.1.1964 festgelegt worden. Hinsichtlich der Bewertungsmethodik ist festzustellen, dass es sich bei der Ermittlung der Einheitswerte um eine pauschalisierte Massenbewertung handelt, bei der gegenüber der Ermittlung von Verkehrswerten nach der WertV Vereinfachungen vorgenommen worden sind.

In den neuen Bundesländern konnten aufgrund fehlender Bewertungsgrundlagen keine Einheitswerte zum 1.1.1964 festgestellt werden. Daher gelten die Einheitswerte, die nach den Wertverhältnissen am 1. Januar 1935 festgestellt wurden oder noch festgestellt werden.

Die Einheitsbewertung bei Grund-, Vermögen-, Erbschaft- sowie der Schenkungsteuer wurde bis 1995 wie folgt vorgenommen: In den alten Bundesländern wurden 140 % des Einheitswertes als Bemessungsgrundlage der jeweiligen Steuer (neben den jeweiligen Hebesätzen), mit Ausnahme der Grundsteuer, bei der der Einheitswert selbst Bemessungsgrundlage ist, angesetzt. In den neuen Bundesländern differierte der Ansatz, je nach Nutzungsart, zwischen 100 % des Einheitswertes 1935 bei Mietwohngrundstücken und bis zu 600 % des Einheitswerts 1935 bei unbebauten Grundstücken.

Seit dem 1.1.1997 gelten für die steuerliche Bewertung von Immobilien neue Grundsätze, die sich aus dem Jahressteuergesetz 1997 vom 20.12.1996 (BGBI. I, 1996, 2049) in Verbindung mit dem 4. Abschnitt des Bewertungsgesetzes (BewG) ergeben. Hiernach gilt der Einheitswert nur noch als Bemessungsgrundlage für die Grundsteuer.

Anstelle der bisherigen Einheitswerte von 1964 für die alten Bundesländer und der Einheitswerte von 1935 für die neuen Bundesländer traten bei der Erbschaft- und Schenkungsteuer rückwirkend ab dem 1.1.1996 neue Grundstückswerte.

Im Gegensatz zur früheren Einheitsbewertung werden die neuen steuerlichen Grundstückswerte nur noch im Bedarfsfall ermittelt. Für die nach den neuen Regelungen noch nicht bewerteten Grundstücke behalten die alten Einheitswerte weiterhin ihre Gültigkeit.

4.3.5 Mortgage Lending Value

In der deutschen Wertermittlungspraxis wird bislang eine deutliche Abgrenzung zwischen dem Verkehrswert und dem Beleihungswert vorgenommen. Ein dem Beleihungswert entsprechendes Äquivalent fehlte bislang in der angelsächsischen Bewertungsbranche. Mittlerweile wurde im Red Book der Begriff Mortgage Lending Value (MLV) eingeführt, der weitgehend dem deutschen Beleihungswert entspricht. Dieser Begriff korrespondiert damit auch mit dem MLV-Begriff des Blue Book der TEGoVA.

> *„The value of the property as determined by a valuer making a prudent assessment of the future marketability of the property by taking into account long term sustainable aspects of the property, the normal and local market conditions, the current user and alternative appropriate uses of the property. Speculative elements may not be taken into account in the assessment of the Mortgage Lending Value. The Mortgage Lending Value shall be documented in a transparent and clear manner.“*

Für die Bewertung im Rahmen von Kreditvergaben erlaubt das Red Book, dass der Sachverständige sowohl den Mortgage Lending Value als auch den Market Value in der Definition laut EU-Richtlinie 89/647/EG bzw. 98/32/EG heranzieht. Allerdings ist zu beachten, dass die Definition des Market Value gemäß der genannten EU-Richtlinien nicht mit dem Market Value gemäß Red Book und den European Valuation Standards korrespondiert. Die EU-Definition des Market Value basiert auf der EU-Richtlinie 91/674/EWG über den konsolidierten Jahresabschluss von Versicherungsunternehmen. Sie stellt keinen international anerkannten Standard dar.

4.3.6 Beleihungswert

Die unterschiedliche Zwecksetzung zwischen Beleihungswert und Marktwert lässt sich wie folgt beschreiben: Der Beleihungswert findet im Zusammenhang mit langfristigen Immobilienbeleihungen Anwendung. Er hat eine andere Zweckbestimmung als der Marktwert. Bei seiner Ermittlung dominieren die speziellen risikoorientierten Fragen und Sicherheitsbedürfnisse der Kredit gebenden Seite, d. h. von Banken, Versicherungen, Bausparkassen etc. Diese Anforderungen können in der Regel nicht durch den Marktwert erfüllt werden. So könnte man auch sagen: Der Beleihungswert ist der Wert, der dem zu beleihenden Grundstück unter Berücksichtigung aller für die Bewertung maßgebenden Umstände als nachhaltigen Wert beigemessen wird.

In vielen Ländern, beispielsweise in Frankreich und den Niederlanden, gehen die Banken üblicherweise von einem marktnahen Wert der als Kreditsicherheit dienenden Immobilie aus. Für langfristige Beleihungen mit aus dem Verkauf von Obligationen stammenden Mitteln wird in seltenen Fällen ein pauschaler Risikoabschlag vorgenommen.

In Deutschland war der Beleihungswert bis zum 19. Juli 2005 in § 12 des Hypothekenbankgesetzes wie folgt definiert: *„(1) Der bei der Beleihung angenommene Wert des Grundstücks darf den durch sorgfältige Ermittlung festgestellten Verkaufswert nicht übersteigen. Bei der Feststellung dieses Wertes sind nur die dauernden Eigenschaften des Grundstücks und der Ertrag zu berücksichtigen, welchen das Grundstück bei ordnungsgemäßer Wirtschaft jedem Besitzer nachhaltig gewähren kann. (2) Liegt eine Ermittlung des Verkehrswertes auf Grund der Vorschriften der §§ 192 bis 199 Baugesetzbuches vor, soll dieser bei der Ermittlung des Beleihungswertes berücksichtigt werden."*

Die heutige Definition des Beleihungswertes in § 16 Abs. 2 PfandBG lautet: *„Der Beleihungswert darf den Wert nicht überschreiten, der sich im Rahmen einer vorsichtigen Bewertung der zukünftigen Verkäuflichkeit einer Immobilie und unter Berücksichtigung der langfristigen, nachhaltigen Merkmale des Objekts, der normalen regionalen Marktgegebenheiten sowie der derzeitigen und möglichen anderweitigen Nutzungen ergibt. Spekulative Elemente dürfen dabei nicht berücksichtigt werden. Der Beleihungswert darf einen auf transparente Weise und nach einem anerkannten Bewertungsverfahren ermittelten Marktwert nicht übersteigen."*

§ 16 Abs. 2 S. 4 PfandBG enthält darüber hinaus auch eine Definition des Marktwertes: *„... Der Marktwert ist der geschätzte Betrag für welchen ein Beleihungsobjekt am Bewertungsstichtag zwischen einem verkaufsbereiten Verkäufer und einem* *kaufbereiten Erwerber, nach angemessenem Vermarktunszeitraum, in einer Transaktion im gewöhnlichen Geschäftsverkehr verkauft werden könnte, wobei jede Partei mit Sachkenntnis, Umsicht und ohne Zwang handelt.“*

In Absatz 4 des § 16 PfandBG wurde die Regierung (Bundesfinanzministerium, Bundesanstalt für Finanzdienstleistungsaufsicht (BaFin) ermächtigt „... *im Einvernehmen mit dem Bundesministerium der Justiz durch Rechtsverordnung, die nicht der Zustimmung des Bundesrats bedarf, Einzelheiten der Methodik und Form der Beleihungswertermittlung sowie die Mindestanforderungen an die Qualifikation des Gutachters zu bestimmen. Die Rechtsverordnung kann für die Bewertung von überwiegend zu Wohnzwecken genutzten Beleihungsobjekten Erleichterungen vorsehen. Vor Erlass der Rechtsverordnung sind die Spitzenverbände der Kreditwirtschaft anzuhören ...“*

Diese Rechtsverordnung ist zum 1. August 2006 unter der Bezeichnung „Beleihungswertermittlungsverordnung (BelWertV)“ in Kraft getreten.

5 Der Weg zu einer einheitlichen Methodik für die Bewertung von Immobiliensicherheiten

5.1 Qualitätsoffensive für die Beleihungswertermittlung

Das frühere Hypothekenbankgesetz enthielt Vorschriften zur Beleihungswertermittlung, auf die auch aus dem Kreditwesengesetz verwiesen wurde. Sie waren damit unter anderem auch für den Realkreditausweis im Zusammenhang mit Anrechnungserleichterungen maßgebend.

Es gab allerdings keine Vorschriften, die eine methodisch einheitliche Vorgehensweise bei der Beleihungswertermittlung vorgaben. Dieser Mangel wurde Anfang der 1990er Jahre zunehmend von Ratingagenturen kritisiert und rückte auch mit umfangreicheren und anspruchsvolleren Immobilienfinanzierungen und den damit verbundenen Risiken mehr und mehr in den Vordergrund.

So haben sich im Jahr 1994 die dem damaligen Verband deutscher Hypothekenbanken angeschlossenen Banken zum Ziel gesetzt, eine einheitliche Qualität für die Methodik der Beleihungswertermittlung zu etablieren, um zu transparenten, vergleichbaren Ergebnissen zu gelangen.

Hypothekenbanken mussten nach § 13 Hypothekenbankgesetz (HBG) Wertermittlungsanweisungen erstellen, die mit dem BAKred (Bundesaufsichtsamt für das Kreditwesen) bilateral abgestimmt und von der Bankenaufsicht zu genehmigen waren. Dieses Regulativ sorgte bei den Hypothekenbanken für eine gewisse Annäherung, jedoch ergab sich hieraus keine einheitliche „banknübliche“ Vorgehensweise bei der Beleihungswertermittlung. Dies traf insbesondere bei Geschäftsbanken zu, die ihre Wertermittlungsrichtlinien – sofern überhaupt vorhanden – nicht von der Aufsicht zu genehmigen hatten. Eine Ableitung des Beleihungswertes aus Verkehrswerten fand ebenso statt, wie die Anwendung von Methoden, die aus den bankinternen Beleihungsrichtlinien von den jeweiligen Sachverständigen abgeleitet wurden.

Die Gutachtenerstellung wurde ebenso unterschiedlich beauftragt. Der Gutachter wurde z. B. durch den Kreditnehmer beauftragt und bezahlt, oder die Gutachten wurden von bankeigenen Gutachterabteilungen erstellt. Vereinbarungen, Anweisungen und Regelungen in der Kreditwirtschaft waren vielfältig. Es existierte keine Abstimmung zwischen den Finanzierungsinstituten, um eine einheitliche Vorgehensweise zu erzielen. So war auch die Terminologie uneinheitlich. Insbesondere gab es im früheren Hypothekenbankgesetz in § 12 HBG den Begriff „Verkaufswert“ mit unterschiedlichen Interpretationen in der Literatur.

Die Ratingagenturen widmeten sich dem Thema Qualität der Beleihungswertermittlung insbesondere im Hinblick auf die Qualität des Pfandbriefes und forderten insbesondere für den Bereich der Hypothekenbanken eine einheitlichere Qualitätssicherung.

Das damalige BAKred, heute BaFin, unterstützte daher den damaligen VDH (Verband deutscher Hypothekenbanken), heute vdp, eine Qualitätsoffensive zu initiieren, die eine einheitliche Vorgehensweise bei der Beleihungswertermittlung ermöglichte. Erstmals seit Bestehen des Hypothekenbankgesetzes tauschten sich die dem vdp zugehörigen Hypothekenbanken untereinander aus und suchten eine einheitlichere Vorgehensweise bei der Beleihungswertermittlung (zur Qualitätsoffensive der Hypothekenbanken vgl. Reif 1997).

5.1.1 Die Zertifizierung

Der vdp erarbeitete mit einem 1994 neu gegründeten Arbeitskreis, der 1996 als Ausschuss für Bewertungsfragen etabliert wurde, eine Strategie mit dem Ziel der Qualitätssicherung in der Immobilienbewertung. Grundüberlegung für die Etablierung von Qualitätssicherung war, bei den unmittelbar für die Qualität der Wertermittlung verantwortlichen Personen, den Gutachtern, anzusetzen. Die damalige EU-Norm nach EN 45013 für Personenzertifizierung, heute DIN EN ISO/IEC 17024, war gerade ins Leben gerufen, und so sollte die Personenzertifizierung als Mittel zum Zweck für eine Qualitätssicherung der Branche dienen. Eine Zertifizierung setzt allerdings einheitliche Standards voraus, die zu diesem Zeitpunkt noch nicht vorhanden waren.

- Das fachliche Wissen auf Basis einheitlicher Standards ist Prüfungsgrundlage für eine Zertifizierungsprüfung. Die Einhaltung dieser Standards in der täglichen Gutachterpraxis ist nachzuweisen. Dies erfolgt über eine Rezertifizierungsprüfung, die alle fünf Jahre erforderlich ist. Darüber hinaus erfolgt dieser Nachweis in Form von jährlichen Überwachungsprüfungen durch die Zertifizierungsgesellschaft. Hierzu gehören die Überprüfung der jährlichen Fortbildungsauflage von mindestens drei Seminartagen und die Einhaltung der Standards bei der Gutachtenerstellung durch stichprobenweise Vorlage von Gutachten der Zertifizierten bei der Gesellschaft sowie die Überprüfung der Einhaltung der Berufsgrundsätze.

- Die Regeln, die eine Zertifizierungsgesellschaft beim Aufbau und der Durchführung der Zertifizierung zu beachten hat, sind streng und werden von externen Auditoren überwacht. Diese werden z. B. von der TGA, der Trägergemeinschaft für Akkreditierung, bestellt (siehe hierzu auch Gliederungspunkt 8.3.2.1). Nach erster Überprüfung der Zertifizierungsgesellschaft durch den Auditor und positivem Ergebnis erhält die Gesellschaft die Akkreditierung durch die TGA und kann somit von einem Außenstehenden als qualifizierte und entsprechend der Europäischen Norm EN 45013, heute DIN EN ISO/IEC 17024, als unabhängige Zertifizierungsgesellschaft erkannt werden. Die Akkreditierungsstelle selbst überwacht die Zertifizierungsgesellschaft ebenfalls jährlich.

Voraussetzung eines einheitlichen Prüfungsverfahrens war es, die Beleihungswertmethodik als eigenständiges Verfahren fortzuschreiben und damit auch qualitativ weiterzuentwickeln, um damit die sich aus dem damaligen § 12 HBG abzuleitenden Vorschriften in der Finanzwirtschaft zu vereinheitlichen. Diese Strategie wurde beschlossen und in Zusammenwirken mit dem BAKred durch den Ausschuss für Bewertungsfragen des VDH (heute vdp) umgesetzt.

Vor diesem Hintergrund erfolgte die Gründung einer Zertifizierungsgesellschaft mit dem Namen HypZert im Jahre 1996. Die HypZert (Gesellschaft zur Zertifizierung von Beleihungssachverständigen mbH, kurz HypZert GmbH) erhielt mit ihrem hohen Qualitätsanspruch bereits frühzeitig die Akkreditierung nach der Europäischen Norm durch die TGA. Nach und nach beteiligten sich weitere Verbände der Finanzwirtschaft an der Zertifizierungsgesellschaft. Neben dem vdp als Gründer sind der VÖB (Bundesverband Öffentlicher Banken e.V.), der DSGV (Deutscher Sparkassen und Giroverband e.V.), der BdB (Bundesverband deutscher Banken e.V.), der Verband der privaten Bausparkassen und seit Anfang 2000 der BVR (Bundesverband der Deutschen Volksbanken und Raiffeisenbanken e.V.) an der HypZert beteiligt. In den ersten zehn Jahren ihres Bestehens wurden insgesamt ca. 750 Gutachter zertifiziert. Derzeit gibt es umfangreiche Aktivitäten weltweit. Vergleichbare Zertifizierungsstellen wurden und werden in den verschiedenen Ländern gegründet und arbeiten teilweise eng mit der HypZert zusammen.

Als Vorbereitung auf die Zertifizierungsprüfung können Gutachter eine Ausbildung bei der Frankfurt School of Finance and Management in Frankfurt am Main, der Sparkassenakademie des DSGV in Bonn, der Akademie Deutscher Genossenschaften (ADG) in Montabaur und der VÖB-Service GmbH in Bonn absolvieren. Diese Ausbildung dauert berufsbegleitend acht bis zehn Monate. Als wesentlicher Baustein zur Qualitätssicherung der Ausbildung wurden Studienbriefe als einheitliche Grundlage verfasst, die die Basis dieser Ausbildung darstellen.

5.1.2 Die Qualitätsstandards

Voraussetzungen für die Qualitätssicherung in der Beleihungswertermittlung waren und sind die verbindliche und weitgehend einheitliche Vorgehensweise bei der Ermittlung des Beleihungswertes und damit einer eigenständigen und einheitlichen Methodik. Diese Voraussetzungen wurden durch Verhandlungen mit dem damaligen BAKred nach Abstimmung mit den Mitgliedsinstituten des damaligen VDH geschaffen, womit gleichzeitig die Grundlagen dafür gelegt wurden, dass das BAKred über eine einheitliche Genehmigungspraxis bei den jeweiligen Wertermittlungsanweisungen der Hypothekenbanken einheitliche Verfahrensweisen implementierte.

Nicht nur materiell, sondern auch bezüglich der Terminologie kam es zu klärenden, vereinheitlichenden Vereinbarungen. Es wurden Handlungsrahmen gebildet, die sowohl für den Sachverständigen als auch den Kompetenzträger und die Aufsichtsbehörde Hilfe und Leitlinien darstellten.

Eine Identifikation mit diesen Vereinbarungen und der Strategie der Qualitätssicherung zeigt sich in aller Deutlichkeit durch die große Beteiligung und das Engagement der Finanzwirtschaft an und in der HypZert. Es hat einige Zeit gedauert, bis die Hauptbeteiligten in der Finanzwirtschaft die Standards komplett umgesetzt hatten, die auch fester Bestandteil der Ausbildung und Prüfung waren. Das BAKred drängte allerdings zunehmend in den unterschiedlichen Institutsgruppen auf Umsetzung der einheitlichen Methodik in der Beleihungswertermittlung und machte u. a. Anrechnungserleichterungen nach dem KWG hiervon abhängig. Der Bundesverband der Deutschen Volks- und Raiffeisenbanken BVR verfasste daraufhin die „BVR Wertermittlungsrichtlinie" auf der Basis einer Wertermittlungsanweisung, die von der BaFin genehmigt wurde.

5.2 Vereinbarungen zwischen der BaFin und dem vdp sowie Schreiben der BaFin als Basis für Qualitätsstandards

Die im Folgenden zusammenfassend behandelten Vereinbarungen und Schreiben der BaFin können im Internet unter www.pfandbrief.de vollständig nachgelesen werden und sind im Anhang enthalten.

5.2.1 Vereinbarungen zwischen der BaFin und dem vdp als Basis für Qualitätsstandards

Wie bei einem Unternehmensleitbild mussten zunächst die Grundsätze der Beleihungswertmethode formuliert und nach umfangreichen Abstimmungen schließlich mit der BaFin verabschiedet werden. Danach war es wichtig, Klarheit in der Methodik und Terminologie zu schaffen, die einheitliche Anwendung bis in die Bewertungsprogramme der Institute finden sollten. Seit dem Jahr 1998 nahmen die Auslandsfinanzierungen in den Mitgliedsinstituten des vdp erheblich zu, so dass zu Beleihungswertermittlungen für Auslandsimmobilien ebenfalls Klarheit geschaffen werden musste.

Ein Dauerthema auch bei so genannten Deckungsprüfungen durch die BaFin waren Erbbaurechte. Die Behandlung von Erbbaurechten in der Beleihungswertermittlung war uneinheitlich und auf Grund der schwierigen Thematik inhaltlich nicht immer leicht zu vermitteln. Hierzu ist ein Papier verfasst worden, welches sich in Abstimmung mit der BaFin befindet, dessen Inhalt weitgehend unter Gliederungspunkt 8.4.4.2 behandelt wird.

So sind schließlich die im Folgenden kurz skizzierten Papiere entstanden, die vor Inkrafttreten des Pfandbriefgesetzes bei der Erstellung der Wertermittlungsanweisungen nach § 13 HBG durch die einzelnen Hypothekenbanken als Grundlage dienten. Diese Wertermittlungsanweisungen waren von der BaFin zu genehmigen. Erst durch die genehmigten Wertermittlungsanweisungen konnten die Inhalte dieser Papiere in der täglichen Bewertungspraxis der Institute umgesetzt werden.

5.2.1.1 Das Grundsatzpapier

Das so genannte Grundsatzpapier vom Oktober 1996 hatte den Titel „Grundsatzpapier zum Beleihungswert von Immobilien“ und gliederte sich in fünf Hauptkapitel und einer Schlussbemerkung:

I. Die Philosophie des Beleihungswertes im Sinne von § 12 HBG
Es wurde der Beleihungswert als eigenständiger, seinem Zweck entsprechender Wert herausgestellt, der die Anforderungen des § 12 HBG zu erfüllen hatte.

II. Definition des Beleihungswertes
Das Kapitel enthält die Definition des Beleihungswertes, der folgende Bedeutungsdefinitionen als Grundlage hat:
– aus dem langfristigen Marktgeschehen abgeleitete Erkenntnisse,
– dauerhafte, zukunftssichere Merkmale,
– ein langer, in die Zukunft gerichteter Zeitraum,
– normaler Geschäftsverkehr.

III. Künftige Bedeutung der Beleihungswertermittlung
Vorausschauend wurde die Bedeutung zweier klar voneinander abzugrenzender Werte, nämlich Beleihungswert und Marktwert, für die Zukunft in den Vordergrund gestellt. Dies geschah auch im Hinblick auf Europäische Richtlinien. Der Beleihungswert bedarf daher einer einheitlichen Definition und Methodik und nicht unterschiedlicher Interpretationen, die sich teilweise aus unterschiedlichen Spezialgesetzen ergeben haben.

IV. Präzisierung des Unterschieds zwischen Beleihungswert und Marktwert
Schließlich wurden an dieser Stelle die Unterschiede zwischen beiden Werten klar dargestellt und damit die Abgrenzung verdeutlicht.

V. Methodik der Beleihungswertermittlung im Inland und Ausland
Dieser Abschnitt enthielt die Grundsätze der Methodik unter anderem in Bezug auf den Ansatz nachhaltiger Mieten, die Kapitalisierung, die nachhaltige Ertragsfähigkeit des Beleihungsobjektes, die Behandlung von Rechten in Abteilung II des Grundbuches, die Vorgehensweise bei gemischt genutzten Objekten sowie die Vorgehensweise bei der Sachwertermittlung und vor allem das „Zwei-Säulen-Prinzip".

Abschließend enthält dieses Kapitel die Festlegung zu der Wertermittlung von Immobilien im Ausland: Die aufgeführten Grundsätze der Beleihungswertermittlung müssen ebenso bei der Ermittlung von Beleihungswerten auf der Basis landesspezifischer Gutachten Geltung haben.

5.2.1.2 Das Methodikpapier

Dieses Papier erhielt den Titel „Wesentliche Aspekte der Beleihungswertermittlung" und datiert vom 3. Juni 1998. Nachdem im Grundsatzpapier die Grundsätze der Methodik dargelegt waren, widmete sich dieses Papier vielmehr den Details der Beleihungswertermittlung, insbesondere für Renditeobjekte. Vier große Blöcke wurden abgehandelt:

I. Mietausgangsgrößen
Die einheitliche Beantwortung der Frage, was nachhaltig vermietbare Flächen sind, war ebenso wichtig wie es notwendig war, Mietbegriffe noch einmal klar zu differenzieren und die Jahres-Netto-Kaltmiete als Mietausgangsgröße für die Beleihungswertermittlung zu definieren. Schließlich war der Weg zum nachhaltigen Mietansatz für die Beleihungswertermittlung zu beschreiben.

II. Bewirtschaftungskosten
Wesentlicher Aspekt bei den Bewirtschaftungskosten war der Ansatz von Einzelkosten und die Abkehr von einer Prozentpauschale auf die Miete bezogen, die mit der BaFin diskutiert und verhandelt wurde. Die Einzelbewirtschaftungskosten haben mit Ausnahme des Mietausfallwagnisses keinen Bezug zur Miethöhe, sondern eher zu den Eigenschaften des Objektes und damit den Baukosten. Geht man von einer Prozentpauschale von der Miete aus, werden gute Objekte mit höheren Mieteinnahmen schlechter bewertet als schlechte Objekte mit sehr niedrigen Mieteinnahmen.

III. Modernisierungsrisiko/Revitalisierungsrisiko

Die BaFin legte im Rahmen der Verhandlungen zu den Bewirtschaftungskosten hohen Wert auf die Berücksichtigung des Modernisierungsrisikos. Das Modernisierungsrisiko wurde definiert und Bandbreiten als Prozentansätze von den Neubaukosten pro m^2 Wohn-/Nutzfläche ohne Außenanlagen und Baunebenkosten zu verschiedenen Risikoklassen mit unterschiedlichen Immobilienarten vereinbart.

IV. Kapitalisierungszinssätze

Zu diesem Themenbereich wurde neben einer Definition und der Ableitung des Kapitalisierungszinssatzes für die Beleihungswertermittlung auch die Abgrenzung des Kapitalisierungszinssatzes zum Liegenschaftszins verdeutlicht. Schließlich wurden Bandbreiten für Kapitalisierungszinssätze unterschiedlicher Objektarten vereinbart und die Möglichkeit geschaffen, unter strengen Voraussetzungen und bei bestimmten Objektarten die untere Bandbreite um 0,5 % in Ausnahmefällen zu unterschreiten.

5.2.1.3 Das Auslandspapier

Der Titel dieses Papiers lautet: „Ermittlung des Beleihungswertes auf der Grundlage ausländischer Bewertungen".

Ziel dieses Papiers war, den Spagat zwischen dem nach deutschem Recht geprägten Beleihungswert und den landesspezifischen Wertermittlungen zu schaffen. Die im Grundsatzpapier zum Beleihungswert und im Methodikpapier verankerten Maßstäbe für den Beleihungswert als Basis für die Risikoeinschätzung einer Sicherheit können für Finanzierungen im Ausland bzw. für ausländische Immobiliensicherheiten nicht grundlegend andere sein. So baute dieses Papier praktisch eine Brücke zwischen den genannten ersten Papieren sowie den Anforderungen aus § 12 HBG zu den jeweiligen landesspezifischen Gepflogenheiten mit dem Ziel, einen nach deutschen Maßstäben erforderlichen Beleihungswert auf der Basis landesspezifischer Gutachten zu ermitteln.

5.2.2 Schreiben der BaFin als Basis für Qualitätsstandards

5.2.2.1 Schreiben der BaFin zur Qualität und organisatorischen Eingliederung von Gutachtern

An vielen Stellen Bezug nehmend auf eine Verlautbarung an die Spitzenverbände des Kreditgewerbes vom 3. Juni 1993 zum 4. KWG-Änderungsgesetz-I-3-5-1/92 zu den Voraussetzungen zur Anerkennung von Sachverständigenausschüssen nach § 10 Abs. 4 b KWG hat die BaFin zwei Schreiben zum o. a. Thema an die Bundesbank adressiert, um Fragen zur betreffenden Thematik zu beantworten. Das erste Schreiben datierte vom 7. September 1999, das zweite zur Beantwortung weiterer Fragen, die sich insbesondere aus dem ersten Schreiben ergeben haben, vom 17. April 2000. Speziell werden in den Schreiben die Voraussetzungen dargestellt, die zu erfüllen sind, um Anrechnungserleichterungen für gewerbliche Realkredite im Grundsatz I und nach den Großkreditvorschriften gemäß § 20 Abs. 3 Satz 2 Nr. 5 KWG und Rundschreiben 2/99 der BaFin vom 21. Januar 1999 in Anspruch nehmen zu können.

Klar gestellt ist, dass Wertgutachten als Basis für diese Anrechnungserleichterungen auch von institutseigenen Gutachtern erstellt werden dürfen. Die Unabhängigkeit dieser Gutachter muss allerdings gewährleistet sein, woraus sich die grundsätzliche Forderung ableitet, dass der Gutachter direkt dem Vorstand in einer unabhängigen Einheit unterstellt sein muss. Im zweiten Schreiben wird die Ausnahme zugestanden, dass bei kleinen Instituten der Gutachter auch der Marktfolge zugehörig sein darf. Grundprinzip ist allerdings, dass er mit der Bearbeitung des Kredites in keiner Weise befasst sein darf. Die Unabhängigkeit des Gutachters in Bezug auf seine organisatorische Eingliederung wird mit der der Innenrevision verglichen.

Die Qualifikation des Gutachters wird unter anderem in Anlehnung an die Zertifizierungsvoraussetzungen der HypZert GmbH definiert. Im Grundsatz muss sich allerdings das Kreditinstitut davon überzeugen und laufend überprüfen, ob der Gutachter auf der Grundlage seiner Ausbildung und langjährigen Erfahrung auf dem Gebiet der Verkehrs- und Beleihungswertermittlung die Qualifikation besitzt. Von dieser Überprüfung, auch der laufenden, ist das Kreditinstitut befreit, wenn der Gutachter zertifiziert ist. Denn im Rahmen der Zertifizierung wird die Qualifikation durch eine neutrale, unabhängige Stelle überprüft und in der Folge laufend überwacht.

5.2.2.2 Schreiben der BaFin zur Kleindarlehensgrenze

Bei der Erfüllung der Vorschriften des § 12 HBG für die Pfandbriefdeckung und durch den Verweis im KWG auf diese Vorschrift als Voraussetzung für Anrechnungserleichterungen hat die BaFin für die Bewertung von Sicherheiten Erleichterungen für so genannte Kleindarlehen vorgesehen.

Die Voraussetzungen für die Nutzung dieser Erleichterungen wurden endgültig in einem Schreiben vom 22. Juni 1999 festgelegt, welches von dem damaligen BAKred an den damaligen VDH (Verband deutscher Hypothekenbanken e.V.) gerichtet war.

Demnach kann bei der Ermittlung des Beleihungswertes innerhalb der Kleindarlehensgrenze auf die Einschaltung eines Sachverständigen und eine förmliche Schätzung verzichtet werden. Die Wertermittlung kann stattdessen von einem sachkundigen Mitarbeiter vorgenommen werden, der den Kredit allerdings nicht abschließend entscheiden darf. Die „anerkannten Regeln der Beleihungswertermittlung" sind jedoch zu beachten. In diesem Schreiben werden die Bedingungen für diese Vereinfachung und Einzelheiten zur Objektbesichtigung sowie die regelmäßige Überprüfung der Ordnungsmäßigkeit der Wertermittlung mittels ausreichend großer Stichproben durch die Gutachter der Gutachtenabteilung behandelt.

6 Von der Qualitätsoffensive zur Beleihungswertermittlungsverordnung nach § 16 Abs. 4 PfandBG

Im Kapitel 5 wurden die Grundlagen der Beleihungswertermittlung aus der Vergangenheit noch einmal aufgeführt. Nachdem nun die Beleihungswertermittlungsverordnung in Kraft ist, hätte dieses Kapitel eigentlich entfallen können. Es gibt aber zwei wichtige Gründe die ursprünglich „anerkannten Regeln der Beleihungswertermittlung", wie diese im Schreiben des BAKred vom 22. Juni 1999 zur Kleindarlehensgrenze bezeichnet werden, zu kennen:

1. Es wird ein Abgleich der BelWertV mit den früheren Regeln und der bisherigen Praxis möglich.
2. Die einschlägigen Verwaltungsvorschriften der BaFin, insbesondere das Schreiben zur Kleindarlehensgrenze und die Schreiben zur Gutachterqualifikation gelten für „Nicht-Pfandbriefbanken", die die BelWertV nicht anwenden, weiter.

Die BelWertV wurde auf der Basis dieser anerkannten Regeln erstellt und ist keine komplette Neukreation der Beleihungswertmethodik, was hin und wieder bei der Diskussion über die BelWertV in Vergessenheit geraten ist. Die Basis dieser Verordnung bilden die o. a. Papiere und Schreiben der BaFin und darüber hinaus die von der BaFin in der Vergangenheit genehmigten Wertermittlungsanweisungen der früheren Hypothekenbanken gemäß § 13 HBG.

Die anerkannten Regeln der Beleihungswertermittlung zur Umsetzung der Vorschriften des § 12 HBG wurden in der Finanzwirtschaft zur Erfüllung der KWG-Vorschriften, die auf § 12 HBG verwiesen, beachtet. Die Beteiligung fast aller finanzwirtschaftlichen Verbände an der HypZert GmbH unterstreicht die hohe Akzeptanz dieser Qualitätsanforderungen, die Gegenstand der Prüfung von Gutachtern sind und in deren täglicher Praxis Anwendung finden müssen.

Die Anbieter auf dem Finanzmarkt unterliegen dem KWG und damit auch den Vorschriften, die auf die Beleihungswertermittlung nach dem heutigen Pfandbriefgesetz verweisen. Durch die mangelnde Allgemeingültigkeit der BelWertV für Rechtsvorschriften des KWG und SolvV entsteht für die „Nicht-Pfandbriefbanken", die diese Vorschriften zu erfüllen haben, die Frage nach der Methodik der Wertermittlung, die den Anforderungen aus diesen Vorschriften entsprechend der BelWertV-Methodik gerecht wird. Auf Anfragen zu diesem Thema hat die BaFin sinngemäß geantwortet, dass die Schreiben und Rundschreiben der BaFin zur Beleihungswertermittlung, die u. a. im Reischauer/Kleinhans unter Ziffer 281 zu finden sind, ihre Gültigkeit für „Nicht-Pfandbriefbanken" behalten, obwohl das Hypothekenbankgesetz durch das Pfandbriefgesetz ersetzt wurde. Diese eigenartige Rechtslage folgt aus der Rechtsansicht, die das BMJ in seinem Schreiben vom 23.08.2005 ausgeführt hat. Danach entfalte die BelWertV auch keine mittelbaren Wirkungen auf Rechtsvorschriften des KWG und der SolvV, da z. B. § 10 Abs. 4 b Satz 1, § 18 Satz 3 Nr. 2 und § 21 Abs. 3 Nr. 1 KWG jeweils ausdrücklich nur auf den neuen § 16 Abs. 1 und 2 PfandBG, nicht aber auf § 16 Abs. 4 PfandBG verwiesen. Zum Schluss heißt es, bis entschieden sei, ob die Vorschriften der BelWertV im Anwendungsbereich des KWG für verbindlich erklärt werden sollen, würden die „alten" Schreiben der BaFin weiter gelten.

Damit wird einerseits die Aktualität des Kapitels 5 unterstrichen. Andererseits ist trotz allem diese Rechtsverordnung als Meilenstein der 1994 gestarteten Qualitätsoffensive zu betrachten, die durch ein breites Fundament in der Finanzwirtschaft getragen wurde und damit ihre Fortsetzung in der BelWertV auf der Basis der aufgezeigten Regeln findet. Der eingangs erwähnte Abgleich der „alten" Regeln mit den „neuen" Regeln nach BelWertV wird empfohlen. Das Ergebnis wird nach den Ausführungen in diesem Kapitel nicht überraschen, da Bewährtes lediglich fortgesetzt wurde. Sofern offene und umstrittene Fragen noch nicht gelöst wurden, so ist dies eine Aufgabe, die die Anwender der BelWertV im Dialog mit der BaFin zu lösen haben, wie dies auch für die „alten" Regeln galt.

7 Methodik und Form der Beleihungswertermittlung sowie Mindestanforderungen an die Qualifikation des Gutachters nach der BelWertV

7.1 Aufbau der Beleihungswertermittlungsverordnung (BelWertV) im Überblick

Die BelWertV ist in 4 Teile gegliedert:

- Teil 1: Allgemeine Bestimmungen und Verfahrensgrundsätze
- Teil 2: Gutachten und Gutachter
- Teil 3: Wertermittlungsverfahren
  - Abschnitt 1: Ertragswertverfahren
  - Abschnitt 2: Sachwertverfahren
  - Abschnitt 3: Vergleichswertverfahren
  - Abschnitt 4: Besonderheiten bei einzelnen Objekten
  - Abschnitt 5: Im Ausland belegene Objekte
  - Abschnitt 6: Überprüfung der Beleihungswertermittlung
- Teil 4: Schlussvorschriften
  - **Anlage 1 zu § 11 Abs. 2:** Bandbreiten der Einzelkostenansätze für die Ermittlung der Bewirtschaftungskosten
  - **Anlage 2 zu § 12 Abs. 2:** Erfahrungssätze für die Nutzungsdauern baulicher Anlagen
  - **Anlage 3 zu § 12 Abs. 4:** Bandbreiten für Kapitalisierungssätze
  - **Anlage 4 zu § 12 Abs. 1:** Vervielfältigertabelle

7.2 Inhalte der Beleihungswertermittlungsverordnung im Überblick

Teil 1 mit dem Titel „Allgemeine Bestimmungen und Verfahrensgrundsätze“ fußt weitgehend auf dem Grundsatzpapier (siehe 5.2.1.1).

Als Neuerung wird neben dem „Zwei-Säulen-Prinzip“ mit Sach- und Ertragswert auch das Vergleichswertverfahren gleichberechtigt als weiterer Kontrollwert behandelt. Bei bestimmten Objektarten ersetzt das Vergleichswertverfahren den Sachwert, bei anderen Objektarten kann der Vergleichswert als Beleihungswert in Ansatz gebracht und auf die Ermittlung des Ertragswertes verzichtet werden. Bei bestimmten gewerblichen Objekten kann ein Vergleichswertverfahren auch als dritte Säule und Kontrollwert neben Ertrags- und Sachwert erforderlich sein.

Ebenso wurden ergänzend zur künftigen Vereinheitlichung der praktischen Vorgehensweise der Zustandswert und seine Ermittlung beschrieben. Dieser Wert ist für im Bau befindliche Objekte zu ermitteln, für die Darlehensteile vor Fertigstellung in Deckung genommen werden können.

Auf weitere Einzelheiten wird in den folgenden Kapiteln eingegangen.

Teil 2 mit dem Titel „Gutachten und Gutachter“ basiert überwiegend auf Schreiben und Rundschreiben der BaFin aus der Vergangenheit.

Die Anforderungen an den Aufbau und Inhalt von Gutachten befinden sich in ähnlicher Form in den Zertifizierungsbedingungen der HypZert GmbH und bilden die Basis der Arbeit von zertifizierten Gutachtern seit 1996.

Ferner ist eine Vorschrift zum Thema „Gutachtenbeauftragung und Anerkennung von Gutachten für andere Kreditinstitute oder Versicherungsunternehmen“ aufgenommen worden, die ihren Ursprung aus zahlreichen Diskussionen zu diesem Themenbereich und Schreiben der BaFin an Banken findet.

Schließlich werden die Anforderungen an die Qualität und Unabhängigkeit von Gutachtern in diesem Teil mit ähnlichen Maßgaben aufgestellt, wie sie in den an anderer Stelle zitierten Schreiben der BaFin an die Deutsche Bundesbank (siehe Kapitel 5.2.2.1) bereits enthalten und den Banken bekannt sind.

Teil 3 „Wertermittlungsverfahren“ beschreibt die Verfahren für die Beleihungswertermittlung. Insbesondere sind es die normierten Verfahren der WertV mit den methodischen Besonderheiten für die Beleihungswertermittlung. Hierbei wurde weitgehend der Inhalt des unter 5.2.1.2 beschriebenen Methodikpapiers herangezogen.

Begriffliche Anpassungen erfolgten bei der Jahres-Netto-Kalt-Miete, die nun in Anlehnung an die WertV als Rohertrag bezeichnet wird. Des Weiteren spricht die Verordnung in Verbindung mit der Kapitalisierung der Reinerträge von Nutzungsdauern und nicht wie in der Branche üblich von Gesamtnutzungsdauern, um mit dem neuen Begriff verstärkt die wirtschaftliche Nutzungsdauer in den Vordergrund zu rücken.

In Abschnitt 1 zum Ertragswertverfahren gibt es, außer den oben aufgeführten, keine wesentlichen Neuerungen. Die bekannten Inhalte des Methodikpapiers zu Bewirtschaftungskosten und Kapitalisierungszinssätze sind auch in den ergänzenden Anlagen 1 und 3 der BelWertV wieder zu finden. Das Ertragswertverfahren ohne Ertragsaufspaltung als „ewige Rente“ mit Berücksichtigung der Abschreibung für die Gebäude in den Bewirtschaftungskosten wird an dieser Stelle als mögliches Verfahren nicht behandelt.

In Anlage 2 werden die Nutzungsdauern in Bandbreiten unterschieden nach Objektarten aufgeführt. Diese sind kürzer als die der WertR (Wertermittlungsrichtlinie zur Wertermittlungsverordnung) sowohl in den unteren als auch oberen Bandbreiten. Die Verkürzung der Nutzungsdauern soll die sich schneller bzw. in kürzeren Abständen wandelnden Ansprüche der Nutzer bestimmter Objektarten widerspiegeln und damit in die Bewertung einfließen.

Als Anlage 4 ist in Ergänzung zur Vorschrift des § 12 BelWertV eine Vervielfältigertabelle beigefügt, die auf der Formel zur Berechnung des Barwertes einer nachschüssig gezahlten Rente aufgebaut ist.

§ 13 BelWertV mit der Überschrift „Ermittlung des Ertragswertes in besonderen Fällen“ ist der Versuch, durch Abweichung von normierten Verfahren den unten aufgezeigten Problemen gerecht zu werden:

1. Nach Minderung des Reinertrages um den Verzinsungsbetrag des Bodenwertes verbleibt kein Anteil für die Ermittlung des Ertragswertes der baulichen Anlage.
2. Die Restnutzungsdauer der baulichen Anlage ist geringer als 30 Jahre.
3. Der Bodenwert macht mehr als die Hälfte des Ertragswertes aus.

Zu Einzelheiten der Vorgehensweise bei diesen Problemen wird auf die Ausführungen in 8.4.1.6 verwiesen.

In Abschnitt 2 wird das Sachwertverfahren behandelt. Es wird die klassische Vorgehensweise mit den methodischen Besonderheiten der Beleihungswertermittlung in §§ 14 bis 18 BelWertV dargestellt. Im Gegensatz zu früheren Regelungen, den Bauwert immer über den umbauten Raum zu ermitteln, wird nun die Freiheit gelassen, den Herstellungswert auch über Raum- oder Flächeneinheit zu ermitteln. Ansonsten werden regulatorische Vorgaben zum Sicherheitsabschlag, den Außenanlagen und den Baunebenkosten gemacht.

Neu sind Zu- und Abschläge für sonstige wertbeeinflussende Umstände, die noch nicht bei der Ermittlung des Wertes der baulichen Anlage und der Wertminderung wegen Alters Berücksichtigung gefunden haben.

Abschnitt 3 ist dem Vergleichswertverfahren gewidmet. Es wurde in der Praxis der Beleihungswertermittlung zunehmend von den Banken in den letzten Jahren angewandt und bei der Bewertung von eigennutzungsfähigen Eigentumswohnungen auch von der Aufsicht anerkannt. Das Vergleichswertverfahren wurde nun in der BelWertV mit entsprechenden methodischen Vorkehrungen im Hinblick auf die Nachhaltigkeit von Beleihungswerten aufgenommen.

Abschnitt 4 regelt fünf Themenbereiche als „Besonderheiten bei einzelnen Objekten“:

- Bauland,
- Erbbaurechte und andere grundstücksgleiche Rechte,
- Landwirtschaftlich genutzte Grundstücke,
- Maschinen und Betriebseinrichtungen,
- Wohnwirtschaftlich genutzte Objekte bei Vergabe von Kleindarlehen.

Zu den ersten vier Themenbereichen gab es bisher keine generellen Vereinbarungen oder Rundschreiben zur Vorgehensweise in der Beleihungswertermittlung. Lediglich sind vereinzelt Hinweise in Wertermittlungsanweisungen von Hypothekenbanken enthalten, die z. B. Erbbaurechte als beleihbare grundstückgleiche Rechte darstellen, aber nicht die Methodik der Beleihungswertermittlung hierfür aufgreifen.

Zur Bewertung landwirtschaftlich genutzter Grundstücke wurden zwischen den Instituten, die dieses Geschäftsfeld bearbeiteten und der BaFin individuelle Vereinbarungen getroffen. Sie wurden in den speziellen Wertermittlungsanweisungen der jeweiligen Banken fixiert.

Hingegen war der fünfte Punkt ausführlich durch Schreiben der BaFin erläutert und die Anforderungen an so genannte Kleindarlehen formuliert, wie bereits unter 5.2.2.2 dargestellt. Neu sind die Anhebung der Grenze auf 400 TEUR und die ausführlichen Regelungen zur Bewertung von erworbenen Portfolien, die aus Kleindarlehen bestehen.

Abschnitt 5 „Beleihungen im Ausland" ist in dem so genannten Auslandspapier begründet (siehe 5.2.1.3). Diese Vorschriften regeln aber noch weitergehende Details, wie zum Beispiel die Objektbesichtigung oder die Anwendung anderer Verfahren, wenn im Ausland eine Berücksichtigung der wirtschaftlichen Restnutzungsdauer in den landesspezifischen Wertermittlungen unüblich ist oder ein Abzug von Bewirtschaftungskosten üblicherweise nicht erfolgt. Ferner fordert die Vorschrift das Kenntlichmachen der Daten und Parameter im Beleihungswertgutachten, die dem landesspezifischen Gutachten entnommen wurden.

Abschnitt 6 enthält, wie der vorherige Abschnitt auch, nur eine Vorschrift, die sich mit der Überprüfung der Grundlagen der Beleihungswertermittlung beschäftigt. Eine Überprüfung der Grundlagen der Beleihungswertermittlung hat demnach zu erfolgen, wenn das allgemeine Preisniveau auf dem jeweiligen regionalen Immobilienmarkt in einem die Sicherheit der Beleihung gefährdenden Umfang gesunken ist. Ebenso hat eine Überprüfung zu erfolgen, wenn die auf dem Beleihungsobjekt abgesicherte Forderung einen wesentlichen Leistungsrückstand von mindestens 90 Tagen aufweist (siehe hierzu die Ausführungen unter 3.3.5).

Teil 4 enthält die Schlussvorschriften. In § 27 erfolgt in Bezug auf § 6 BelWertV „Gutachter" ein Verweis auf die Norm für Personenzertifizierung. Schließlich regelt § 28 das Inkrafttreten der Verordnung am 1. August 2006.

8 Die Vorschriften der Beleihungswert-ermittlungsverordnung im Einzelnen

8.1 Anwendungsbereich, Gegenstand und Grundsatz der Beleihungswertermittlung

8.1.1 Anwendungsbereich (§ 1)

§ 1 Anwendungsbereich
Bei der Ermittlung der Beleihungswerte nach § 16 Abs. 1 und 2 des Pfandbriefgesetzes und bei der Erhebung der für die Wertermittlung erforderlichen Daten sind die Vorschriften dieser Verordnung anzuwenden.

Der Anwendungsbereich der Verordnung bezieht sich auf die Ermittlung der Beleihungswerte nach § 16 Abs. 1 und 2 PfandBG. Was fordert diese Vorschrift des Pfandbriefgesetzes, für deren Erfüllung die Verordnung klare Vorgaben macht?

Ein Beleihungswert, der nach § 16 Abs. 1 und 2 ermittelt wird, dient nach dieser Vorschrift als Grundlage für die Beleihungswertfestsetzung. § 16 Abs. 1 PfandBG bestimmt, dass diese Wertermittlung von einem von der Kreditentscheidung **unabhängigen** Gutachter vorzunehmen ist. Dieser muss über die hierzu notwendige Berufserfahrung sowie über die notwendigen Fachkenntnisse für Beleihungswertermittlungen verfügen. Wie diese Anforderungen im Einzelnen aussehen, wird in der BelWertV in §§ 6 und 7 geregelt.

Die Funktionstrennung zwischen Beleihungswertermittlung und Beleihungswertfestsetzung (durch den Kompetenzträger) wird in § 16 Abs. 1 PfandBG festgelegt, wonach ein Gutachter die Wertermittlung zu erstellen hat, die als Basis für die Beleihungswertfestsetzung dient.

Die Rechtsverordnung ist somit Grundlage für die Arbeit des Gutachters, der den Beleihungswert nach § 16 Abs. 2 PfandBG ermittelt. Dieser Beleihungswert darf zwei Grenzen nicht überschreiten:

1. Er darf den Wert nicht überschreiten, der sich
   - im Rahmen einer vorsichtigen Bewertung der zukünftigen Verkäuflichkeit einer Immobilie,
   - unter Berücksichtigung der langfristigen, nachhaltigen Merkmale des Objektes,
   - der normalen regionalen Marktgegebenheiten
   - und der derzeitigen und möglichen anderweitigen Nutzungen
   - ohne Berücksichtigung spekulativer Elemente

   ergibt.
2. Er darf den Marktwert nicht überschreiten, der auf transparente Weise und nach einem anerkannten Bewertungsverfahren ermittelt wurde.

Für den Beleihungswert müssen als Basis für die Wertermittlung Daten erhoben werden. Bei der Erhebung der Daten sind die Vorschriften der BelWertV anzuwenden. Der Beleihungswert muss bestimmte, im Folgenden näher dargestellte Anforderungen erfüllen. Die Daten, die der Wertermittlung als Basis dienen, haben zwangsläufig diesen Anforderungen gerecht zu werden.

Bereits an dieser Stelle kann festgestellt werden, dass die Erhebung ausschließlich aktueller, stichtagsbezogener Daten nicht ausreichen kann, um die künftige Verkäuflichkeit und damit die langfristige Nachhaltigkeit der Merkmale des Beleihungsobjektes zu beurteilen. Hierzu muss der Blick des Gutachters in die Vergangenheit, die Gegenwart und die Zukunft gerichtet sein.

8.1.2 Gegenstand der Wertermittlung (§ 2)

§ 2 Gegenstand der Wertermittlung
Gegenstand der Beleihungswertermittlung ist das Grundstück, das grundstücksgleiche Recht oder vergleichbare Recht einer ausländischen Rechtsordnung, das mit dem Grundpfandrecht belastet ist oder belastet werden soll.

Mit Grundstück ist grundsätzlich der Grund und Boden gemeint. Ein Grundstück im Rechtssinne kann aus mehreren Flurstücken bestehen. Ein Flurstück ist in den amtlichen Grundstücksverzeichnissen mit einer eigenen Nummer eingetragen (Liegenschaftskataster).

Gebäude, Pflanzen und generell mit dem Grund und Boden fest verbundene Sachen sind gemäß § 94 BGB (Bürgerliches Gesetzbuch) wesentliche Bestandteile eines Grundstücks. Ein Gebäude ist wesentlicher Bestandteil eines Grundstücks und besitzt wiederum wesentliche Bestandteile wie Leitungen und Heizungsanlage etc. Zu den wesentlichen Bestandteilen eines Gebäudes gehören die zur Herstellung des Gebäudes eingefügten Sachen (siehe § 94 Abs. 2 BGB). Bestandteile einer Sache, die voneinander nicht getrennt werden können, ohne dass der eine oder der andere zerstört oder in seinem Wesen verändert wird (wesentliche Bestandteile), können nicht Gegenstand besonderer Rechte sein, schreibt § 93 BGB vor. Damit ist Gegenstand der Wertermittlung das Grundstück mit seinen wesentlichen Bestandteilen. Der Eigentümer eines Grundstücks ist also automatisch auch Eigentümer eines mit dem Grund und Boden verbundenen Hauses.

Darüber hinaus gibt es so genanntes Zubehör. Sowohl die wesentlichen Bestandteile als auch das Zubehör sind Gegenstand des § 23 „Maschinen und Betriebseinrichtungen“ in Abschnitt 4 dieser Verordnung.

Nach § 2 BelWertV sind neben den Grundstücken auch grundstücksgleiche Rechte wie Erbbaurechte oder vergleichbare Rechte einer ausländischen Rechtsordnung Gegenstand der Wertermittlung; vorausgesetzt, Grundstücke und grundstücksgleiche Rechte sind mit einem Grundpfandrecht belastet oder werden damit belastet.

Beim Erbbaurecht als grundstücksgleiches Recht ist der Eigentümer des Gebäudes nach Maßgabe des Erbbaurechtsvertrages der Erbbauberechtigte und nicht der Grundstückseigentümer. Ein dem Erbbaurecht vergleichbares Recht einer ausländischen Rechtsordnung ist zum Beispiel in Großbritannien das so genannte Long Leasehold.

Bei Wohnungs- und Teileigentum handelt es sich dagegen um ein gesetzlich besonders ausgestaltetes Miteigentum nach Bruchteilen an einem Grundstück. Das Wohnungseigentum ist das Sondereigentum an einer Wohnung, das Teileigentum ist das Sondereigentum an nicht zu Wohnzwecken dienenden Räumen eines Gebäudes jeweils in Verbindung mit dem Miteigentum nach Bruchteilen am gemeinschaftlichen Grundstück nach dem Gesetz über das Wohnungseigentum und das Dauerwohnrecht (WEG). Wohnungs- und Teileigentum nach dem WEG ist in diesem Sinne ebenso Gegenstand der Wertermittlung, was auch für das Wohnungserbbaurecht und Teilerbbaurecht nach § 30 Gesetz über das Wohnungseigentum und das Dauerwohnrecht gilt.

8.1.3 Grundsatz der Beleihungswertermittlung (§ 3)

§ 3 Grundsatz der Beleihungswertermittlung

(1) Der Wert, der der Beleihung zugrunde gelegt wird (Beleihungswert), ist der Wert der Immobilie, der erfahrungsgemäß unabhängig von vorübergehenden, etwa konjunkturell bedingten Wertschwankungen am maßgeblichen Grundstücksmarkt und unter Ausschaltung von spekulativen Elementen während der gesamten Dauer der Beleihung bei einer Veräußerung voraussichtlich erzielt werden kann.

(2) Zur Ermittlung des Beleihungswerts ist die zukünftige Verkäuflichkeit der Immobilie unter Berücksichtigung der langfristigen, nachhaltigen Merkmale des Objekts, der normalen regionalen Marktgegebenheiten sowie der derzeitigen und möglichen anderweitigen Nutzungen im Rahmen einer vorsichtigen Bewertung zugrunde zu legen.

Dieser Paragraph mit der Überschrift „Grundsatz der Beleihungswertermittlung" stellt die eigentliche Herausforderung dar, nämlich in zwei Absätzen den Sinn der Vorschrift des § 16 PfandBG zusammenzufassen und schließlich darzulegen, worauf es bei der Beleihungswertermittlung ankommt.

Welche Voraussetzungen und Anforderungen sind zu erfüllen, damit der Beleihungswert seinem Zweck gerecht wird, für die Dauer der Laufzeit des Kredites ein möglichst sicherer Wert zu sein? Die nachfolgenden Vorschriften müssen in ihrer Zielsetzung diesem Zweck gerecht werden.

Der erste Absatz gibt vor, welchen Anspruch der Beleihungswert zu erfüllen hat. Der zweite Absatz legt in Grundzügen die Vorgehensweise bei der Beleihungswertermittlung fest.

Die folgenden Ausführungen sollen daher unter Beachtung des § 3 Abs. 1 und 2 BelWertV eine Grundlage für die Vorgehensweise bei der Beleihungswertermittlung bilden. Es sind keine neuen Maßstäbe und Erkenntnisse, die hier von der BelWertV angelegt und für den Beleihungswert zugrunde gelegt werden.

Bei der Beleihungswertermittlung sollen mögliche künftige Risiken und Chancen der zur Verfügung stehenden Sicherheit beim Ansatz der einzelnen Bewertungsparameter Berücksichtigung finden. Im Ergebnis soll für die gesamte Dauer der Beleihung (Blick in die Zukunft) ein „stabiler Wert" ermittelt werden, der erfahrungsgemäß (Blick in die Vergangenheit) unabhängig von vorübergehenden, etwa konjunkturell bedingten Wertschwankungen am maßgeblichen Grundstücksmarkt unter Ausschaltung von spekulativen Elementen erzielt werden kann. Dieser Wert darf den Marktwert nach § 16 Abs. 2 PfandBG nicht überschreiten (Orientierung an der Gegenwart).

8.1.3.1 Wertungsmaßstäbe als Basis für die Ermittlung des Beleihungswertes

Es müssen nachhaltige Werte ermittelt werden, die allerdings keine „Angstwerte" sind. In die Wertermittlung dürfen dementsprechend nur nachhaltige Wertkomponenten einfließen. Wie kann das praktisch erfolgen, insbesondere auf die Zukunftsaspekte bezogen, ohne den Eindruck zu erwecken, die Kristallkugel sei Handwerkszeug des Gutachters?

Dieser Wert muss den Anforderungen, die das Kreditinstitut als Darlehensgeber (Pfandbriefsicherheit, KWG-Normen) zu erfüllen hat, Rechnung tragen. Er steht im Konfliktfeld zwischen den Akteuren, die für die Kreditakquisition verantwortlich sind und dem Marktfolgebereich mit seiner Entscheidungskompetenz und damit der Mitverantwortung für die Hereinnahme der Kreditrisiken sowie nicht zuletzt dem Darlehensnehmer, der seine eigenen Ziele und Interessen verfolgt und vertritt.

Reine Vorsichtswerte verhindern jede Möglichkeit einer ausreichenden Finanzierung. Eine zu großzügige Betrachtungsweise gefährdet dagegen Kreditnehmer, Kreditgeber und die dahinter stehenden Geldgeber/Gläubiger als Refinanzierer. Der Darlehensnehmer sollte auch in Krisenzeiten die Möglichkeit der Entschuldung durch einen freihändigen Verkauf der als Sicherheit dienenden Immobilie haben. Dem Gutachter für Beleihungswertermittlung fällt mit seinem Bewertungsergebnis die große Verantwortung zu, als neutrale Instanz das richtige Maß in diesem Spannungsfeld zu finden.

Dabei leitet der Gutachter nicht nur Erkenntnisse aus Preissammlungen der Gegenwart ab, sondern bringt Erfahrungen aus der Vergangenheit ein und blickt in die Zukunft mit Hilfe von Analysen und Prognosen, die kritisch betrachtet werden. Der Beleihungswert ist kein „Angstwert" und auch kein Zwangsversteigerungswert; er beinhaltet Erfahrungswerte und muss in der Zukunft ein möglichst beständiger Wert sein.

Darlehensgeber und Darlehensnehmer dürften in ihrer Denkweise gar nicht weit auseinander liegen. Ein Investor betrachtet sein künftiges Objekt mit seinen künftigen Möglichkeiten und Chancen, sieht die Entwicklungen und Tendenzen aus der Vergangenheit und kalkuliert den Wert, den er zu zahlen bereit ist, um eine ausreichende, nachhaltige Rentabilität in der Zukunft zu erzielen. Der Darlehensgeber muss die gleiche Denkrichtung zugrunde legen. Er sucht ebenso einen nachhaltigen, zukunftssicheren Wert. Er muss daher auch die künftige Entwicklung des Beleihungsobjektes abschätzen und in die Wertermittlung einfließen lassen. Das Vorsichtsprinzip verbietet ihm allerdings, den bei Investoren (zumindest in Verhandlungen mit Banken) gerne in den Vordergrund gestellten „Best Case" als Basis für die Beleihungswertermittlung zugrunde zu legen.

Marktkenntnis, Erfahrungswerte, insbesondere die Kombination aus:
- Erfahrungswerten
- Gegenwartswerten (Verkehrswerten/Marktwerten)
- und Zukunftseinschätzung (Analysen, Prognosen)

bilden die Basis für die Beleihungswertermittlung.

In einem Idealbild dargestellt, sieht der „stabile" Beleihungswert, *der unabhängig von vorübergehenden, etwa konjunkturell bedingten Wertschwankungen am maßgeblichen Grundstücksmarkt und unter Ausschaltung von spekulativen Elementen während der gesamten Dauer der Beleihung bei einer Veräußerung voraussichtlich erzielt werden kann*, wie folgt aus:

Abb. 7: Beleihungswert und Marktwert im Vergleich

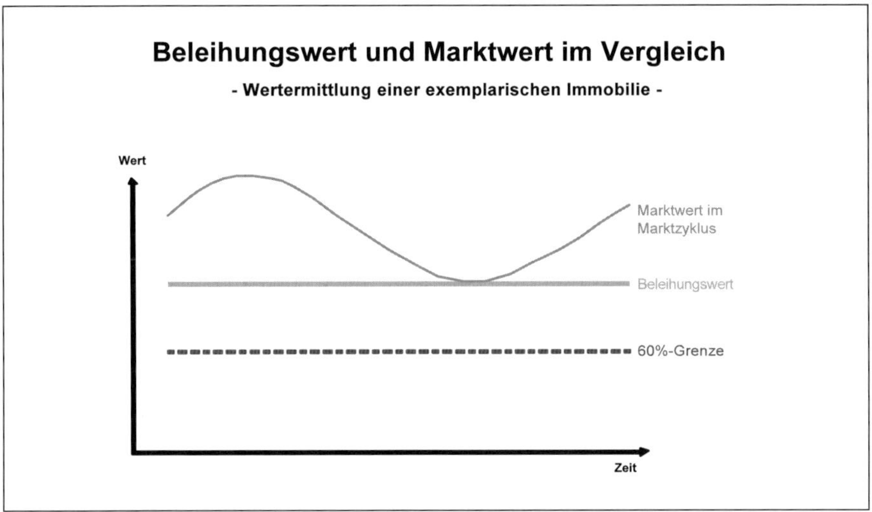

Quelle: Reif 2006

Abweichend vom Idealbild darf zum Zeitpunkt der Ermittlung und Festsetzung des Beleihungswertes dieser den Marktwert nicht überschreiten. Im Zeitablauf kann dies in der Praxis durchaus einmal in bestimmten Marktsituationen der Fall sein, wobei die 60 %-Grenze als Beleihungsgrenze nach § 14 PfandBG eine sichere Grenze darstellt, die auch größeren Schwankungen des Marktes standhalten muss.

8.1.3.2 Research: Die „Brille" für den Blick von der Vergangenheit über die Gegenwart in die Zukunft

Es wird deutlich, dass der Blick in die Zukunft, die Prognose, unerlässlich ist. Hierfür müssen Kenntnisse über den Markt, seine Entwicklung, die Funktionszusammenhänge und Wirkungsweisen maßgebender Faktoren vorliegen. Aufgabe des Gutachters ist es, die Einflüsse auf die Entwicklung der Preise und Werte der Immobilien zu erkennen und daraus eine „Meinung" zur künftigen Entwicklung,

z. B. einer bestimmten Objektart in ihrem relevanten Markt, zu formen – etwa analog einer „Zinsmeinung“ der Treasury-Einheit in einer Bank. Research ist für die Zwecke der Beleihungswertermittlung ein großer Begriff. Es fängt bei einer kleinen Datensammlung als Dokumentation der verwendbaren bzw. verwendeten Daten in einem Ordner an und endet bei hoch entwickelten Datenbanken mit Computersimulationen.

Die Anforderung aus § 1 BelWertV sei an dieser Stelle in Erinnerung gerufen, wonach der Anwendungsbereich dieser Verordnung auch die Erhebung der für die Wertermittlung erforderlichen Daten umfasst.

BEISPIELE

Als plakatives Beispiel für Research zur Einschätzung der künftigen Entwicklung einer Immobiliensicherheit soll die Nachfrage nach Wohnimmobilien betrachtet werden. Diese hängt bekannter Maßen unter anderem von den Faktoren Bevölkerungs- und Haushaltsentwicklung ab. Hierzu gibt es, herunter gebrochen bis auf kleine regionale Einheiten, zahlreiche Untersuchungen und Prognosen, so z. B. die regelmäßige koordinierte Bevölkerungsvorausschätzung des Statistischen Bundesamtes und der Statistischen Landesämter. Aufgabe des Gutachters ist es, die relevanten Faktoren zu erkennen und sich die bestmöglichen Daten hierüber zu besorgen.

Das Gleiche gilt etwa für die Nachfrage nach Büroflächen. Hier müssen unter anderem Daten beschafft werden über Bürobeschäftigte, Flächenverbrauch pro Mitarbeiter, vorhandene Flächen und Leerstandsquoten sowie die zukünftige Entwicklung der Büroorganisation. Auch hierfür gibt es auf der Grundlage zahlreicher Erhebungen entsprechende Datenaufbereitungen.

8.1.3.3 Standardisierte Maßstäbe als administrative Begrenzung für unsichere Prognosen und Anforderungen an die Transparenz

Weil das Unsichere bei der Prognose die unbekannte Zukunft ist, kommt man nicht umhin, standardisierte Maßstäbe aus der Erfahrung der Vergangenheit zur Hilfe zu nehmen. Die BelWertV muss unter dieser Prämisse betrachtet werden. Sie ist durchzogen mit aufsichtlichen Sicherheitslinien und wertbegrenzenden Vorgaben. So schrieb auch bereits Kerl 1994 in „Bankaufsichtliche Anforderungen an den Realkredit“:

„Bei den Anforderungen an den Beleihungswert i. S. des § 12 Abs. 1 HBG geht es um Ordnungsmäßigkeitskriterien für das von der Bank einer Kreditentscheidung zugrunde zu legende Werturteil.“

Er schreibt weiter: „Der Kunstgriff, der die eigentlich notwendige Prognose ersetzt, wird dabei durch eine Reihe methodischer Prinzipien möglich. Dazu gehören die Verwendung standardisierter, auf Erfahrung beruhender Maßstäbe, ausreichende Transparenz der Bewertungsmethode mit dem Ziel einer vergleichenden Beurteilung der einzelnen Bewertungselemente, weitgehende Abstraktion der Wertannahmen, die Ableitung aus getrennt ermittelten Sach- und Ertragswerten sowie die obere Begrenzung durch den Verkehrswert als Gegenwartswert.“ (Kerl 1994, S. 55).

Man erkennt die standardisierten Maßstäbe als:
- Sicherheitsabschläge
- Mindestsätze
- Mindestabschläge
- Obergrenzen
- Untergrenzen
- Bandbreiten
- Verfahrensvorgaben.

Darüber hinaus ist die Orientierung an künftigen, absehbaren Entwicklungen und Trends, die nach dem Vorsichtsprinzip Berücksichtigung finden müssen, wichtiger Bestandteil der Ermittlung nachhaltiger Werte.

Abstraktion der Wertannahmen bedeutet, nur solche Umstände zu berücksichtigen, die für „jeden" wertbeeinflussend sind und keine individuellen Einflüsse in die Grundstücksbewertung einfließen zu lassen.

BEISPIEL

Das Einfamilienhaus mit besonderer Ausstattung und einem Kostenaufwand, der weit über dem allgemein akzeptierten Durchschnitt liegt, muss im Ansatz pro Raum- oder Flächeneinheit reduziert werden. Die Reduzierung erfolgt auf Basis der Herstellungskosten, die jeder beliebige Bauherr akzeptieren würde. Der oft zitierte goldene Wasserhahn wird eben nicht von Kaufinteressenten entsprechend honoriert.

Dies gilt auch in Phasen erkennbar überhitzter Baupreise. Die Aussicht auf eine mögliche Rezession und die Erfahrungen aus den Preisschwankungen der Vergangenheit sind zu berücksichtigen und müssen in einem entsprechend angemessenen Kubikmeterpreis ihren Niederschlag finden. Dieser Preis muss von einem „ausreichend großen, hypothetischen Personenkreis" nachhaltig akzeptiert werden. Dies ist ein kleines Beispiel für die o. g. Abstraktion der Wertannahmen. Man löst sich von der vorliegenden individuellen Kostenaufstellung, dem Mietvertrag, dem Grundstückskaufpreis, der Betreiberbilanz, den Bewirtschaftungskosten etc. und abstrahiert das zu bewertende Element auf eine breite Akzeptanz jedes beliebigen Nutzers, Betreibers, Mieters, Käufers etc. Damit ist die Plausibilität der nachhaltigen Wertansätze aus der Sicht eines ausreichend großen, hypothetischen Personenkreises gegeben. Unabhängig davon wird eventuellen Baupreissenkungen mit dem Ziel der nachhaltigen Gültigkeit durch einen Sicherheitsabschlag Rechnung getragen (siehe hierzu auch 8.4.2.3).

Jedes Bewertungselement innerhalb der methodischen Schritte ist auf diese Weise kritisch einzeln zu betrachten und dann entsprechend der Zweckbestimmung des Beleihungswertes anzusetzen.

Die Wertansätze sind so zu wählen, dass für den Adressaten des Gutachtens die Transparenz gewahrt bleibt. Ein zu hoher Wertansatz, z. B. bei den Bewirtschaftungskosten darf nicht durch einen höheren Wertansatz, z. B. bei den Mieten kompensiert werden. Hier gilt der nachhaltige Mietansatz oder die tatsächlich gezahlte Miete, wenn diese geringer als die nachhaltige Miete ist, als Obergrenze. Vergleichbarkeit und Nachvollziehbarkeit der einzelnen Wertparameter sind unabdingbar für eine ordentliche Beleihungswertermittlung. Korrekturen sind bei dem jeweiligen Wertansatz vorzunehmen und Abschreibungen sowie Sicherheitsabschläge gesondert auszuweisen.

Bei der Betrachtung der Zukunft ist die Gegenwart nicht aus den Augen zu verlieren. Befindet man sich derzeit in einer Hoch- oder Tiefphase? Danach folgt die Frage: Wie ist die Perspektive, die künftige Entwicklung?

Der Beleihungswert ist durch den Marktwert begrenzt und darf diesen nicht überschreiten. So ist es in § 16 Abs. 2 PfandBG verankert. Diese Obergrenze ist wichtig. Differenziert betrachtet, müsste der Beleihungswert in einer Boomphase einen größeren Abstand zum Marktwert haben als in einer konjunkturellen Tiefphase.

Natürlich gibt es kritische Stimmen zur Nachhaltigkeit eines Beleihungswertes, der auf einer Methodik basiert, die durch aufsichtlich vorgegebene, standardisierte Maßstäbe, beruhend auf Erfahrungen der Vergangenheit, geprägt ist. Führen diese Vorgaben tatsächlich zu einem Beleihungswert, der allen Marktentwicklungen standhält?

Aus den bisherigen Ausführungen wird deutlich, dass man den Beleihungswert im Ergebnis als nachhaltigen, stabilen Wert sehen möchte. Dennoch sind Überprüfungen erforderlich, die die BelWertV und das KWG bei bestimmten Anlässen fordert. § 26 BelWertV schreibt eine Überwachung der Werte als „Hilfsinstrument" und letzte Sicherheitslinie für die Nachhaltigkeit insbesondere dann vor, wenn sich die Sicherheit der Beleihung gefährdende Marktveränderungen ergeben.

Der Banker arbeitet und wirtschaftet mit Geldern Dritter. Deshalb legt die Aufsicht Ordnungsmäßigkeitskriterien fest, die die Bank z. B. bei der Bildung des Werturteils zu einer Kreditsicherheit zu beachten hat. Diese „Zügel" sollen neben einem aktuellen Marktwert einen nachhaltigeren (Beleihungs-)Wert ergeben. Dieser Wert hat nichts mit einer Wertprognose oder gar Hellseherei zu tun. Eine Bank kann sich rein auf die Kreditvergabe bezogen auch am aktuellen Wert, dem Marktwert, orientieren. Fragt man jedoch bei der Kreditvergabe, welche Sicherheit dieser dem Marktgeschehen unmittelbar folgende und unter Umständen stark schwankende Wert in der Zukunft bietet, wäre zur Erhöhung der Sicherheit und Nachhaltigkeit dieses Wertes genau die für den Beleihungswert aufgezeigte Denkweise nach heutigen Maßstäben die Richtige.

Gibt es aber Alternativen zu den aufsichtlich vorgegebenen standardisierten Maßstäben? Derzeit existieren diese nicht, dennoch sollte eine gezielte Arbeit zu Alternativen für standardisierte Vorgaben führen.

Vor vielen Jahren waren bei der Einschätzung der Bonität eines Durchschnittskunden Rating- und Scoringsysteme, die heute Anwendung finden müssen, eher Vision als tägliches Handwerkzeug. Für die künftige Einschätzung der Bonität des Darlehensnehmers werden und wurden umfangreiche Ratingsysteme mit hohem Aufwand entwickelt und von der Aufsicht genehmigt. Dieser Prozess mit entsprechendem Backtesting setzt sich fort, wodurch eine ständige Qualitätsverbesserung bei der Einschätzung des Risikos der Bonität der Kreditnehmer erzielt wird.

Die Einschätzung des Risikos der Sicherheit befindet sich im Vergleich hierzu in den Anfängen. Dennoch gibt es Projekte und Systeme, die eine hervorragende Basis für eine Weiterentwicklung bieten könnten. Beispielsweise entwickelt der vdp eine Transaktionsdatenbank und sammelt im großen Umfang Daten. Das Markt- und Objektrating des vdp, des VÖB und der TEGoVA ermöglicht neben dem ermittelten Beleihungswert die Ermittlung qualitativer Merkmale der Immobilie, die auf einer Zehnerskala abgebildet werden.

Erhebungen und Untersuchungen z. B. von Erlösquoten unterschiedlicher Objektarten in unterschiedlichen Regionen mit dem Ziel, den „IRB Fortgeschrittenen Ansatz“ gemäß der Solvabilitätsverordnung umsetzen zu können, führen zu langfristigen Datenreihen, die hohen Informationsgehalt besitzen. Diese Projekte ergeben in Summe eine hervorragende Grundlage, das Risiko einer Immobiliensicherheit fundierter abzubilden.

Standardisierte Maßstäbe, ersetzt durch wissenschaftlich fundierte „Korrekturfaktoren“ auf Basis langjähriger Datenreihen, wären ein ergänzender Ansatz für die Fortentwicklung der Beleihungswertermittlung, um die Qualität in der Beurteilung von Kreditrisiken weiter zu verbessern.

8.2 Verfahren zur Ermittlung des Beleihungswertes (§ 4)

§ 4 Verfahren zur Ermittlung des Beleihungswerts

(1) Zur Ermittlung des Beleihungswerts sind der Ertragswert (§§ 8 bis 13) und der Sachwert (§§ 14 bis 18) des Beleihungsobjekts getrennt zu ermitteln. Der Beleihungswert ist unter Berücksichtigung dieser Werte nach Maßgabe der Absätze 2 bis 6 abzuleiten. Das zu bewertende Objekt ist im Rahmen der Wertermittlung zu besichtigen.

(2) Bei Wohnungs- und Teileigentum ist ergänzend das Vergleichswertverfahren nach § 19 durchzuführen und der Vergleichswert als Kontrollwert bei der Ermittlung des Beleihungswerts zu berücksichtigen. Bei Eigentumswohnungen und einzelnen, in sich selbständigen gewerblich genutzten Einheiten kann in diesen Fällen eine Ermittlung des Sachwerts entfallen.

(3) Maßgeblich für die Ermittlung des Beleihungswerts ist regelmäßig der Ertragswert, der nicht überschritten werden darf. Bleibt in diesen Fällen der Sachwert oder der Vergleichswert des Beleihungsobjekts um mehr als 20 % hinter dem Ertragswert zurück, bedarf es einer besonderen Überprüfung der Nachhaltigkeit der zugrunde gelegten Erträge und ihrer Kapitalisierung. Bestätigt sich hierbei der anfangs ermittelte Ertragswert, bedarf das Ergebnis der Überprüfung einer nachvollziehbaren Begründung, andernfalls ist der Ertragswert entsprechend zu mindern.

(4) Bei Ein- und Zweifamilienhäusern sowie Eigentumswohnungen kann der Beleihungswert am Sachwert orientiert werden und eine Ertragswertermittlung entfallen, wenn das zu bewertende Objekt nach Zuschnitt, Ausstattungsqualität und Lage zweifelsfrei zur Eigennutzung geeignet ist und bei gewöhnlicher Marktentwicklung nach den Umständen des Einzelfalls vorausgesetzt werden kann, dass das Objekt von potenziellen Erwerbern für die eigene

Nutzung dauerhaft nachgefragt wird. Der Beleihungswert kann in diesen Fällen auch an einem nach § 19 ermittelten Vergleichswert orientiert werden; neben der Ertragswertermittlung kann hierbei auch die Sachwertermittlung entfallen. Bei Ein- und Zweifamilienhäusern darf eine Orientierung am Vergleichswert jedoch nur dann erfolgen, wenn der Ermittlung aktuelle Vergleichspreise von mindestens fünf Objekten zugrunde liegen, die auch hinsichtlich der Größe der Wohnfläche mit dem zu bewertenden Objekt hinreichend übereinstimmen.

(5) Ein zum Zeitpunkt der Bewertung erkennbarer Instandhaltungsrückstau oder sonstiger baulicher Aufwand sowie Baumängel und Bauschäden sind auf der Grundlage der für ihre Beseitigung am Wertermittlungsstichtag erforderlichen Aufwendungen oder nach Erfahrungssätzen als gesonderter Wertabschlag zu berücksichtigen. Der Beleihungswert ist entsprechend anzupassen.

(6) Bei im Bau befindlichen Objekten ist der Beleihungswert der Zustandswert. Dieser ist die Summe aus dem Bodenwert (§ 15) und dem anteiligen Wert der baulichen Anlage. Der anteilige Wert der baulichen Anlage errechnet sich aus dem Wert der baulichen Anlage des fertig gestellten Objekts (§ 16) und dem erreichten Bautenstand. Der in Ansatz gebrachte Bautenstand ist von einer von der Pfandbriefbank auszuwählenden, fachkundigen, von Bauplanung und -ausführung unabhängigen Person festzustellen; § 7 Abs. 1 Satz 1 gilt entsprechend. In den Fällen, in denen der Ertragswert des planmäßig fertig gestellten Objekts unter dessen Sachwert liegt, darf der Zustandswert den anteiligen Ertragswert, der prozentual dem jeweiligen Bautenstand entspricht, nicht überschreiten.

§ 4 BelWertV gibt Auskunft zu grundsätzlichen Fragen der Methodik der Beleihungswertermittlung. Er zeigt Prinzipien und Vorgehensweisen bei unterschiedlichen Objektkategorien auf. Der Inhalt dieser Vorschrift basiert weitgehend auf dem so genannten Grundsatzpapier des vdp. Bei Verfahrensdetails sind Inhalte aus genehmigten Wertermittlungsanweisungen aufgegriffen worden. Neu ist die Verankerung des Vergleichswertverfahrens und zugleich für Teilbereiche die Notwendigkeit, neben Sach- und Ertragswert zur Plausibilisierung zusätzlich einen Vergleichswert zu ermitteln.

Im Folgenden werden nach Themen gegliedert die grundsätzlichen Fragen der Methodik, wie sie inhaltlich in § 4 BelWertV behandelt werden, dargestellt. In Klammern wird zur jeweiligen Überschrift der jeweilige Absatz der Vorschrift hinzugefügt, der sich mit dem aufgezeigten Thema beschäftigt.

8.2.1 Das Zwei-Säulen-Prinzip (Abs. 1)

Im Absatz 1 wird das Zwei-Säulen-Prinzip, welches im Grundsatzpapier gleichermaßen beschrieben ist, postuliert. Ertragswert und Sachwert sind getrennt voneinander zu ermitteln. Schließlich erfüllen Sachwert und Ertragswert im Verhältnis zueinander eine wechselseitige Kontrollfunktion (siehe hierzu auch Gliederungspunkt 8.2.4).

8.2.2 Objektbesichtigungen (Abs. 1)

Im Rahmen der Wertermittlung muss das zu bewertende Objekt besichtigt werden. Diese Anforderung entspricht den Berufsgrundsätzen von Gutachtern und ist auch in den Zertifizierungsbestimmungen von Sachverständigen insofern verankert, dass Datum und Teilnehmer der Ortsbesichtigung Bestandteile des Gutachtens sind.

Kleiber und Simon führen zu Sachverständigenwesen aus: *„Als leichtfertiges und sittenwidriges Verhalten hat es die Rechtsprechung gewertet, wenn der Sachverständige es versäumt hat, das Wertermittlungsobjekt persönlich in Augenschein zu nehmen ...“* Hierzu werden von den Verfassern diverse BGH und sonstige Urteile zitiert (Kleiber/Simon, 2007, S. 226, Rn. 212 ff).

Hiervon unberührt bleiben natürlich die Erleichterungen für Besichtigungen im Rahmen der Kleindarlehensgrenze (siehe hierzu § 24 Abs. 3 BelWertV) und die Vorschriften für Besichtigungen bei Bewertungen im Ausland (siehe hierzu § 25 Abs. 2 BelWertV). Ebenso ist das Erfordernis der Besichtigung nicht grundsätzlich durch den Gutachter selbst zwingend zu erfüllen. Die Bank kann auch das Besichtigungserfordernis als erfüllt ansehen, wenn die Besichtigung durch ein kooperierendes Kreditinstitut oder Versicherungsunternehmen oder im Auftrag der Bank, des kooperierenden Kreditinstitutes oder des Versicherungsunternehmens erfolgt.

8.2.3 Ausnahmen vom Zwei-Säulen-Prinzip (Abs. 2)

Diese Vorschrift beinhaltet eine mögliche Erleichterung bei der Ableitung des Beleihungswertes für Eigentumswohnungen und einzelne, in sich selbständig gewerblich genutzte Einheiten, für die ein Vergleichswert nach § 19 BelWertV aus Kaufpreis- oder anderen Marktdatensammlungen abgeleitet werden kann. In diesen Fällen kann auf die Ermittlung des Sachwertes verzichtet werden.

Für andere gewerbliche Objekte, bei denen nicht auf eine Sachwertermittlung verzichtet werden kann, fordert diese Vorschrift neben dem Sach- und Ertragswert zusätzlich die Ermittlung eines Vergleichswertes nach § 19 BelWertV, der als Kontrollwert bei der Beleihungswertermittlung berücksichtigt wird. Es stellt sich die Frage, bei welchen gewerblichen Objekten das Vergleichswertverfahren Anwendung finden kann und muss?

Die BaFin hatte bei dieser Vorschrift insbesondere komplexere Gewerbeimmobilien, wie z. B. Shoppingcenter im Fokus, die in Teileigentum aufgeteilt sind. Der Vergleichswert soll hierfür vornehmlich zum Zwecke der Plausibilisierung herangezogen werden. Aus Kaufpreis- oder anderen Marktdatensammlungen stehen für derartige Objekte kaum Daten zur Verfügung. Mit der Forderung, einen Vergleichswert als Kontrollwert zu ermitteln, wird schließlich der gängigen Bewertungspraxis für bestimmte Spezialimmobilien gefolgt.

Kann der Vergleichswert als Kontrollwert nicht aus Kaufpreis- oder anderen Marktdatensammlungen abgeleitet werden ist er durch Umrechnung, z. B. des ermittelten Ertragswertes auf die Flächeneinheiten des Beleihungsobjektes zu ermitteln. Bei diesen Objekten sind zunächst der Sachwert und der Ertragswert zu ermitteln. Alsdann wird zum Zwecke der Vergleichbarkeit und Plausibilisierung der Ertragswert z. B. pro Quadratmeter Nutzfläche ausgewiesen. Zu dieser Kennzahl gibt es bei Shoppingcentern ausreichende Vergleichsmöglichkeiten, aus denen die Angemessenheit der Werte des Bewertungsobjektes beurteilt werden kann.

Diese Vorgehensweise kann analog zu der Bewertung von Pflegeeinrichtungen betrachtet werden. Hierzu dient eine Reihe von üblichen Kennziffern zur Plausibilisierung der Wertansätze. Eine davon ist die fiktive Miete pro Quadratmeter Nettogrundfläche (NGF), die aus der Investitionskostenmethode und Umsatzbetrachtung abgeleitet wird.

8.2.4 Die Ermittlung und Ableitung des Beleihungswertes (Abs. 3)

Der Beleihungswert ist unter Berücksichtigung des ermittelten Sachwertes und Ertragswertes abzuleiten. Maßgeblich für die Ermittlung des Beleihungswertes ist der Ertragswert, der nach Absatz 3 nicht überschritten werden darf. Liegt der Sachwert unter dem Ertragswert, stellt sich die Frage nach der Nachhaltigkeit der Erträge.

Schon zu den Vorschriften des früheren § 12 HBG gab es im Kommentar von Bellinger/Kerl die entsprechenden Ausführungen zur Kontrollfunktion, die die getrennt voneinander ermittelten Werte haben:

„Im Verhältnis zueinander stellt der Sachwert einen Kontrollwert für den Ertragswert insoweit dar, als er Zweifel an der Nachhaltigkeit der Erträge oder ihrer Kapitalisierung begründet, wenn er wesentlich niedriger als jener ausfällt. Der Ertragswert dagegen zeigt, ob der rechnerische Sachwert die dauernden Eigenschaften des Grundstücks auch wirtschaftlich zutreffend wiedergibt. Dieses Verfahren der Wertermittlung auf zwei getrennten Wegen stellt ein wesentliches Element der methodischen Vorkehrungen gegen grobe Fehlbewertungen dar.“ (Bellinger/Kerl 1995, § 12, Rdn. 46 bis 49)

Der Mieter mietet die „Eigenschaften“ eines Objektes wie Lage, Ausstattung, Zustand, Nutzungsmöglichkeiten und so weiter. Die Bewertung der Eigenschaften findet detailliert in der Sachwertermittlung statt. Bei der Ertragswertermittlung spiegelt der Mietpreis wider, wie viel die Marktteilnehmer für die vorhandenen Eigenschaften zu zahlen bereit sind.

BEISPIELE

- Eine herausragend gute Lage und weitere überdurchschnittliche Objekteigenschaften sind eine gute Basis für nachhaltig höhere Mieten, bei einem dem geringeren Risiko entsprechend niedrigeren Kapitalisierungszins. Hieraus ließe sich leicht eine Begründung für den geringeren Sachwert und die Nachhaltigkeit des höheren Ertragswertes ableiten.
- Ein altes Mehrfamilienhaus, welches heutigen Ansprüchen gerade noch gerecht würde, erzielte in Zeiten eines Vermietermarktes Mieten, die bei ausreichendem Angebot nie gezahlt würden und nur für neue, gute Objekte angemessen wären. Bei derartigen Objekten führt die unangemessen hohe Miete zu einem Ertragswert, der den Sachwert übersteigt. Bei dieser Konstellation ist zu hinterfragen, ob der niedrigere Sachwert nicht die mangelnden Eigenschaften verdeutlicht und damit ein Hinweis auf eine fehlende Nachhaltigkeit der Erträge gegeben ist. Als Konsequenz müsste eine Anpassung des Ertragswertes erfolgen. Die Mieten müssten ebenso wie der Kapitalisierungszins in ihren Ansätzen auf Nachhaltigkeit unter der Prämisse eines möglichen ausreichenden Konkurrenzangebotes überprüft werden.

In der Praxis ist die Größenordnung der Abweichung, bei der es Anlass für weitergehende Überprüfungen gibt, nicht selten ein Diskussionspunkt. Wann ist eine Abweichung so gravierend, dass eine Überprüfung und Kommentierung der Wertparameter erforderlich würde?

§ 4 Abs. 3 BelWertV gibt eine eindeutige Antwort, indem es in den Fällen, bei denen der Sachwert oder der Vergleichswert um mehr als 20 % hinter dem Ertragswert zurückbleibt, einer besonderen Überprüfung der Nachhaltigkeit der zugrunde gelegten Erträge und ihrer Kapitalisierung bedarf.

Bestätigt sich bei der Überprüfung der anfangs ermittelte Ertragswert, so muss das Ergebnis nachvollziehbar begründet werden, andernfalls ist der Ertragswert entsprechend zu mindern.

8.2.5 Besonderheiten bei der Ableitung des Beleihungswertes bei Ein- und Zweifamilienhäusern sowie Eigentumswohnungen (Abs. 4)

Der Grundsatz des Zwei-Säulen-Prinzips kann verlassen werden, wenn es sich um die in der Überschrift aufgeführten Objektarten handelt. Voraussetzung ist die Eignung zur Eigennutzung. Für diese Objektarten ist das „Ein-Säulen-Verfahren“ ohne die Ermittlung eines Ertragswertes möglich, wobei anstelle des Sachwertes auch der Vergleichwert treten kann.

Für die Anwendung des Vergleichswertverfahrens ist bei Ein- und Zweifamilienhäusern jedoch Voraussetzung, dass aktuelle Vergleichspreise von mindestens fünf Objekten vorliegen, die auch hinsichtlich der Größe der Wohnfläche mit dem Beleihungsobjekt übereinstimmen. Flächendeckend wird die Anwendung des Vergleichswertverfahrens im Hinblick auf diese Anforderung gerade in ländlichen Regionen nicht einfach zu realisieren sein.

Immer wieder taucht die Frage auf, wann ein Objekt zur Eigennutzung geeignet ist. Würde eine Checkliste vorgegeben und beispielsweise die Anzahl von Wohnungen in einer Wohnanlage als Maßstab genommen, so fielen sicherlich einige Wohnungen in interessanten Lagen diesem Raster zum Opfer. Die Vorschrift in § 4 Abs. 4 BelWertV appelliert in gewisser Weise an den „gesunden Menschenverstand“ und gibt Prüfkriterien vor. Zur Eigennutzung ist demnach ein Objekt geeignet, wenn es nach Zuschnitt, Ausstattungsqualität und Lage ohne Zweifel nach den Umständen des Einzelfalles und bei gewöhnlicher Marktentwicklung von potenziellen Erwerbern für die eigene Nutzung dauerhaft nachgefragt wird.

Dieses dürfte nicht so kompliziert sein, wenn zunächst das Umfeld des Beleihungsobjektes betrachtet wird und dort schon überwiegend Eigennutzer wohnen. Wenn in diesem Umfeld eine Wohnung, die dem Charakter des Umfeldes entspricht, vermietet ist, müsste die Prüfung des Einzelfalles zweifelsfrei zu dem Ergebnis führen, dass das Objekt eigennutzungsfähig ist.

Dies wird insbesondere dann der Fall sein, wenn in der jeweiligen Region für Objekte dieser Art mehrheitlich die Nachfrage seitens potenzieller Eigennutzer gegeben ist.

Für zur Eigennutzung geeignete Objekte erlaubt die Vorschrift den Verzicht auf die Ermittlung des Ertragswertes. Der Beleihungswert kann dann aus dem Sach- oder Vergleichswert, wie bereits erwähnt, abgeleitet werden.

Im Falle einer vermieteten, aber eigennutzungsfähigen Wohnung oder eines Ein- bzw. Zweifamilienhauses muss der Gutachter entsprechend dem nachhaltigen Marktgeschehen prüfen, ob ein Abschlag im Verhältnis zu einer tatsächlich eigengenutzten Immobilie vorzunehmen ist. Dieser Abschlag kann daraus resultieren, dass das Beleihungsobjekt aktuell vermietet ist und dem potenziellen Eigennutzer nicht sofort zur Verfügung steht. Je nach Markt- und Objektlage kann ein solcher Abschlag unterschiedlich hoch ausfallen. Der reduzierte Wert liegt in der Regel immer noch über dem Ertragswert; er kommt ihm aber schon weit entgegen, da der potenzielle Käufer aufgrund des bestehenden Kündigungsschutzes die Eigennutzung nicht ohne Probleme realisieren kann. Somit stehen bei der Kaufentscheidung für ein solches Objekt die Mieteinnahme mit der künftigen Möglichkeit einer Eigennutzung im Vordergrund statt die sofortige Eigennutzung des Kaufobjektes.

Bei eigengenutzten Objekten liegt die Eigennutzungsfähigkeit meist auf der Hand, da die Quote der Objekte, die eigengenutzt werden, aber nicht zur Eigennutzung geeignet sind, sehr gering ist, so dass der Prüfungsaufwand im Verhältnis zum tatsächlichen Risiko stehen sollte.

8.2.6 Instandhaltungsstau, sonstiger baulicher Aufwand sowie Baumängel und Bauschäden (Abs. 5)

Der Beleihungswert ist anzupassen, wenn zum Zeitpunkt der Bewertung ein erkennbarer Instandhaltungsstau, sonstiger baulicher Aufwand sowie Baumängel und Bauschäden gegeben sind. Die Anpassung könnte dem Wortlaut der Vorschrift folgend durch Reduzierung des ermittelten Beleihungswertes erfolgen. Dem könnte man entgegnen, dass der Beleihungswert das Ergebnis ist und dieses Ergebnis nicht verändert werden darf, da man sonst nicht mehr den Beleihungswert als Ergebnis hat sondern einen anderen Wert. Das mag so sein. Logisch bleibt die Systematik dennoch, auch wenn der Beleihungswert gekürzt wird. Würde der Abzug vorher stattfinden und das Ergebnis wäre der Beleihungswert, so wäre z. B. trotz eines Bauschadens der nachhaltige Beleihungswert der um die Höhe der Kosten zur Behebung des Schadens geminderte Wert. Dies wäre sachlich problematisch, da der Mangel oder Schaden zur Folge haben könnte, dass das Objekt auf Dauer nicht beleihungsfähig ist. Folgerichtig muss der Beleihungswert ohne den Mangel aufgezeigt werden und die Bedingung für diesen Wert unter dem Strich ausgewiesen werden.

Somit wird nach dieser Vorschrift zunächst der Beleihungswert ermittelt und sodann dieser Wert gegebenenfalls um Aufwendungen, die in der Vorschrift aufgeführt sind, gekürzt. Dieser angepasste Beleihungswert ist ein „Zustands-Beleihungswert" analog zu § 4 Abs. 6 BelWertV. Nach ordnungsgemäßer Beseitigung der Mängel gilt der vor Abzug der Aufwendungen ermittelte Beleihungswert.

Der Ansatz für die Kürzung des Beleihungswertes wird gemessen an den erforderlichen Aufwendungen für die Beseitigung der Mängel oder Schäden am Wertermittlungsstichtag oder an den Erfahrungssätzen, die hierfür üblicherweise in Ansatz gebracht werden müssen.

Der gekürzte Beleihungswert stellt somit den Zustand des Objekts dar. Wird der Schaden oder Mangel behoben, kann der Beleihungswert nach einem positiven Besichtigungsergebnis ungekürzt in Ansatz gebracht werden. Hierfür ist eine Neubewertung nicht erforderlich.

8.2.7 Im Bau befindliche Objekte (Abs. 6)

Der sechste und damit letzte Absatz des § 4 BelWertV beschäftigt sich mit noch nicht fertig gestellten Objekten. Hier fließen keine Erträge aus der Vermietung. Die Ertragsfähigkeit ist aber grundsätzlich Voraussetzung für die hypothekarische Pfandbriefdeckung. Daher ist einer Pfandbriefbank nur ein begrenzter Spielraum für die Hereinnahme solcher Objekte zum Zwecke der Pfandbriefdeckung gegeben. Laut Pfandbriefgesetz beträgt dieser Rahmen gemäß § 16 Abs. 3 PfandBG für Hypotheken an Bauplätzen sowie an solchen Neubauten, die noch nicht fertig gestellt und ertragsfähig sind, 10 % des Gesamtbetrages der zur Deckung der Hypothekenpfandbriefe benutzten Deckungswerte. In die BelWertV wurde die Vorschrift für die Ermittlung eines Zustandwertes aufgenommen, da es aus Renditegesichtspunkten durchaus Praxis ist, bei größeren Projekten, deren Bauphase sich teils über Jahre erstreckt, den Teil des Darlehens, der bereits ausgezahlt wurde, in Deckung zu geben.

Ausgangsbasis für die Ermittlung des Zustandswertes ist immer der Beleihungswert des fertig gestellten Objektes.

Liegt der Ertragswert des fertig gestellten Objektes unter dem Sachwert des Beleihungsobjektes, so ist der Prozentsatz auf den Ertragswert bezogen, der sich aus dem ermittelten Bautenstand im Verhältnis zum endgültigen Wert der baulichen Anlagen ergibt, die Obergrenze für den Beleihungswert als Zustandswert.

8.3 Gutachten und Gutachter

8.3.1 Gutachten (§ 5)

§ 5 Gutachten

(1) Der Beleihungswert ist mittels eines Gutachtens zu ermitteln.

(2) Das Gutachten muss durch einen oder mehrere Gutachter erstellt werden, die von der Pfandbriefbank allgemein oder von Fall zu Fall bestimmt werden. In besonderen Fällen, etwa im Rahmen von Kooperationen oder bei Portfoliokäufen, können für andere Kreditinstitute oder Versicherungsunternehmen erstellte Gutachten zugrunde gelegt werden, wenn

1. *diese Gutachten den Bestimmungen dieser Verordnung entsprechen,*
2. *ein nicht mit der Kreditentscheidung befasster, fachkundiger Mitarbeiter der Pfandbriefbank eine Plausibilitätsprüfung, auch im Hinblick auf die einzelnen angesetzten Bewertungsparameter, durchführt und*
3. *das Ergebnis der Plausibilitätsprüfung dokumentiert wird.*

Gutachten, die vom Darlehensnehmer vorgelegt oder in Auftrag gegeben worden sind, dürfen nicht zugrunde gelegt werden.

(3) *Das Gutachten muss zur Objekt- und Standortqualität, zum regionalen Immobilienmarkt, zu den rechtlichen und tatsächlichen Objekteigenschaften und zur Beleihungsfähigkeit des Objekts, seiner Verwertbarkeit und Vermietbarkeit Stellung nehmen. Das Gutachten hat sich auch damit auseinander zu setzen, ob für die begutachtete Immobilie ein genügend großer potenzieller Käufer- und Nutzerkreis besteht und somit die nachhaltige Ertragsfähigkeit der Immobilie anhand ihrer vielseitigen Verwendbarkeit und ihrer ausreichenden Nutzbarkeit durch Dritte gewährleistet ist; ein im Zeitablauf zu erwartender Wertverlust ist darzustellen und insbesondere bei der Bemessung des Modernisierungsrisikos (§ 11 Abs. 7) und der Restnutzungsdauer (§ 12 Abs. 2) zu berücksichtigen. Die wesentlichen Bewertungsparameter und getroffenen Annahmen sind nachvollziehbar darzulegen und zu begründen.*

(4) *Alle den Sachwert oder den Ertragswert beeinflussenden Umstände, insbesondere auch etwaige Nutzungsbeschränkungen, Dienstbarkeiten, Duldungspflichten, Vorkaufsrechte, Baulasten und alle sonstigen Beschränkungen und Lasten sind zu nennen, zu beachten und gegebenenfalls wertmindernd zu berücksichtigen.*

8.3.1.1 Formerfordernisse für die Beleihungswertermittlung (Abs. 1 und 2)

Die Beleihungswertermittlung ist mittels eines Gutachtens zu erstellen. Der Verfasser dieses Gutachtens muss ein Gutachter sein, wobei auch mehrere Gutachter an der Erstellung eines Gutachtens beteiligt sein können. Die Gutachter werden von der Pfandbriefbank generell oder von Fall zu Fall bestimmt. Diese Anforderungen sind als Mindestvoraussetzung für die Beleihungswertermittlung zu verstehen. Nur für Kleindarlehen gibt es Ausnahmen, die aber nur für inländische Immobiliensicherheiten gelten.

Die Regelungen und Erleichterungen für Kleindarlehen werden unter § 24 BelWertV vertieft, die Anforderungen an Gutachter, die durch die Pfandbriefbank bestimmt werden, unter §§ 6 und 7 BelWertV.

Hier wird erstmals klar geregelt, dass der Gutachter von der Pfandbriefbank bestimmt wird. Die Bank trägt die Verantwortung für die Auswahl des Gutachters, der für sie tätig wird.

Daraus erkennt man, dass die Bank ihre Verpflichtung, die Sicherheit zu bewerten, grundsätzlich selbst zu erfüllen hat und den Gutachter auch selbst beauftragen muss. Eine Wertermittlung durch einen Dritten, der nicht von der Bank bestimmt und zweckentsprechend beauftragt wurde, darf als Basis für die Risikoeinschätzung der Bank nicht akzeptiert werden. Die Bank bleibt in der vollen Verantwortung, die sie nicht auf den betroffenen Kunden delegieren kann.

8.3.1.2 Die Vorgehensweise in besonderen Fällen (Abs. 2)

Werden allerdings für andere Kreditinstitute oder Versicherungsunternehmen gefertigte Gutachten im Rahmen einer Zusammenarbeit vorgelegt, dürfen diese akzeptiert werden, wenn die im Verordnungstext klar aufgeführten Voraussetzungen erfüllt sind.

1. *Die Gutachten entsprechen den Bestimmungen dieser Verordnung.*
2. *Ein nicht mit der Kreditentscheidung befasster, fachkundiger Mitarbeiter der Pfandbriefbank hat eine Plausibilitätsprüfung durchgeführt, auch im Hinblick auf die einzelnen Bewertungsparameter.*
3. *Das Ergebnis der Plausibilitätsprüfung wird dokumentiert.*

Zusammenarbeit bedeutet beispielsweise Syndizierung oder Kooperationen von Kreditinstituten, wie dies in Finanzverbünden oder bei Risikotransfers der Fall ist. Mit der ersten Voraussetzung wird für diese „besonderen Fälle" deutlich, dass es sinnvoll ist, wenn miteinander kooperierende Kreditinstitute oder Versicherungen diese Verordnung als einheitlichen Bewertungsstandard anwenden. Einheitliche Standards sind auch bei Portfoliotransaktionen von sehr großem Vorteil, nicht zuletzt aus preislicher Sicht.

Zweite Voraussetzung ist, dass eine Plausibilitätsprüfung des von dem Kooperationspartner zugrunde gelegten Gutachtens zu erfolgen hat.

Diese Prüfung ist, drittens, zu dokumentieren. Die Form der Dokumentation ist nicht vorgeschrieben. Es sollte jedoch eine hausinterne Form festgelegt werden, um einen einheitlichen Standard zu gewährleisten. Größere Institute haben Standards für Plausibilitätsprüfungen entwickelt, die von den Gutachtereinheiten und den Kreditbereichen anzuwenden sind.

Was bedeutet Plausibilitätsprüfung im Sinne dieser Verordnung?

Die Plausibilitätsprüfung muss sich unter anderem auch auf die einzelnen angesetzten Bewertungsparameter beziehen. Diese werden im Teil 3 der Verordnung „Wertermittlungsverfahren" näher erläutert. Ferner muss das Gutachten vollständig sein im Sinne des § 5 Abs. 3 BelWertV, auf den noch eingegangen wird. Natürlich muss das Gutachten von einem Gutachter im Sinne der §§ 6 und 7 dieser Verordnung erstellt worden sein, was nicht immer leicht zu prüfen ist, es sei denn, dieser oder die Gutachter sind zertifiziert und haben damit einen definierten Qualitätsstandard nachgewiesen. Die Kenntnisse des Gutachters zum jeweiligen Immobilienmarkt und der Objektart sind im Rahmen einer Plausibilisierung ebenso schwer zu überprüfen, wie die Einhaltung der Vorschriften zur Unabhängigkeit des Gutachters.

Zu grundsätzlichen Fragen, die für alle Gutachten gelten, sollten im Rahmen einer Kooperation auch grundsätzliche Vereinbarungen getroffen werden, wie z. B. das Einhalten der Anforderungen der BelWertV. Bei Portfoliokäufen ist es durch Einsicht in die grundlegenden Anweisungen der Bank möglich, sich zu diesen generellen Themenbereichen Sicherheit zu verschaffen, um hierfür nicht für jedes einzelne Gutachten Plausibilisierungen vorzunehmen.

Wer muss diese Plausibilisierung vornehmen?

Die Verordnung fordert nicht, dass ein Gutachter im Sinne dieser Verordnung tätig werden muss. Gefordert wird ein **fachkundiger Mitarbeiter** der Pfandbriefbank, der nicht mit der Kreditentscheidung befasst sein darf. Wenn die BaFin den Singular bei einer Formulierung wählt, so ist dies wie im Rundschreiben 2/99 „Großkredite Gewerbe" so auch in der Vorschrift in § 7 Abs. 1 letzter Satz BelWertV als klare Anweisung zu sehen, dass es sich hierbei um den **vorliegenden** Kredit handelt, bei dem der fachkundige Mitarbeiter nicht mit der Kreditentscheidung befasst sein darf. Bei anderen Kreditengagements, für die er keine Gutachten plausibilisiert, kann er durchaus bei der Kreditentscheidung mitwirken.

Zu klären ist nun noch, welche qualitativen Anforderungen ein fachkundiger Mitarbeiter zu erfüllen hat, um als solcher von der Pfandbriefbank für Plausibilisierungen von Gutachten eingesetzt zu werden. Hierzu gibt es keinen Anforderungskatalog von Seiten der Aufsicht. Empfehlenswert ist allerdings, dass die Bank für die gesetzliche Prüfung dokumentiert, dass dieser Mitarbeiter für diese Aufgabe qualifiziert ist. Größere Institute lassen die Plausibilisierung als Ersatz für die eigene Wertermittlung grundsätzlich von ihren Gutachtern durchführen. Dies ist eindeutig der bessere Weg, da die Routine des Gutachters letztlich für Qualität bei gleichzeitiger Zeitersparnis bürgt.

Für Beleihungswertermittlung zertifizierte Gutachter müssen im Rahmen der Zertifizierungsprüfung auch ein Gutachten plausibilisieren. Die Prüfer der HypZert wissen sehr wohl, dass dies für die Kandidaten generell keine leichte Aufgabe ist. Daraus soll deutlich werden, dass es sich hierbei schon um eine anspruchsvolle Aufgabe handelt. Schließlich ersetzt die Plausibilisierung die Wertermittlung, während die Wertfestsetzung dann immer noch durch den Kompetenzträger der Bank zu erfolgen hat.

8.3.1.3 Inhaltliche Anforderungen an ein Gutachten (Abs. 3)

Welchen Inhalt muss ein Gutachten haben und welche Schwerpunkte muss es behandeln, damit dem Adressat des Gutachtens alle erforderlichen Informationen zur Verfügung stehen?

Auf den ersten Blick wirken die Anforderungen an die Inhalte eines Gutachtens umfangreich und in dieser kompakten Darstellung neu. Dem ist nicht so. Die Anforderungen an die Inhalte eines Gutachtens sind noch umfangreicher und detaillierter in den Zertifizierungsbedingungen der HypZert aufgeführt, wobei die meisten sowohl für Marktwertgutachten als auch für Beleihungswertgutachten gelten.

Spezifische Mindestanforderungen an ein Beleihungswertgutachten sind in dieser Vorschrift daher in den Vordergrund gerückt. Sie stammen zumindest sinngemäß aus dem „Grundsatzpapier“ sowie dem „Methodikpapier“ und stellen keine neuen Anforderungen dar.

Schließlich fordert die Vorschrift, dass die wesentlichen Bewertungsparameter und getroffenen Annahmen nachvollziehbar darzulegen und zu begründen sind. Die Betonung liegt auf „wesentliche“ Bewertungsparameter. Demnach ist es nicht ausreichend, wenn der Wertansatz für den Bodenwert nicht nachvollziehbar begründet wird. Selbst der magere Hinweis „entspricht dem Richtwert“, ist nicht ausreichend, ohne Angaben zum Vergleichsgrundstück, das dem Bewertungsgrundstück hinreichend entsprechen muss. Dies gilt gleichermaßen auch für den gewählten Mietansatz und ebenso für weitere wesentliche Parameter. Der Empfänger des Gutachtens soll die Entscheidungen des Gutachters für die angesetzten Bewertungsparameter nachvollziehen können. Sätze wie: „Es liegen keine vergleichbaren Werte vor, es werden 100,00 EUR pro m^2 in Ansatz gebracht“, sind unzulässig.

In der Anlage ist eine Checkliste der HypZert GmbH für die Überwachungsprüfung der Gutachter beigefügt, an der sich die HypZert Mitarbeiter bei der Überprüfung von turnusgemäß einzureichenden Gutachten orientieren. Diese zeigt indirekt die Mindestanforderungen an Gutachten auf.

8.3.1.4 Sachwert und Ertragswert beeinflussende Lasten und Beschränkungen (Abs. 4)

Lasten und Beschränkungen, die den Wert einer Immobilie beeinflussen, sind kein beleihungswertspezifisches Problem. Bei der Ermittlung des Marktwertes sind die wertrelevanten Einschränkungen ebenfalls ausreichend zu berücksichtigen.

Unterschiede in der Berücksichtigung bei Marktwert und Beleihungswert können zwei Ursachen haben:

- Bei Reallasten wird die Wertminderung durch Kapitalisierung der laufenden Zahlungsverpflichtungen ermittelt. Bei der Auswahl des Kapitalisierungszinssatzes kann es zwischen Beleihungswert und Marktwert zu Unterschieden kommen. So gibt es bei Banken Beleihungsrichtlinien, die aus Sicherheitsgründen einen maximalen Kapitalisierungszins vorsehen. Um dem Vorsichtsprinzip gerecht zu werden, muss die Belastung in ausreichender Höhe berücksichtigt werden. Im Zwangsversteigerungsgesetz schreibt § 92 Abs. 2 z. B. vor, dass der Ersatzanspruch für ein Nießbrauchrecht, für eine beschränkte persönliche Dienstbarkeit sowie für eine Reallast von unbestimmter Dauer durch Zahlung einer Geldrente zu leisten ist, die dem Jahreswert des Rechtes gleichkommt. In § 121 Abs. 1 ZVG ist unter Bezugnahme auf § 92 Abs. 2 geregelt, dass in den Teilungsplan als Ersatzanspruch für Nutzungsrechte die Summe aller künftigen Leistungen aufzunehmen ist, die jedoch **das 25-Fache** des Betrages der Jahresleistung nicht übersteigen darf. Dies zeigt, dass der Spielraum für Kapitalisierungszinssätze bei der Ermittlung des Kapitalbetrages einer Reallast weit nach unten geht. Bei Betrachtung der Vorgehensweise nach WertV in Verbindung mit WertR 2006, wird bei der Kapitalisierung eines unentgeltlichen Nießbrauchrechtes, wie in der Anlage 18 der WertR 2006 dargestellt, der Liegenschaftszins als üblicher Ansatz gewählt. Dieser Ansatz ist für die Beleihungswertermittlung im Hinblick auf die Praxis in der Zwangsversteigerung auch auf Basis der o. a. Vorschriften zu hoch und damit die Reallast im Ergebnis zu niedrig bewertet. Das heißt, die Reallast bei einem risikoreicheren Bewertungsobjekt mit entsprechend hohem Liegenschaftszins wird durch die Kapitalisierung mit diesem Liegenschaftszins niedriger in Ansatz gebracht als die Reallast einer Top-Immobilie, die einen niedrigeren Liegenschaftszins rechtfertigt.
- Die zweite Unterscheidung zum Marktwert ergibt sich bei der Beleihungswertermittlung aus der Rangstelle des den Barwert belastenden Rechtes in Abteilung II des Grundbuches (wie z. B. Erbbauzins, Leib- oder Zeitrenten, Wohnrechte). Der Beleihungswert wird ohne Abzug dieser Rechte ermittelt. Der Wert der Belastungen wird ermittelt und dem unbelasteten Beleihungswert als Ergebnis beigefügt. Bei der Marktwertermittlung werden diese Rechte direkt in Abzug gebracht und mindern den Marktwert. Für den Beleihungswert spielt die Rangstelle des für die Bank eingetragenen Grundpfandrechtes eine wichtige Rolle. Sollte die Reallast z. B. im Rang nach dem Grundpfandrecht stehen, so kann man sich über den Weg der Zwangsversteigerung dieses nachrangigen Rechtes

entledigen. Der Kompetenzträger der Bank muss daher bei der Beleihungswertfestsetzung die Rangstelle des Grundpfandrechtes in Betracht ziehen und dann die Belastung aus Abteilung II entsprechend berücksichtigen. Dies kann je nach Ausgestaltung und Rangfolge des Rechtes wertmäßig durch Abzug von der Beleihungsgrenze oder vom Beleihungswert erfolgen. Es darf allerdings nicht vergessen werden, dass ein freihändiger Verkauf nur unter Berücksichtigung der Belastungen in Abteilung II unabhängig von der Rangstelle möglich ist. Für die Überprüfung der Anforderung nach § 16 Abs. 2 PfandBG, wonach der Beleihungswert den Marktwert nicht übersteigen darf, müssen diese Rechte zum Zwecke der Vergleichbarkeit bei beiden Werten in gleicher Weise berücksichtigt werden.

Grundsätzlich ist bei allen Lasten und Beschränkungen zu überprüfen, inwieweit sie den Wert eines Grundstückes für den Kreditgeber auch bei Rangrücktritt negativ beeinflussen.

Der negative Einfluss einer Belastung in Abteilung II, aber auch in gewissem Maße die „Schornsteinhypothek“ in Abteilung III, verhindern trotz Nachrang einen freihändigen Verkauf. Besonders nachteilig für den Kreditgeber ist, dass die Eintragung eines Nießbrauchrechtes, welches den Marktwert gegen Null verändern kann, **nach** der Kreditvergabe durch den Sicherungsgeber veranlasst werden kann. Kommt der Kreditnehmer seinen Ratenverpflichtungen nicht mehr nach, ist eine Realisierung der Sicherheit dann nur noch über die Zwangsversteigerung möglich. Daher sollte der Kreditgeber entsprechend den heutigen Erkenntnissen auch die möglichen Erlösquoten bei Zwangsversteigerungen im Auge haben und sich nicht zu sehr auf den Vorrang der Sicherheiten verlassen.

An dieser Stelle soll nun ein Überblick über mögliche Lasten und Beschränkungen gegeben werden, wobei auf die eingangs dieses Abschnittes erwähnte Literatur zurückzugreifen ist (siehe auch Hennings 1996). Im Folgenden stehen nur die Lasten und Beschränkungen im Fokus, die den Wert des Beleihungsobjektes belasten. Als erstes denkt man hierbei an die Belastungen in Abteilung II des Grundbuches. Im Grundbuch eingetragene Rechte unterliegen einer klaren Rangfolge, die bei der Verteilung eines Verwertungserlöses und für das geringste Gebot maßgeblich ist.

Die Rangfolge bestimmt sich in derselben Abteilung des Grundbuches nach der Reihenfolge der Eintragung, in verschiedenen Abteilungen nach dem Zeitpunkt der Eintragung. Rechte, die unter Angabe desselben Tages eingetragen sind, haben den gleichen Rang (§ 879 Abs. 1 BGB). Die Eintragungen erfolgen in der Reihenfolge ihres Eingangs (§ 17 GBO). Rangänderungen sind im Einvernehmen der Beteiligten möglich und bedürfen der Eintragung in das Grundbuch (§ 879 Abs. 3 BGB).

Die Lasten und Beschränkungen, die in Abteilung II eingetragen werden, kann man in drei Kategorien aufteilen:

- Nutzungsrechte (Dienstbarkeiten)
- Verfügungs- und Erwerbsrechte
- Reallasten

Die **erste Kategorie „Nutzungsrechte“** wird wiederum unterteilt in:

- Grunddienstbarkeiten (§§ 1018 bis 1029 BGB)
  - Wegerecht
  - Leitungsrecht
  - Aussichtsrecht
  - Geldrente aus Überbau etc.

- Beschränkt persönliche Dienstbarkeiten (§§ 1090 bis 1093 BGB)
  - Dingliches Wohnrecht
  - Leitungsduldungsrecht (für Versorgungsunternehmen)
  - Tankstellenrecht
  - Wohnungsbelegungsrecht etc.

- **Nießbrauch** (§§ 1030 bis 1089 BGB)
  Nießbrauchrecht an einem Grundstück ist das dingliche Recht zur Nutzung des Grundstückes und dessen Zubehör. Es kann durch den Ausschluss einzelner Nutzungen beschränkt werden. Es ist nicht vererblich und nicht übertragbar. Es erlischt mit dem Tode des Berechtigten. Mit einem Nießbrauch können Grundstücke, grundstücksgleiche Rechte, Wohnungs- und Teileigentumsrechte und Miteigentumsanteile belastet werden. Es ist in der Abt. II des Grundbuches eingetragen. Der Eigentümer wird von der Nutzung seines Grundstückes oder Rechtes ausgeschlossen und erhält somit auch keine Erträge, wie Mieten und Pachten. Das Grundstück ist im Prinzip unverwertbar. Ein Kreditinstitut kann eine Beleihung nur vornehmen, wenn ihm der Vorrang eingeräumt wird und der Nießbrauchberechtigte persönlich vollstreckbar mithaftet, da ihm die Erträge aus dem Grundstück zustehen, aus denen im Zweifel der Kapitaldienst erbracht werden soll.

Die **zweite Kategorie „Verfügungs- und Erwerbsrechte“** wird nicht weiter unterteilt; es gibt u. a. folgende Rechte:

- Vorkaufsrecht (§§ 1094 bis 1104 BGB)

- Durch Vormerkung gesicherte Rechte (§ 883 BGB, nicht rangfähig; Verfügungen, die zeitlich nachfolgen, sind dem vorgemerkten Anspruch gegenüber unwirksam)
  - Auflassungsvormerkung
  - Wiederkaufsrecht
  - etc.

Zum Vorkaufsrecht gibt es immer wieder Unsicherheit, wie dieses bei der Bewertung zu berücksichtigen ist. Wichtig ist die Unterscheidung nach einem einmaligen Vorkaufsrecht und einem Vorkaufsrecht für alle Fälle. Bei einem für alle Verkaufsfälle geltenden Recht muss der Käufer eines Grundstücks dieses bestehen bleibende Recht auch gegen sich gelten lassen, wenn er wiederum selbst verkaufen möchte, was den Käuferkreis unter Umständen einschränkt. Im Falle der Zwangsversteigerung kann ein Vorkaufsrecht zwar nicht ausgeübt werden, aber bestehen bleiben. Bei Erlöschen durch Zuschlag kann der Vorkaufsberechtigte die Höhe des Ersatzwertes anmelden. Falls dieser zu hoch gewählt wurde, wird ein nachrangiger Grundpfandgläubiger Widerspruch einlegen. Heute hat sich in der Bewertung eines solchen Rechtes ein Wertansatz zwischen 2 bis 3 % des Verkehrswertes des Grundstücks als üblich erwiesen (siehe hierzu auch Hennings 1996, S. 157 ff). Dieser Wertabzug muss beim vorrangigen Vorkaufsrecht von der Beleihungsgrenze in Abzug gebracht werden, da dieses Recht den Erlös in der Zwangsversteigerung schmälern kann. Ansonsten erfolgt der Abzug bei der Beleihungswertfestsetzung vom Beleihungswert, da ein künftiger Erwerber dieses Recht nicht unberücksichtigt lassen wird. Aus Deckungsprüfungen und aus der gängigen Praxis kann abgeleitet werden, dass als Abzugsbetrag für ein Vorkaufsrecht 2 % vom Marktwert oder 3 % vom Beleihungswert üblich sind.

Die dritte Kategorie „Reallasten" wird ebenfalls nicht weiter unterteilt. Zu Reallasten zählen unter anderem folgende Rechte:

- Erbbauzins
- Altenteil (Leibgedinge, Auszug, Leibzucht)
- Sonstige Rentenzahlungen

Nicht immer ist es möglich und vor allem einfach, die Vielfalt der den Rechten zugrunde liegenden vertraglichen Vereinbarungen in Euro kalkuliert als Belastung in Ansatz zu bringen. Wichtig ist an dieser Stelle die Zusammenarbeit zwischen Juristen und Gutachtern zur richtigen Einschätzung der Auswirkungen bestimmter Rechte.

Ein noch größeres Problem stellen auf dem Grundstück lastende Rechte dar, die wertbeeinflussend sein können, aber nicht im Grundbuch erkennbar sind. Sie werden als „unsichtbare Belastungen" bezeichnet und genießen Vorrang. Hierbei handelt es sich z. B. um:

- Baulasten (außer in Bayern und Brandenburg),
- Bergschadenverzichte (Bundesberggesetz),
- Überbau- und Notwegerecht,
- Wasserrechte,
- Grundsteuer,
- Anliegerkosten,
- Mieterdarlehen,
- Verbindlichkeiten des Eigentümers aus der Sanierung von Altlasten gegenüber der öffentlichen Hand,

um nur die wesentlichen Vorlasten aufzuführen, die aus dem Grundbuch nicht ersichtlich sind (siehe hierzu auch: Kleiber/Simon, 5. Auflage, S. 2817 ff., Rn 208 ff.).

Zum Thema Baulasten gibt es in der Bewertungspraxis immer wieder Fragen der Handhabung. Die Hauptfrage ist: „Muss bei jeder Bewertung das Baulastenverzeichnis eingesehen werden?" Diese Frage verbindet sich gleichermaßen mit der Anmerkung zum Zeit- und Geldaufwand. Bevor diese Frage beantwortet wird und man mögliche Ausnahmen für die Einsichtnahme in das Baulastenverzeichnis herausstellt, ist die Feststellung zu treffen, dass eine Einsichtnahme in das Baulastenverzeichnis grundsätzlich vorzunehmen ist. Grundsätzlich kann aber auch festgestellt werden, dass sich eine Baulast bei bebauten, insbesondere wohnwirtschaftlich genutzten, Grundstücken nicht negativ auswirkt, wenn der Objektbestand mit der baurechtlichen Zulässigkeit übereinstimmt, was zu überprüfen ist. In diesen Fällen ist der Verzicht auf eine Einsichtnahme in das Baulastenverzeichnis durchaus vertretbar. Anders ist allerdings die Situation bei unbebauten Grundstücken und bei Grundstücken mit Grundstücks- oder Baurechtsreserve. Die Bebaubarkeit oder die Ausnutzung einer Baurechts- oder Grundstücksreserve kann durch eine Baulast zugunsten eines anderen Grundstückes auf dem mit der Baulast belasteten Grundstück eingeschränkt sein. Daher ist zur Bewertung der Bebauungs- und Ausnutzungsmöglichkeiten des Grundstücks die Einsicht in das Baulastenverzeichnis unerlässlich. Eine ausreichende Würdigung im Gutachten, warum eine Einsichtnahme in bestimmten Fällen nicht notwendig ist und die Bestätigung, dass der Objektbestand mit der baurechtlichen Zulässigkeit übereinstimmt, sind im Hinblick auf das Transparenzerfordernis eines Gutachtens notwendig. Die Fragestellung zur Einsichtnahme in das Baulastenverzeichnis befindet sich in Abklärung mit der BaFin und wird im Ergebnis durch den vdp, auch durch Mitteilung an die Mitgliedsbanken, veröffentlicht.

8.3.2 Gutachter (§§ 6 bis 7)

§ 6 Gutachter
Der Gutachter muss nach seiner Ausbildung und beruflichen Tätigkeit über besondere Kenntnisse und Erfahrungen auf dem Gebiet der Bewertung von Immobilien verfügen; eine entsprechende Qualifikation wird bei Personen, die von einer staatlichen, staatlich anerkannten oder nach DIN EN ISO/IEC 17024 akkreditierten Stelle als Sachverständige oder Gutachter für die Wertermittlung von Immobilien bestellt oder zertifiziert worden sind, vermutet. Bei der Auswahl des Gutachters hat sich die Pfandbriefbank davon zu überzeugen, dass der Gutachter neben langjähriger Berufserfahrung in der Wertermittlung von Immobilien speziell über die zur Erstellung von Beleihungswertgutachten notwendigen Kenntnisse, insbesondere bezüglich des jeweiligen Immobilienmarkts und der Objektart, verfügt.

8.3.2.1 Anforderungen an die Qualifikation des Gutachters

Drei Anforderungen werden an die Qualifikation des Gutachters geknüpft:

1. Er muss eine Ausbildung und eine berufliche Tätigkeit haben, die ihm besondere Kenntnisse und Erfahrungen auf dem Gebiet der Bewertung von Immobilien erbracht haben.
2. Er muss über spezielle Kenntnisse für die Erstellung von Beleihungswertgutachten verfügen.
3. Er muss Kenntnisse bezüglich des jeweiligen Immobilienmarktes und der Objektart haben.

Die Erfüllung der ersten Anforderung wird bei Personen **vermutet**, die von einer staatlichen, staatlich anerkannten oder nach DIN EN ISO/IEC 17024 akkreditierten Stelle als Sachverständige oder Gutachter für die Wertermittlung von Immobilien bestellt oder zertifiziert worden sind.

Wie wichtig die Unverwechselbarkeit der Norm neben der öffentlichen Bestellung und Vereidigung ist, zeigt sich in § 27 BelWertV, der die Bezugsquelle dieser Norm eindeutig definiert:

§ 27 Bezugsquelle der DIN-Norm
Die in § 6 Satz 1 genannte DIN-Norm ist im Beuth Verlag GmbH, Berlin erschienen und im Deutschen Patent- und Markenamt in München archivmäßig gesichert niedergelegt.

Es wird laut Verordnungstext **vermutet**, dass die Personen, die öffentlich bestellt und vereidigt oder unter Beachtung der Norm zertifiziert wurden, über eine **entsprechende** Qualifikation verfügen, nämlich die im ersten Satz des § 6 BelWertV geforderte. Ein Sachverständiger, der öffentlich bestellt und vereidigt oder zertifiziert ist, hat den Nachweis über die entsprechende Qualifikation erbracht. Ein Sachverständiger, der nicht öffentlich bestellt und vereidigt oder zertifiziert ist, muss unabhängig davon eine **entsprechende** Qualifikation haben. Der Unterschied liegt lediglich in der Überprüfung dieser Qualifikation, die der Pfandbriefbank obliegt wenn keine Zertifizierung oder öffentliche Bestellung und Vereidigung vorliegt. Im anderen Fall kann sie von der Vermutung der entsprechenden Qualifikation ausgehen.

Welche Kriterien führen schließlich zu dem Ergebnis der geforderten Qualifikation? Aus dem Text erschließen sich:

- Ausbildung,
- berufliche Tätigkeit,
- besondere Kenntnisse und
- Erfahrungen auf dem Gebiet der Bewertung von Immobilien.

Zur Überprüfung dieser Kriterien bedarf es bestimmter Orientierungshilfen oder auch Messkriterien, damit bei der Auswahl der Gutachter Ordnungsmäßigkeit und einheitliche Qualität gewahrt bleibt. Hierfür bieten sich zwei Hilfen an. Die erste Hilfe findet sich in dem Normativen Dokument des Sektorkomitees für Immobilienbewertung der Trägergemeinschaft für Akkreditierung (TGA). Es gilt gleichermaßen für die HypZert GmbH wie die IFS Zert GmbH als Mindestvoraussetzung und ist im Qualitätsmanagement-Handbuch der HypZert GmbH zu den entsprechenden Zertifizierungsgebieten verankert. Dort sind Anforderungsprofile und Zulassungsvoraussetzungen für eine Zertifizierungsprüfung festgehalten (siehe hierzu auch www.hypzert.de). In diesem Zusammenhang wird die TGA beispielhaft als Akkreditierungsgesellschaft aufgeführt. Es muss erwähnt werden, dass es in Europa weitere anerkannte Akkreditierungsgesellschaften mit ebenfalls strengen Zertifizierungsbedingungen gibt.

Alternativ gelten bei der HypZert für die Zulassung zur Prüfung zum Immobiliengutachter für finanzwirtschaftliche Zwecke (Beleihungswertermittlung) die oben aufgeführten Anforderungen unter anderen als erfüllt, wenn der Antragsteller Mitglied der Royal Institution of Chartered Surveyors mit Schwerpunkt Immobilienbewertung oder Mitglied beim Appraisal Institute ist.

Die zweite Hilfe bieten nach wie vor die Schreiben der BaFin an die Deutsche Bundesbank vom 7. September 1999 zu Rundschreiben 2/99 „Großkredite Gewerbe“ und Bezug auf Grundsatz I „Eigenkapitalunterlegung“ sowie das Schreiben vom 17. April 2000, ebenfalls zu Anrechnungserleichterungen für gewerbliche Realkredite im Grundsatz I und Großkreditvorschriften. In diesen Schreiben behandelt die BaFin die Fragen der organisatorischen Eingliederung von bankeigenen Gutachtern und deren Qualifikation.

Aus diesen Schreiben geht hervor, dass die BaFin sich an den Zulassungsvoraussetzungen für Zertifizierungsprüfungen orientiert. Die BaFin fordert darin aber auch, dass die Bank diese Voraussetzungen zu überprüfen und sich neben der Ausbildung und Berufserfahrung durch die Vorlage von Gutachten von der Qualifikation zu überzeugen hat. Man kennt diesen Schreiben zufolge grundsätzlich zwei Qualifikationen:

- die öffentliche Bestellung und Vereidigung sowie Zertifizierung nach der Norm,
- die Erfüllung der Zulassungsvoraussetzungen für eine Zertifizierungsprüfung nach der o. a. Norm.

Im Schreiben vom 17. April 2000 wurde eine dritte Form der Qualifikation bis auf weiteres eingeräumt, aber mit dem Vorbehalt des Widerrufs für den Fall, dass die Institute diese Mindestanforderungen nicht beachten: Wenn ein Sachverständiger die Voraussetzungen für die Zulassung zu einer Zertifizierungsprüfung noch nicht erfüllt, so kann er dennoch als Sachverständiger für die Bank aktiv werden, wenn er mindestens eine fünfjährige praktische Tätigkeit auf dem Gebiet der Grundstückswirtschaft nachweist, er sich in dieser Zeit mindestens drei Jahre intensiv auf dem Sachgebiet „Bewertung von bebauten und unbebauten Grundstücken“ betätigt hat und die erstellten Gutachten nach Anzahl, Art, Umfang und Qualität die Gewähr dafür bieten, dass der betreffende Gutachter für die maßgeblichen Beleihungs- und Marktwertermittlungen geeignet ist. Dies muss das jeweilige Institut beurteilen.

Darüber hinaus hat das jeweilige Institut das Fortbestehen der fachlichen Eignung fortlaufend zu überprüfen. Dies gilt sowohl für externe wie institutseigene Gutachter. Bei zertifizierten Gutachtern, die von der Zertifizierungsstelle fortlaufend überwacht werden und sich alle fünf Jahre einer Rezertifizierungsprüfung unterwerfen müssen, wird von einem Fortbestand der fachlichen Eignung ohne weitere Prüfung durch die Bank ausgegangen, solange die Zertifizierung besteht.

An den Ausführungen, die auf den Schreiben der BaFin beruhen, lässt sich erkennen, dass § 6 BelWertV dem Grunde nach keine wesentlichen Neuerungen zur ursprünglichen Praxis beinhaltet. Dies sollten auch die Institute berücksichtigen, die die BelWertV nicht anwenden möchten.

Die Erfüllung der zweiten Anforderung „spezielle Kenntnisse für die Erstellung von Beleihungswertgutachten“ haben Zertifizierte der HypZert, die das Zertifikat für finanzwirtschaftliche Zwecke erworben haben, mit Sicherheit erfüllt. Dieses Zertifikat beinhaltet den Nachweis über Kenntnisse in der Beleihungswertermittlung. Wenn dieses Zertifikat nicht vorliegt, wird die Bank durch Vorlage entsprechender

Gutachten die Erfüllung dieser Voraussetzung selbst zu überprüfen haben, was auch für den Fortbestand der fachlichen Eignung gilt.

Die Erfüllung der dritten Anforderung „Kenntnisse bezüglich des jeweiligen Immobilienmarktes und der Objektart“ hat die Bank in jedem Falle zu überprüfen. Auch eine Zertifizierung befähigt nicht automatisch den in München ansässigen Gutachter, ohne die entsprechende organisatorische Infrastruktur in Flensburg mit den hierfür erforderlichen Marktkenntnissen, Gutachten zu erstellen, die den Qualitätserfordernissen entsprechen.

Gleiches gilt für bestimmte Immobilienarten. Wer keine Erfahrung, z. B. in der Bewertung von Sozialimmobilien hat, sollte einen Bewertungsauftrag für diese Immobilienart ohne fachliche Unterstützung von erfahrenen Partnern nicht annehmen oder die Bank sollte ihn gar nicht erst beauftragen.

Die HypZert GmbH zertifiziert auch Gutachter für so genannte Standardobjekte. Diese Zertifizierung ist für Gutachter, die für regional tätige Institute wie Sparkassen oder Volks- und Raiffeisenbanken arbeiten, gedacht. Dieses Zertifikat deckt in der Regel 80 % des Geschäftes dieser Banken ab.

Mit der Zertifizierung hat der Gutachter die erste und zweite Voraussetzung eindeutig erfüllt. Bei der Beauftragung hat die Bank allerdings sicherzustellen, dass er auch nur für Standardobjekte beauftragt wird und nicht für Managementimmobilien oder andere komplexe Beleihungsobjekte. Die Einschränkung dieses Zertifikats auf Standardimmobilien (S-Zertifikat) ist bei der Überprüfung der Qualifikationsvoraussetzungen und der Beauftragung unbedingt zu beachten.

Sollte der für Standardimmobilien zertifizierte Gutachter dennoch erweiterte Kenntnisse, z. B. im Bereich von Managementimmobilien besitzen und die Bank ihn für die Erstellung von Gutachten für diese Objektart beauftragen, so darf er diese Gutachten nicht als zertifizierter Gutachter unterzeichnen und mit dem hierfür vorgesehen Stempel versehen. Die Bank muss die Qualifikation des Gutachters für die Immobilienarten außerhalb des Standardbereiches analog eines nicht zertifizierten Gutachters, wie oben ausgeführt wurde, überprüfen und dokumentieren. Besteht bei einer Bank 80 % des Geschäftes aus der Finanzierung von Standardimmobilien, so kann sie dieses mit eigenen, erfahrenen Gutachtern mit S-Zertifikat aufgrund des umfangreichen Mengengerüstes gut abdecken. Für den von der Anzahl her geringeren Teil des Geschäftes für Spezialimmobilien bietet sich eher eine bundesweit tätige Gutachterorganisation mit ausreichendem Erfahrungsschatz in der jeweiligen Immobilienart an. Denn für relativ geringe Mengengerüste teure Kapazitäten mit hohen Anforderungen an aktuelles Spezialwissen bereit zu halten, ist in der Regel wirtschaftlich nicht vertretbar.

8.3.2.2 Unabhängigkeit und organisatorische Eingliederung des Gutachters

§ 7 Unabhängigkeit des Gutachters

(1) Der Gutachter muss sowohl vom Kreditakquisitions- und Kreditentscheidungsprozess als auch von Objektvermittlung, -verkauf und -vermietung unabhängig sein. Er darf nicht in einem verwandtschaftlichen, einem sonstigen rechtlichen oder einem wirtschaftlichen Verhältnis zum Darlehensnehmer stehen und darf kein eigenes Interesse am Ergebnis des Gutachtens haben. Der Gutachter darf auch nicht den Beleihungswert festsetzen oder den Kredit bearbeiten.

(2) *Gutachten von bei der Pfandbriefbank angestellten Gutachtern dürfen nur dann der Beleihungswertermittlung zugrunde gelegt werden, wenn im Rahmen der Aufbauorganisation der Pfandbriefbank die betreffenden Gutachter nur der Geschäftsleitung verantwortlich sind oder ausschließlich Teil einer Gutachtereinheit sind, die unmittelbar der Geschäftsleitung unterstellt ist, oder Teil einer alle betreffenden Gutachter zusammenfassenden Einheit und auch im Übrigen bis einschließlich der Ebene der Geschäftsleitung nicht einem Bereich der Pfandbriefbank zugeordnet sind, in dem Immobilienkreditgeschäfte entweder angebahnt oder zum Gegenstand des einzigen Votums gemacht werden.*

Fertigt der Gutachter eine Wertermittlung, so fordert der erste Satz des Absatzes 1 in diesem Fall die Unabhängigkeit des Gutachters sowohl von dem Kreditakquisitionsprozess, dem Kreditentscheidungsprozess als auch von der Objektvermittlung, dem Objektverkauf und der Objektvermietung.

Der zweite Satz des Absatzes 1 setzt die Unabhängigkeit des Gutachters vom Darlehensnehmer voraus und dass er kein eigenes Interesse am Ergebnis des Gutachtens haben darf, was als Selbstverständlichkeit sowie Voraussetzung für die Arbeit eines jeden Gutachters zu betrachten ist.

Unabhängigkeit und Freiheit von Interessenkonflikten sind Anforderungen, die in den Berufsgrundsätzen und sonstigen freiwilligen Erklärungen von Gutachtern oder Wertermittlungsrichtlinien von Banken bereits seit langem verankert sind. Nun sind diese Anforderungen allerdings Gegenstand in einer Verordnung und besitzen damit eine strengere Wirkung als Berufsgrundsätze oder so genannte Wohlverhaltensregeln.

Konkretisiert wird schließlich im letzten Satz des ersten Absatzes noch einmal die Funktionstrennung, die auch in § 16 Abs. 1 PfandBG dargestellt ist. Die Funktionstrennung ist ein ebenso seit langem verankertes Prinzip, bisher allerdings nur in der Kommentierung des Hypothekenbankgesetzes und in den Mindestanforderungen an das Kreditgeschäft. Demnach darf eine einzelne Person auf den einzelnen Kredit bezogen nicht gleichzeitig den Beleihungswert ermitteln und festsetzen (siehe Abs. 1 Satz 3). Außerdem darf diese Person den Kredit, zu dem sie die Wertermittlung der Immobiliensicherheit fertigt, nicht bearbeiten. Wie bereits an anderer Stelle erwähnt, ist auch hier vom Verfasser bewusst der Singular gewählt. Das bedeutet, dass der Gutachter, was insbesondere von kleineren Instituten gefordert wird, durchaus mit der Kreditbearbeitung anderer Fälle befasst sein darf, wenn er zu diesen keine Wertermittlung fertigt. Somit betrachtet diese Vorschrift den konkreten Fall und unterstreicht für diesen die Funktionstrennung.

Die BelWertV kennt, grob betrachtet, drei unterschiedliche organisatorische Varianten:

1. Die Gutachter sind direkt einzeln der Geschäftsleitung unterstellt.
2. Sie sind ausschließlich Teil einer Gutachtereinheit, die direkt der Geschäftsleitung unterstellt ist.
3. Alle Gutachter sind in einer Einheit zusammengefasst und einem Bereich zugeordnet, in dem Immobilienkreditgeschäfte weder angebahnt noch zum Gegenstand des einzigen Votums gemacht werden.

In dieser Vorschrift legt man Wert auf die direkte Verantwortlichkeit des Gutachters gegenüber der Geschäftsleitung oder die Zentralisierung aller Gutachter in einer direkt der Geschäftsleitung zugeordneten Einheit. Die dritte Möglichkeit bietet die Zusammenfassung aller Gutachter als Teil eines Bereiches wie des Marktfolgebereiches, in dem Kredite bearbeitet und genehmigt werden. Dann dürfen aber nicht gleichzeitig einem anderen Bereich weitere Gutachter zugeordnet werden. Die Qualitätssicherung soll einheitlich an einer Stelle und nicht an mehreren Stellen mit unterschiedlichen Standards stattfinden.

Die dritte Variante ist ein Zugeständnis an „kleinere" Banken, die Gutachter dem Marktfolgebereich zuordnen möchten, weil sie nicht von einer kompletten Auslastung alleine durch Gutachtertätigkeit ausgehen. Dieser Mitarbeiter darf in Verbindung mit den Vorschriften aus Absatz 1, letzter Satz, auch in anderen Fällen, in denen er nicht mit der Wertermittlung befasst ist, bei der Kreditbearbeitung und Beleihungswertfestsetzung mitwirken.

8.4 Wertermittlungsverfahren

8.4.1 Ertragswertverfahren (§§ 8 bis 13)

8.4.1.1 Grundlagen der Ertragswertermittlung

§ 8 Grundlagen der Ertragswertermittlung

(1) Für das Ertragswertverfahren ist der Ertragswert der baulichen Anlage, getrennt von dem Bodenwert, nach den §§ 9 bis 12 zu ermitteln.

(2) Der Bodenwert ist nach § 15 zu ermitteln.

(3) Bodenwert und Ertragswert der baulichen Anlage ergeben vorbehaltlich § 13 den Ertragswert des Beleihungsobjekts.

Für die Ertragswertermittlung wird das aus der WertV normierte Verfahren als einzige anwendbare Grundlage festgelegt. Bis zum Inkrafttreten der BelWertV war ebenso als Verfahren die Ertragswertermittlung ohne Aufspaltung des Reinertrages auf Gebäude sowie Grund und Boden mit einem Vervielfältiger auf Basis einer „ewigen" Rente möglich.

Die kürzere Nutzungsdauer des Gebäudes muss bei diesem Verfahren als zusätzliche Position innerhalb der Bewirtschaftungskosten in Form einer Abschreibung Berücksichtigung finden. In der Bewertungspraxis der Banken war dieses Verfahren in den letzten Jahren kaum noch anzutreffen.

Die rein finanzmathematische Berücksichtigung der Restnutzungsdauer des Gebäudes stößt allerdings bei der so genannten Ertragsaufspaltung in bestimmten Fällen an ihre Grenzen. Das ist z. B. der Fall, wenn der auf den Grund und Boden entfallende Ertrag gleich oder größer ist als der Gesamtertrag des bebauten Grundstücks. In diesem Fall schreibt die BelWertV eine Verfahrensänderung vor, was an dieser Stelle vorab im Hinblick auf die Vorschriften des § 13 BelWertV „Ermittlung des Ertragswertes in besonderen Fällen" anzumerken ist, da sich diese Vorschrift mit den Grenzfällen innerhalb des normierten Verfahrens beschäftigt.

8.4.1.2 Verfahrensschritte für die Ermittlung des Ertragswertes der baulichen Anlage

§ 9 Ermittlung des Ertragswerts der baulichen Anlage

(1) Bei der Ermittlung des Ertragswerts der baulichen Anlage ist vom nachhaltig erzielbaren jährlichen Reinertrag auszugehen. Der Reinertrag ergibt sich aus dem Rohertrag (§ 10) abzüglich der Bewirtschaftungskosten (§ 11).

(2) Der Reinertrag ist um den Betrag zu vermindern, der sich durch angemessene Verzinsung des Bodenwerts ergibt. Der Verzinsung ist der für die Kapitalisierung nach § 12 maßgebende Kapitalisierungszinssatz zugrunde zu legen. Ist das Grundstück wesentlich größer als es einer der baulichen Anlage angemessenen Nutzung entspricht und ist eine zusätzliche Nutzung oder Verwertung einer Teilfläche zulässig und möglich, ist bei der Berechnung des Verzinsungsbetrags der Bodenwert dieser Teilfläche nicht anzusetzen. In der Wertermittlung ist die zusätzliche Nutzung und Verwertung dieser Teilfläche auch in baurechtlicher Hinsicht nachvollziehbar darzulegen.

(3) Der nach Abs. 2 verminderte Reinertrag ist nach § 12 zu kapitalisieren.

Dieser Paragraph beschreibt Einzelheiten des normierten Verfahrens. Unter Bezugnahme auf die in der Verordnung folgenden Vorschriften zur Ermittlung des Rohertrages, der Bewirtschaftungskosten und schließlich zur Kapitalisierung des Reinertrages wird die Vorgehensweise bei der Ertragswertermittlung der baulichen Anlage beschrieben. Am Ende dieses Gliederungspunktes ist ein Schema eingefügt, das einen Überblick zur beschriebenen Systematik der Ertragswertermittlung bietet.

- **Baulandreserven bei übergroßen Grundstücken**

In Absatz 2 wird ab dem dritten Satz ein Problemfeld angeschnitten, das in der Bewertung, ob Marktwertermittlung oder Beleihungswertermittlung, eine Herausforderung darstellt.

Im Rahmen des Sachwertverfahrens, das später noch im Einzelnen behandelt wird, erfolgt die Ermittlung des Bodenwertes. Dieser Bodenwert wird für das Ertragswertverfahren verwandt und dient dort als Messlatte für die Aufteilung der Reinerträge auf Gebäude sowie Grund und Boden. Handelt es sich um ein größeres Grundstück als für die darauf befindliche Bebauung erforderlich ist, beginnt die Herausforderung für den Gutachter.

Die notwendige Grundstücksgröße ist eine Frage, die großen Einfluss auf die Bewertung hat. Bei übergroßen und wertvollen Grundstücken ist gerade im Ertragswertverfahren mit Ertragsaufspaltung die Problematik gegeben, dass der Ertrag überwiegend auf den Grund und Boden entfällt. Darum wird für solche Fälle in § 9 Abs. 2 Satz 3 BelWertV vorgeschrieben, einen fiktiven Grundstücksteil dem Gebäude zuzuordnen, der maximal baurechtlich notwendig ist, um das vorhandene Gebäude zu errichten. Voraussetzung ist, dass eine zusätzliche Nutzung oder Verwertung der Restfläche zulässig und möglich ist. Diese Fläche wird getrennt als Bauland bewertet und dem Ergebnis hinzugerechnet. Die getrennte Bewertung solcher fiktiver Flächen, so genannter Baulandreserven, vor tatsächlicher Vermessung und schließlich separater Nutzbarkeit ist problematisch.

Es bedarf einer besonders sorgfältigen Prüfung der folgenden Fragen:

- Wird durch eine separate Bebauung der Teilfläche u. U. der Wert des Beleihungsobjektes beeinträchtigt?
- Ist die Bebaubarkeit nachhaltig gesichert?
- Können Änderungen des Bebauungsplanes erfolgen, die ohne rechtsgültige Baugenehmigung oder ohne konkreten Bauantrag nicht einmal einen Anspruch auf Entschädigung für Planungs- und Änderungsschaden gewährleisten?

Abb. 8: Systematik der Ertragswertermittlung

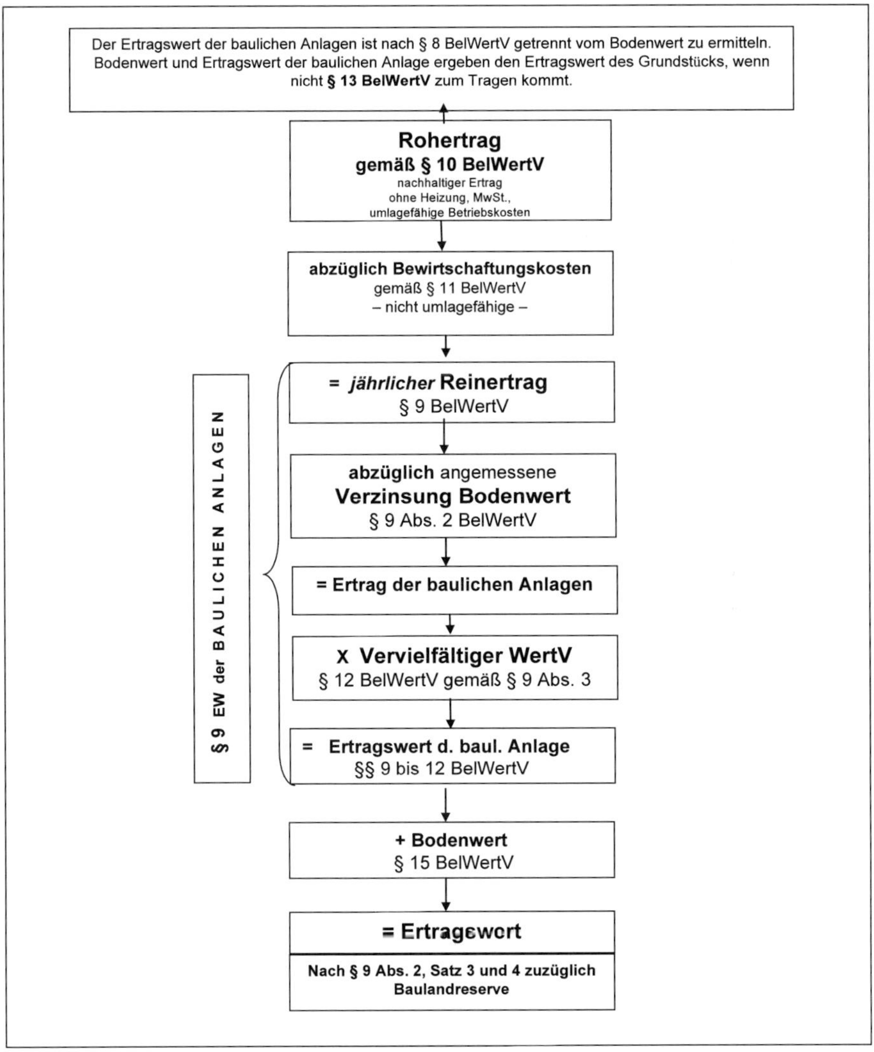

Hierzu muss sich der Gutachter mit §§ 39 ff. des BauGB befassen (insbesondere § 42 BauGB, der die Entschädigung bei Änderung oder Aufhebung einer zulässigen Nutzung bzw. eines bestehenden Baurechtes behandelt), die vorgeschriebenen Fristen kennen und beachten, da der Beleihungswert nachhaltig Gültigkeit haben muss (siehe hierzu auch 8.4.4.1 „Das Bauland").

Grundsätzlich ist es der kritischen Beurteilung des Gutachters überlassen, inwieweit und insbesondere in welcher Höhe eine Bewertung einer Baulandreserve erfolgt. Nach Prüfung kann im Extremfall bei größeren Unwägbarkeiten die so genannte Baulandreserve höchstens als Hinterland angesetzt werden.

Bei Baulandreserven, aber auch generell bei der Grundstücksbewertung, ist die gesicherte Zuwegung und Erschließung unabdingbare Voraussetzung für die Beleihbarkeit.

In diesem Zusammenhang sollte auch die Baurechtsreserve Erwähnung finden. Diese ist dann gegeben, wenn der Bebauungsplan eine höhere Ausnutzung zulässt als die tatsächlich vorhandene Bebauung in Anspruch nimmt. Bei der Beleihungswertermittlung ist allerdings maximal von der tatsächlichen, rechtlich gesicherten Bebauung auszugehen. Bei der Marktwertermittlung kann eine Baurechtsreserve durchaus wertsteigernd Berücksichtigung finden.

8.4.1.3 Die nachhaltige Miete als Basis zur Ermittlung des Rohertrages

§ 10 Rohertrag

(1) Bei der Ermittlung des Rohertrags darf nur der Ertrag berücksichtigt werden, den das Objekt bei ordnungsgemäßer Bewirtschaftung und zulässiger Nutzung jedem Eigentümer nachhaltig gewähren kann. Liegt die nachhaltige Miete über der vertraglich vereinbarten Miete, ist im Regelfall die vertraglich vereinbarte Miete anzusetzen. Die Mietfläche entspricht der vermietbaren Wohnfläche bei wohnwirtschaftlicher Nutzung oder der dauerhaft vermietbaren Nutzfläche bei gewerblicher Nutzung. Bei verschiedenen Nutzungsarten sind die anteiligen Erträge getrennt darzustellen. Umlagen, die vom Mieter oder Pächter zur Deckung von Betriebskosten zu zahlen sind, sind nicht zu berücksichtigen.

(2) Im Falle von Hotel-, Klinik-, Pflegeheim- oder einer vergleichbaren Nutzung sind die daraus resultierenden Roherträge nach Absatz 1 auf der Basis vorsichtig angenommener, durchschnittlich erzielbarer Umsätze pro Zimmer oder Bett herzuleiten.

(3) Bestehen strukturelle oder lang andauernde Leerstände, ist besonders zu prüfen, ob aufgrund der jeweiligen Marktlage eine Vermietung überhaupt oder zu den angesetzten Mietpreisen in absehbarer Zeit noch zu erwarten ist.

Die Vorschrift mit dem Titel „Rohertrag" ist kompakt, beinhaltet aber insgesamt sieben Themenbereiche, die bei ausführlicher Abhandlung an sich schon den Inhalt eines Buches füllen könnten.

Betrachtet man die Vorschrift systematisch, so gliedern sich die sieben Themen wie folgt:

1. Prüfung der Nachhaltigkeit der Erträge für die Ermittlung des Rohertrages
2. Overrent – Underrent
3. Ansatz ausschließlich vermietbarer Flächen
4. Getrennte Darstellung von Erträgen aus unterschiedlicher Nutzung
5. Behandlung von Betriebskosten bei der Ermittlung des Rohertrages
6. Ermittlung des Rohertrages bei Managementimmobilien
7. Die Behandlung von Leerständen

1. Prüfung der Nachhaltigkeit der Erträge für die Ermittlung des Rohertrages

Bei der Ermittlung des nachhaltigen Mietertrages sollten in der Gedankenwelt des Sachverständigen die Voraussetzungen präsent sein, die sich aus dem ersten Satz des § 10 Abs. 1 in Verbindung mit § 16 Abs. 2, Satz 1 PfandBG, § 3 Abs. 2 und § 5 Abs. 3 BelWertV ergeben:

- dauernde Ertragsfähigkeit des Objektes,
- nachhaltige Erträge, die das Grundstück jedem Eigentümer gewähren kann,
- Erträge, die bei ordnungsmäßiger Wirtschaft und zulässiger Nutzung nachhaltig erzielbar sind,
- vielseitige Verwendbarkeit und ausreichende Nutzbarkeit durch Dritte,
- ausreichend großer Nutzerkreis,
- nachhaltige Eigenschaften des Beleihungsobjektes,
- normale regionale Marktgegebenheiten.

Der Schlüssel auf dem Weg zur nachhaltigen Miete ist die Frage, wofür ein Mieter die vereinbarte Miete zahlt. Die Miete wird für die Merkmale und Eigenschaften des Objektes gezahlt, die in § 16 Abs. 2 PfandBG mit der Anforderung „nachhaltige“ Merkmale Erwähnung finden. Hierzu zählt alles, was bei der Sachwertermittlung für Bodenwert und Herstellungswert maßgeblich ist.

Natürlich ist die Lage von Grund und Boden ebenso wichtig, wie die Konzeption, die Ausstattung, die vielseitige Nutzbarkeit und die Betriebskosten des Gebäudes. Alle diese Faktoren sind entscheidend für die Miethöhe und Vermietbarkeit des Objektes. Nun muss bei der Beleihungswertermittlung die nachhaltige Miete im Sinne der Risikoeinschätzung der Sicherheit einer Bank für einen lange in die Zukunft gerichteten Zeitraum ermittelt werden. Hierbei stellt sich die Frage, wie nachhaltig attraktiv die Eigenschaften dieser Objektart für potenzielle Nutzer auch im Hinblick auf andere Verwendungsmöglichkeiten in der Zukunft sind. Drittverwendungsfähigkeit oder eine ausreichende Anzahl Dritter für eine spezielle Nutzung ist Voraussetzung für einen nachhaltigen Mietertrag oder die dauerhafte Ertragsfähigkeit eines Objektes. Sind größere bauliche Änderungen zur Erhaltung der dauerhaften Ertragsfähigkeit erforderlich, um von einer speziellen Nutzung zu einer universellen Nutzungsmöglichkeit zu gelangen, sind die Kosten in der Beleihungswertermittlung als Kürzung zu berücksichtigen.

Bewerten heißt grundsätzlich immer vergleichen. Zunächst wird als Orientierung der Vergleich aus dem aktuellen Marktgeschehen, aus so genannten Vergleichsmieten gesucht. Vergleichsmieten sind aber als Maßstab für die nachhaltige Miete lediglich Momentaufnahmen aus dem Umfeld, die weitgehend das aktuelle Geschehen in anderen Objekten widerspiegeln. Im Wohnbereich ist der Vergleich relativ überschaubar. Wohnungsmietspiegel sind jedoch wie alle Marktinformationen mit Vorsicht zu genießen. Sie bilden i. d. R. nur die Bestandsmieten mit ihren Veränderungen ab. Die aktuellen Neuvermietungen sind hieraus leider nicht ablesbar. Teilweise gibt es Angaben zu aktuellen Neuvermietungsmieten, was leider nicht durchgängig der Fall ist. Außerdem steht diese Information nicht flächendeckend zur Verfügung.

Im Gewerbebereich ist im Hinblick auf die unterschiedliche Ausgestaltung der Mietvereinbarungen und die meist verschiedenartigen Objekte, auch innerhalb einer Objektkategorie, das Aufspüren von Vergleichsmieten problematisch. Sind z. B. Quadratmetermieten von vergleichbaren Büroimmobilien bekannt, so müsste auch Einsicht in die Mietvertragsvereinbarungen genommen werden, um eine Bewertung vornehmen zu können. Zu beachten ist, welche Flächen der Vereinbarung zugrunde liegen (BGF, NGF etc.), ob Incentives vereinbart sind, welche Nebenkostenvereinbarungen, Mietgarantien, Anpassungsklauseln existieren, wie die Aufteilung des Aufwandes für die Ausstattung auf Mieter und Investor vereinbart ist, etc. Dies alles bedarf einer kritischen Prüfung der bestehenden Mietverträge. Vertragsklauseln, die wertbeeinflussend sind oder sein könnten, müssen in die Bewertung einfließen.

Es gehören viel Erfahrung, Orts-, Objekt-, Markt- und Branchenkenntnisse dazu, die Nachhaltigkeit der Mieterträge insbesondere im gewerblichen Bereich einzuschätzen. Dieses Problem existiert markant bei den sogenannten Managementobjekten, wie z. B.:

- Hotels,
- Pflegeheime,
- Ärztehäuser,
- Einkaufszentren,
- Rathäuser, Schulen,
- Freizeitobjekte und
- Developingobjekte größeren Umfangs (besonderes Problem: Marktveränderungen in der Entwicklungsphase).

Der Erfolg dieser Immobilien ist auch weitgehend abhängig von der Qualität der Betreiber. Bei Betreiberimmobilien dürfen als Basis für den nachhaltigen Mietansatz nur die entsprechend den Eigenschaften des Beleihungsobjektes üblicherweise erzielbaren Umsätze und Erträge dienen, die jeder ordentliche, fachlich kompetente Betreiber erzielen könnte. Besonders herausragende Qualitäten eines derzeitigen Betreibers dürfen nicht in die Ertragswertermittlung einfließen, weil potenzielle Dritte diese nicht aufweisen können.

Für die unterschiedlichen Objektarten, die von unterschiedlichen Branchen genutzt werden, gibt es entsprechende Kennzahlen und Hilfsgrößen, die aus den Marktgepflogenheiten und der langjährigen Erfahrung abgeleitet sind. Sie dienen der Ermittlung des Rohertrages. Dem Beleihungswertermittler helfen sie bei der Einschätzung der nachhaltigen Miet- oder Pachthöhe. Manche Mieten sind auf den Umsatz bezogen, was wiederum einer Plausibilität des Umsatzes bedarf.

Bei der Marktwertermittlung ist gemäß WertV auch der Ansatz nachhaltiger Mieten geboten. Hier sind allerdings Mieten gemeint, die viele Nutzer aktuell und durch die meist mittelfristige Mietvertragsdauer in naher Zukunft bereit sind zu zahlen. Ungewöhnliche und/oder persönliche Verhältnisse werden ausgeschlossen. Vergleichsmieten und statistische Auswertungen sowie aktuelles ortsübliches Niveau bilden die Basis für die nachhaltigen Mieten nach WertV. Das Ergebnis lautet: „Zu diesem Preis werden im normalen Geschäftsverkehr üblicherweise, auf den jeweiligen Stichtag bezogen, Vermietungen entsprechend der Objektart und Lage zu den hierbei üblichen Laufzeiten realisiert“. Diese Aussage beinhaltet die Kriterien der Nachhaltigkeit des Mietansatzes für die Marktwertermittlung. Das Ertragswertverfahren nach WertV ist ein statisches Verfahren, so dass im Gegensatz zu dynamischen Verfahren, wie dem DCF-Verfahren, der gewählte Mietansatz für die gesamte Restnutzungsdauer als fixer Ansatz betrachtet wird.

Im Rahmen der Beleihungswertermittlung muss festgestellt werden, in welcher Phase sich der Markt befindet. In einer Boomphase z. B. können aus den Erfahrungen in der Vergangenheit und unter Berücksichtigung des gegenwärtigen und absehbaren künftigen Angebotes Schlüsse gezogen werden, wie sich die Mietpreise in dem untersuchten Segment künftig entwickeln werden. Die nachhaltigen Mieten werden dann mit Sicherheit nicht denjenigen entsprechen, die in der Boomphase aktuell sind und unter Umständen auch für zehn Jahre vereinbart werden.

Ein plakativer Vergleich in Abb. 9 „Die Deutschen Bürostandorte im Überblick 1991“ von Müller International und „Büromarkt-Kennzahlen 2005/2006“ von Atisreal GmbH zeigt im Folgenden, dass 1991 ortsübliche Mieten im Sinne der Beleihungswertermittlung keine nachhaltigen Mieten waren, aber von vielen Marktteilnehmern gezahlt wurden. 1991 hätte die Differenz zwischen Beleihungswert und Verkehrswert erheblich sein müssen, während zwischen 2003 und 2006 einschließlich wegen des „moderateren“ Mietniveaus dieser Abstand deutlich geringer sein konnte. Eine Betrachtung im Nachhinein ist zwar immer einfach. Schaut man sich aber den prospektiven Verfügbarkeitsfaktor aus 1991 im Verhältnis zum Flächenumsatz p. a. bei einigen Städten an, so bedurfte es doch insbesondere in Berlin z. B. einer besonderen Entwicklung, um ein solches Volumen ohne Miethöheeinbußen im Markt zu platzieren.

Sicherlich sind gerade Statistiken zu Leerständen im Büro- und Wohnungsbereich mit Vorsicht zu betrachten, da auch uneinheitliche Definitionen zum Leerstand vorhanden sind. An dieser Stelle soll lediglich zu den Ausführungen unter Gliederungspunkt 8.1.3.2 eine weitere Anregung für den „Blick in die Zukunft“ gegeben werden. Die aktuelle Miete erhält in Bezug auf ihre Nachhaltigkeit im Sinne der Beleihungswertermittlung erst Gewicht, wenn weitere Faktoren wie jährliche Vermietungsleistung, Leerstandsquote, Verfügbarkeitsfaktor, perspektivischer Flächenverbrauch pro Bürobeschäftigten, Entwicklung der Bürobeschäftigten bis hin zu zukunftsfähigen Konzepten in Ausstattung, Raumaufteilung, Technik etc. hinzugenommen werden.

Abb. 9: Vergleich der Miethöhen im Zeitablauf

Die deutschen Bürostandorte im Überblick 1991

Leistungskennzahlen

	Vermietete Flächen in m²	Höchstmietpreis DM/m²	Leerstand absolut in m²	Flächen in Bau: Summe in m²	Flächen in Bau: Davon Eigennutzung/vermietet in m²	Verfügbare Fläche in m²	*Aktueller Verfügbarkeitsfaktor*	Geplante Büroflächen in m²	*Prospektiver Verfügbarkeitsfaktor*
Erhebungszeitpunkt	(1991)	(1992)	(1991)	(1991)	(1991)	(1991)	*(1991)*	(1991)	*(1991)*
Rechengang						(3)+(4)-(5)	*(6) / (1)*		*(8) / (1)*
Spalte	(1)	(2)	(3)	(4)	(5)	(6)	*(7)*	(8)	*(9)*
Berlin	200.000	80,00–90,00	71.500	559.000	306.000	324.500	*1,6*	2.466.000	*12,3*
Dortmund	29.000	23,00	0	101.500	82.500	19.000	*0,7*	153.000	*5,3*
Düsseldorf	180.000	55,00	47.500	293.500	98.500	242.500	*1,3*	780.000	*4,3*
Essen	30.000	22,00	0	54.500	26.000	28.500	*1,0*	114.000	*3,8*
Frankfurt	315.000	85,00–90,00	151.500	840.500	523.000	469.000	*1,5*	479.000	*1,5*
Hamburg	250.000	50,00–55,00	79.000	710.500	267.000	522.500	*2,1*	465.200	*1,9*
Hannover	140.000	28,00–30,00	3.500	518.500	315.000	207.000	*1,5*	680.500	*4,9*
Köln	52.000	33,00–36,00	13.500	167.500	56.000	125.000	*2,4*	752.000	*14,5*
Leipzig	–	50,00	–	–	–	–	–	–	–
München	260.000	70,00	92.500	664.000	308.500	448.000	*1,7*	706.500	*2,7*
Stuttgart	80.000	35,00–38,00	45.000	285.500	174.500	156.000	*2,0*	221.000	*2,8*

Quelle: Müller International

_ Büromarkt-Kennzahlen // *Office market indicators*

	Mietpreis *Rent*	Flächenumsatz *Take-up*	Leerstand *Vacant space*						Flächen im Bau *Space under construction*				Flächenangebot *Space on offer*	
	€/m²	m²	m²	m²		m²		m²	m²		m²	m²	m²	m²
	Höchstpreis* *top rent**		gesamt *total*	modern *modern*		normal *normal*		unsaniert *unrefurbished*	fertig *finished*		gesamt *total*	verfügbar *available*	verfügbar *available*	projektiert *projected*
		2005		gesamt *total*	davon Erstbezug *of this, since completion*	gesamt *total*	davon Erstbezug *of this, since completion*		2006	ab 2007 *from 2007*				
	1	2	3=(4+6+8)	4	5	6	7	8	9	10	11=(9+10)	12	13=(3+12)	14
Berlin	20,50	464.000	1.535.000	639.000	266.000	672.000	66.000	224.000	177.000	80.000	257.000	121.000	1.656.000	567.000
Düsseldorf	21,90	244.000	1.004.000	330.000	177.000	590.000	7.000	84.000	75.000	0	75.000	23.000	1.027.000	1.330.000
Essen	11,20	80.000	197.000	59.000	29.000	77.000	0	61.000	0	0	0	0	197.000	255.000
Frankfurt	34,00	530.000	2.233.000	895.000	499.000	1.289.000	43.000	49.000	249.000	57.000	306.000	91.000	2.324.000	2.458.000
Hamburg	23,00	409.000	908.000	288.000	77.000	436.000	0	184.000	119.000	184.000	303.000	155.000	1.063.000	1.540.000
Köln	19,80	236.000	651.000	194.000	93.000	415.000	7.000	42.000	93.000	0	93.000	76.000	727.000	768.000
Leipzig	10,70	84.000	733.000	381.000	4.000	220.000	0	132.000	6.000	18.000	24.000	24.000	757.000	164.000
München	28,50	586.000	1.740.000	750.000	141.000	940.000	25.000	51.000	96.000	61.000	157.000	93.000	1.833.000	222.000
Stuttgart	17,00	126.000	362.000	155.000	124.000	155.000	0	52.000	69.000	9.000	78.000	46.000	408.000	360.000
Total 2005		2.759.000	9.363.000	3.691.000	1.410.000	4.794.000	148.000	879.000	884.000	409.000	1.293.000	629.000	9.992.000	7.664.000
Total 2004		2.495.000	9.279.000	3.831.000	1.927.100	4.551.000	206.500	897.000	1.277.000	823.000	2.100.000	742.000	10.021.000	7.047.000
Differenz *// Difference*		264.000	84.000	-140.000	-517.100	243.000	-58.500	-18.000	-393.000	-414.000	-807.000	-113.000	-29.000	617.000
Veränderung *// Changes in %*		10,6 %	0,9 %	-3,7 %	-26,8 %	5,3 %	-28,3 %	-2,0 %	-30,8 %	-50,3 %	-38,4 %	-15,2 %	-0,3 %	8,8 %

* Der Höchstmietpreis umfasst nur ein Marktsegment von jeweils 3-5 %. // *The top rent given applies to a market segment of 3-5 % in each case.*

Der Ansatz nachhaltiger Mieten für eine Marktwertermittlung kann nicht immer gleichgesetzt werden mit dem Ansatz nachhaltiger Mieten im Sinne der Beleihungswertermittlung. Bei näherer Betrachtung wird schon bewusst, dass in der Praxis der Beleihungswertermittlung bei der Suche nach dem nachhaltigen Mietansatz, der auf lange Sicht ausreichend Sicherheit bieten soll, auch ein gewisses Maß an Erfahrung über unterschiedliche Immobilienzyklen erforderlich ist. Der Marktwertermittler muss einen möglichst genauen, aktuellen Wert ermitteln, den er anhand aktueller statistisch ausgewerteter Daten unterlegen muss.

Er geht davon aus, dass die Marktteilnehmer die künftig erwartete Entwicklung in ihren Vertragsvereinbarungen berücksichtigen. Daher wird die ortsübliche Miete auch als nachhaltige Miete für die gesamte Restnutzungsdauer im statischen Ertragswertverfahren in Ansatz gebracht, welches als Verfahren auch in der Beleihungswertermittlung Anwendung findet.

Bei der Beleihungswertermittlung muss jedoch eine Abstrahierung erfolgen, weg vom derzeitigen Nutzer mit den vorliegenden Verträgen, der derzeitigen konjunkturellen Situation hin zum Grundgedanken, bei dem die Eignung „für jeden möglichen Eigentümer" im Vordergrund steht und damit nachhaltigen Ansätzen, die auch konjunkturellen Wertschwankungen standhalten sollten, wie in § 3 Abs. 1 und § 10 Abs. 1 BelWertV sowie § 16 Abs. 2 PfandBG gefordert. Ist die tatsächlich vereinbarte Miete niedriger als die nachhaltige Miete, so muss die tatsächlich vereinbarte Miete als Obergrenze Berücksichtigung finden.

Ausstattung, Lage, Nutzungsart und Zustand sind daraufhin zu prüfen, ob sie dauerhaft den oft wechselnden Anforderungen des Marktes unter Beachtung des in Frage kommenden Mietausgangsniveaus gerecht werden. Hierbei muss die Wahl des nachhaltigen Mietansatzes in einem ausgewogenen Verhältnis zur Nutzungsdauer und damit zur Restnutzungsdauer sowie dem Kapitalisierungszins stehen, um eine Unterbewertung zu vermeiden. Der Blick auf das aktuelle Marktgeschehen ist dabei Grundvoraussetzung, nicht zuletzt ist der Marktwert nach § 16 Abs. 2 PfandBG die Obergrenze des Beleihungswertes.

Die Diskussion, ob ein Unterschied zwischen der Nachhaltigkeit der Miete für die Marktwertermittlung und der Nachhaltigkeit für die Beleihungswertermittlung gegeben ist, ist bekannt. In konjunkturell ruhigen bzw. niedrigen Marktphasen und in regional stabilen unspektakulären Immobilienmärkten, in denen Spitzenmieten und Immobilienumsätze wie in den bekannten Immobilienzentren keine Rolle spielen, ist ein identischer Ansatz von nachhaltigen Mieten für die Marktwertermittlung und Beleihungswertermittlung vertretbar und gängige Praxis. Dies ist aber nicht für alle Märkte und alle Objektarten in allen Konjunkturzyklen zutreffend. Im Rahmen der Beleihungswertermittlung muss der nachhaltige Mietansatz für die Marktwertermittlung immer kritisch hinterfragt werden, ob dieser den Anforderungen der Ermittlung eines nachhaltig sicheren Wertes gerecht wird. Im Hinblick darauf ist vor einem Automatismus, der diese Ansätze immer gleichschaltet, zu warnen.

Zusammenfassend lässt sich festhalten: Den Marktwertermittler drückt die Last der stichtagsbezogenen Genauigkeit, während den Beleihungswertermittler die Last des nachhaltig sicheren Wertes drückt.

2. Overrent – Underrent

Ein Overrent (also tatsächliche Mietzahlungen oberhalb des Marktniveaus) darf in der Beleihungswertermittlung keinen Ansatz finden. Es ist von nachhaltigen, üblichen Vereinbarungen auszugehen. Bei Berücksichtigung eines Overrent würde man den Mietvertrag bewerten und nicht die üblichen Erträge und Eigenschaften des Objektes. Jeder, der das Geschäft kennt, ist sich der Gefahr bewusst, dass auch bei bester Mieterbonität selbst bei langfristigen Verträgen eine Unterbrechung des Mietvertrages erfolgen kann. Die Vertragspartner einigen sich, der Mietvertrag wird vorzeitig aufgelöst, u. U. erfolgt eine Abstandzahlung und der Nachmieter zahlt ortsübliche Mieten. Dies gilt auch für den Bereich von Mietgarantien, der ebenfalls kritisch zu überprüfen ist.

Ein Underrent (also tatsächliche Mietzahlungen unterhalb des Marktniveaus) muss durch den Ansatz der tatsächlichen Miete berücksichtigt werden. Er kann in **Ausnahmefällen** bei bestimmten Voraussetzungen korrigiert werden, indem z. B. die Differenz zwischen nachhaltiger Miete und tatsächlicher Miete für den Zeitraum der Vereinbarung kapitalisiert angesetzt wird, wenn man die nachhaltig üblichen Mieten in der Ertragswertberechnung für die gesamte Nutzungsdauer angesetzt hat. Für diesen Ansatz muss jedoch sicher sein, dass die Vereinbarung der niedrigeren Miete zeitlich sehr kurzfristig begrenzt ist und die Anpassung an das übliche Niveau sehr kurzfristig realistisch und möglich ist. Es gilt der Grundsatz des maximalen Ansatzes der tatsächlichen Miete. Hiervon darf nur in klaren Fällen abgewichen werden. Die Eröffnung dieser Möglichkeit ist im Verordnungstext durch die Formulierung – „Liegt die nachhaltige Miete über der vertraglich vereinbarten Miete, ist ***im Regelfall*** die vertraglich vereinbarte Miete anzusetzen" – gegeben.

3. Ansatz ausschließlich vermietbarer Flächen

Es dürfen nur wertbestimmende Umstände und Erträge, die zum Wertermittlungszeitpunkt nachhaltig sicher sind und die voraussichtlich auch in Zukunft Bestand haben, in Ansatz gebracht werden, wozu auch die Mietfläche als ein wesentlicher Faktor gehört. Welche Flächen lassen sich im üblichen Marktgeschehen, also unter normalen Bedingungen, gegen Geld vermieten? Die Mietfläche entspricht der vermietbaren Wohnfläche bei wohnwirtschaftlicher Nutzung und der dauerhaft vermietbaren Nutzfläche bei gewerblicher Nutzung.

- Die vermietbare Wohnfläche ist die zur Wohnfläche gehörende Grundfläche nach §§ 2 bis 4 Wohnflächenverordnung (WoFlV), die seit dem 1. Januar 2004 Gültigkeit hat.
- Bei gewerblichen Mietflächen ist nach der Flächendefinition der DIN 277/2005-02 die Netto-Grundfläche eine gängige Vermietungsfläche. Sie ergibt sich aus der Brutto-Grundfläche minus Konstruktions-Grundfläche. Die Netto-Grundfläche (NGF) wiederum setzt sich zusammen aus der Nutzfläche (NF) plus Technische Funktionsfläche (TF) plus Verkehrsfläche (VF) nach DIN 277/2005-02.

Für die Beleihungswertermittlung sollte als Mietfläche für Büros, z. B. grundsätzlich nur die modifizierte Netto-Grundfläche innerhalb der Mieteinheit (reduziert um TF- und VF-Anteile wie Treppenhäuser und Aufzüge, Fahrzeugverkehrsflächen, Fluchtwege und -treppen) in Ansatz gebracht werden. Zusätzlich können fallweise außerhalb der Mieteinheit allgemein zugängliche Verkehrsflächen (wie Hallen, Foyers, Flure, soweit ortsüblich gebräuchlich) anteilig in die Mietfläche einbezogen werden.

Die Gesellschaft für Immobilienwirtschaftliche Forschung e.V. (gif) hat in ihrem Arbeitskreis „Flächendefinition“ die Richtlinie MF – G erarbeitet. Diese Richtlinie soll die Erhöhung der Aussagekraft und damit die Vergleichbarkeit von Mietflächenangaben ermöglichen. Eine Mietangabe, die sich auf eine nicht klar definierte Fläche bezieht, ist nicht vergleichbar und beinhaltet die Gefahr der Neuberechnung der Mietfläche, für die dann ein branchenüblicher Standard gesucht wird. Die Richtlinie orientiert sich nicht an regionalen Marktgepflogenheiten, sondern an den Objekteigenschaften. Die DIN 277 und ihre Definitionen sind die Ausgangsbasis für die MF – G und Voraussetzung für den Anwender der Richtlinie. Diese Richtlinie ist die Zusammenfassung der ursprünglichen MF – B für Büroraum und der MF – H für Handelsraum.

Schon einfache Plausibilitätskontrollen verhindern Fehler, was folgendes Beispiel erläutert:

BEISPIEL

Kleineres Bürogebäude, für das eine vermietbare Fläche von 780 m^2 angegeben wurde. Die Objektbesichtigung ergibt vier vermietbare Geschosse. Durch Abschreiten der Gebäudeaußenseiten oder Nachmessen auf einem amtlichen Lageplan ermittelt der Sachverständige 20 m × 10 m Außenmaße, also pro Geschoss 200 m^2 Geschossfläche, die insgesamt viermal vorhanden ist. Damit beträgt die gesamte Geschossfläche (vermietbare Geschosse) 800 m^2. Hierbei liegt bereits auf der Hand, dass ein Mietflächenansatz von 780 m^2 unrealistisch ist, denn:

Für Büroflächen mit einem Baujahr nach 1960 ist im Mittel von ca. 85 % der Geschossfläche je nach Baukörper als vermietbare Fläche auszugehen. Das bedeutet für das Beispiel: 85 % von 800 m^2 sind plausibel vermietbare Fläche ca. 680 m^2. Die Angabe 780 m^2 ist somit näher zu prüfen oder im Zweifel der Ansatz der geringeren aber plausiblen Mietfläche zu wählen.

Häufig entstehen Missverständnisse bei der Abgrenzung zwischen BGF (Brutto-Grundfläche) und Geschossfläche. Die BGF ist definiert in der DIN 277/1987, jetzt in der Fassung 2005, wonach sich die Brutto-Grundfläche aus der Summe der Grundflächen aller Grundrissebenen eines Bauwerkes mit Nutzungen nach DIN 277-2/2005-02, Tabelle 1, Nr. 1 bis 9, und deren konstruktive Umschließungen ergibt. Die Normalherstellungskosten 2000 (NHK 2000) berücksichtigen weitgehend die Brutto-Grundfläche als Basis. Weitgehend bedeutet, dass nicht überdeckte Flächen wie eine nicht überdachte Terrasse keine Berücksichtigung finden. Falls der Kostenanteil hierfür mehr als 1 % beträgt, würde eine Berücksichtigung als besonders zu veranschlagendes Bauteil erfolgen.

Die Geschossfläche ist dagegen in der Baunutzungsverordnung in § 20 definiert. Dort heißt es in Abs. 3, dass die Geschossfläche nach den Außenmaßen der Gebäude in allen Vollgeschossen zu ermitteln ist. Die Definition für Vollgeschosse erfolgt nach Landesrecht.

Wenn oben eine Verhältniszahl von 85 % genannt wurde, so bezieht sich diese auf die vermietbaren Geschossflächen. In den alten NHK 1995 wurden überschlägige Umrechnungsfaktoren aufgeführt, wonach z. B. im Mittel für 1 m² Wohnfläche 1,5 m² Brutto-Grundfläche erforderlich waren. Das entspricht einem Prozentanteil der Wohnfläche an der BGF von 67 %. Das soll verdeutlichen, wie wichtig es ist, die Basis einzelner Kennzahlen und Wertgrößen zu kennen, um diese auch richtig einzuordnen und zu werten.

4. Getrennte Darstellung von Erträgen aus unterschiedlicher Nutzung

Bei Beleihungsobjekten mit unterschiedlicher Nutzung sind die Erträge hieraus und unter Umständen auch die Kapitalisierung getrennt darzustellen und vorzunehmen. Eine unterschiedliche Nutzung ist z. B. Gewerbe und Wohnen, wobei im gewerblich genutzten Bereich wiederum unterschiedliche Nutzungen vorkommen können, wie bei Hotelimmobilien als Restaurant, Wellness, Logis etc. Diese Vorgehensweise existiert allerdings auch schon lange in der Praxis der Beleihungswertermittlung über die Wertermittlungsanweisungen der Hypothekenbanken und wurde schließlich auch im bereits dargestellten so genannten Grundsatzpapier (vgl. 5.2.1.1) verankert.

5. Behandlung von Betriebskosten bei der Ermittlung des Rohertrags

In der Ausarbeitung „Wesentliche Aspekte der Beleihungswertermittlung“, dem so genannten „Methodikpapier“ (vgl. 5.2.1.2), wurde die Vereinbarung fixiert, dass die Netto-Kaltmiete Ausgangsbasis für die Beleihungswertermittlung ist. Die Netto-Kaltmiete (Rohertrag) kann unmittelbar aus den verfügbaren Marktdaten und den hieraus resultierenden Erfahrungswerten abgeleitet werden. Sie beinhaltet im Gegensatz zur Brutto-Warm-Miete keine Betriebskosten. Diese Jahres-Netto-Kaltmiete entspricht dem Rohertrag nach § 17 WertV. Die Verfasser der BelWertV haben in dieser Vorschrift den nachhaltigen Mietertrag als Rohertrag bezeichnet und entsprechen damit der früheren Vorgehensweise.

Die umlagefähigen Betriebskosten sind analog der Umsatzsteuer als durchlaufende Posten zu behandeln und bleiben unberücksichtigt. Sie verbleiben nicht beim Eigentümer, sondern werden für die Bedienung der Betriebskosten verwandt. Falls Betriebskosten nicht auf den Mieter umgelegt werden können, sind diese allerdings im Rahmen der Bewirtschaftungskosten in Abzug zu bringen (vgl. 8.4.1.4). Betriebskosten müssen aber als „zweite Miete“ beurteilt werden und sind oft im Kampf um gute Mieter ausschlaggebend für Mietreduzierungen, wenn sie über dem Durchschnitt liegen.

Für die Betriebskosten im Bürobereich kann beispielhaft die Oscar-Studie herangezogen werden, die seit einigen Jahren von Jones Lang LaSalle und Vorgänger erstellt und seither fortgeschrieben wird. Die Auswirkungen des Objekt- und Facility-Managements können im Jahresvergleich in Ansätzen erkannt werden. Die Konkurrenz auf dem Mietmarkt im Bereich der Betriebskosten ist auch aus aktuellen Beiträgen in der Fachliteratur zu erkennen. Damit liegt ein langfristig wirkender Risikofaktor für Objekte mit hohen Betriebskosten vor, der in der Beleihungswertermittlung Berücksichtigung finden muss.

Sind die umlagefähigen Betriebskosten höher als üblich, muss die Unwirtschaftlichkeit des Objektes z. B. durch einen gekürzten Mietansatz berücksichtigt werden.

Zu beobachten und zu beachten sind evtl. Auswirkungen der EnEV 2007 (Energieeinsparverordnung) insbesondere auf das Nachfrageverhalten bei Bestandsimmobilien.

Im Zusammenhang mit Nebenkosten wird nicht selten die Frage der Behandlung von Umsatzsteuer im nachhaltigen Mietansatz bei umsatzsteuerpflichtigen Mieten gestellt. Umsatzsteuerpflicht für Mieten entsteht unter anderem, wenn der Investor für die Umsatzsteuerpflicht optiert hat, um die Umsatzsteuer aus dem Bauvorhaben als Vorsteuer in Abzug bringen zu können. Bei der Wertermittlung sind die Mieterträge umsatzsteuerfrei in Ansatz zu bringen, da die Umsatzsteuer abzuführen und daher als durchlaufender Posten zu betrachten ist, die nicht beim Eigentümer verbleibt.

6. Ermittlung des Rohertrages bei Managementimmobilien

Der zweite Absatz dieser Vorschrift behandelt die Roherträge bei Hotels, Kliniken und Pflegeheimen oder einer vergleichbaren Nutzung. Dieser Absatz kann beim ersten Lesen zu Verwirrung führen, da angenommen werden könnte, die Ableitung des nachhaltigen Mietansatzes erfolge aus den gesamt erzielbaren Umsätzen pro Zimmer oder pro Bett. Dem ist nicht so, wie man aus der Bewertungspraxis derartiger Managementobjekte hinreichend weiß.

Die Herleitung des Rohertrages für die oben aufgeführten Objektarten hat nach Absatz 1 der Vorschrift zu erfolgen, wonach bei verschiedenen Nutzungsarten die anteiligen Erträge getrennt darzustellen sind. Die aufgeführten Objektarten können unterschiedliche Nutzungen, wie z. B. Logis und Restaurant, enthalten. Die Pacht wird aus den nachhaltigen Umsätzen abgeleitet. Die jeweiligen Pachtanteile aus den Umsätzen verschiedener Nutzungsarten müssen mit den nachhaltigen Pachtanteilen vergleichbarer Objekte weitgehend übereinstimmen. Die Vergleichbarkeit wird hergestellt, indem die jeweiligen Umsätze ins Verhältnis zu den entsprechenden Bezugsgrößen, z. B. Zimmer bei Logis und Sitzplätze bei Gastronomie, gesetzt werden. Je nach Nutzung sind ggf. andere Bezugsgrößen erforderlich (Pflegesätze bei Pflegeheimen, Fallpauschalen bei Kliniken etc.).

BEISPIEL

Pflegeheime

Der HypZert e.V. hat für die „Bewertung von Pflegeheimen“ eine Studie erarbeitet, in der auch die Thematik der Kennzahlen für Plausibilisierungen bei der Bewertung dieser Objektart ausführlich behandelt wird. Zu diesen Kennzahlen gehören auch Nettokaltmieten pro m^2 Nettogeschossfläche und die Pacht je belegtes Bett. Diese wird in der Studie des HypZert e.V. mit circa 15 bis 25 EUR je Tag und belegtem Bett angegeben, wobei die untere Bandbreite für ältere Heime gilt. Grundsätzlich wird die Pacht, die als Rohertrag ermittelt wird, aus den Umsätzen unter Berücksichtigung des Anteils der einzelnen Pflegestufen ermittelt. Hierzu muss die Bilanz analysiert werden. Erfahrungsgemäß sind Spannen zwischen 18 und 20 % des Gesamtumsatzes bei älteren Heimen angemessen. Die Pachtermittlung bedarf allerdings der individuellen Überprüfung der Kosten- und Erlösstruktur sowie der Organisation des Heimes. Nach Ermittlung der Pacht sind Plausibilitätsprüfungen unter anderem mittels der oben aufgeführten Kennzahlen erforderlich.

Die BaFin hat bestätigt, dass diese Vorschrift genau die Plausibilisierung und Vergleichbarkeit bezweckt. Bezogen auf Hotelbewertungen wird folglich der Umsatz aus den unterschiedlichen Nutzungsarten wie Restaurant, Logis, Wellness etc. ermittelt und entsprechend dem üblichen Marktgeschehen jeweils unterschiedliche Anteile für Pacht in Ansatz gebracht. Somit ist die Umsatzart Logis, aus der die Pacht und damit der Rohertrag abgeleitet werden, auf Zimmer oder Betten umzulegen und mit durchschnittlich erzielbaren Umsätzen pro Zimmer oder Bett vergleichbarer Objekte zu plausibilisieren. Sind andere Kennziffern pro Bett oder Zimmer vorhanden, wie z. B. für Herstellungskosten, werden diese im Zuge der Wertermittlung ebenso herangezogen.

7. Die Behandlung von Leerständen

Im dritten und letzten Absatz des § 10 BelWertV (Rohertrag) wird die Leerstandsproblematik aufgegriffen. Diese ist sowohl für den Wohn- als auch für den Gewerbebereich maßgeblich. Besonders der Büromarkt wird in Zukunft erhebliche Probleme mit strukturellen Leerständen zu lösen haben. Dies gilt aber auch in perspektivisch bevölkerungsschwachen Regionen für den Wohnungsbau. Die Vorschrift fordert daher berechtigt die kritische Überprüfung vorhandener Leerstände. Dabei stellt sich die Frage, ob eine Vermietung zu den angesetzten Mieten in absehbarer Zeit überhaupt möglich ist. Handelt es sich um einen kompletten oder teilweisen Leerstand, sind im Bau befindliche Objekte, Projekte in der Anlaufphase oder ältere Bestandsobjekte betroffen? Bei dauerhaftem, umfangreichen Leerstand kann dies bis zu einer Unbeleihbarkeit des Objektes führen. Zur Beurteilung dieser Problematik sind detaillierte Marktkenntnisse und die beschriebenen Fragestellungen für die Prüfung der Nachhaltigkeit des Rohertrages unabdingbar.

Bei Leerstand darf ferner nicht vergessen werden, dass nicht nur der Wegfall der Miete problematisch ist, sondern auch die weiter anfallenden Bewirtschaftungskosten und zusätzliche Teile der üblicherweise vom Mieter getragenen Betriebskosten zu berücksichtigen sind. Daher ist als Ausgangsbasis für die Bewertung der Ansatz aller Wohn- und Nutzflächen ein Grundprinzip, um für die Leerstandsflächen die hierfür anfallenden Bewirtschaftungskosten auch ohne Mieteinnahme für die Ertragswertermittlung entsprechend in Ansatz zu bringen.

Leerstände können unterschiedliche Problemstufen beinhalten. So muss für die Bewertung differenziert werden zwischen dem

- vorübergehenden Leerstand,
- länger anhaltenden Leerstand und
- strukturellen Leerstand.

Wie können Leerstände Berücksichtigung finden?

Das Mietausfallwagnis im Sinne von § 11 Abs. 5 BelWertV ist nicht allein für die Berücksichtigung von Leerständen geeignet. Die Ansätze bewegen sich im Wohnungsbau von mindestens 2 % bis zu ca. 6 % und im Gewerbebau von mindestens 4 % bis zu ca. 8 %. Damit sind die in der BelWertV unter § 11 Abs. 5 aufgezeigten Risiken abgedeckt, die mit einer für die jeweilige Region und Objektart typischen Fluktuation und den dort üblichen Neuvermietungsphasen einhergehen.

Die im Folgenden zu betrachtenden Leerstandsprobleme sind mit dem o. a. Mietausfallwagnis nicht mehr ausreichend erfasst und bedürfen einer weiteren Berücksichtigung.

Vorübergehender Leerstand
Hierbei handelt es sich nach einer Ausarbeitung des Arbeitskreises Methodik, die vom Bewertungsausschuss des vdp verabschiedet wurde und auf die die Ausführungen zu diesem Thema basieren, um einen für den in Frage kommenden Teilmarkt noch üblichen Zeitraum für Neu- und Wiedervermietung. Der Umfang des Leerstandes und die damit verbundene Ertragsminderung übersteigt allerdings das üblicherweise in den Bewirtschaftungskosten für Mietausfallwagnis angesetzte Maß. Der Markt ist kein ausgesprochen schwacher Markt, das Marktgeschehen ist nicht gestört.

Die Ursache dieses so genannten vorübergehenden Leestandes mit erhöhter Ertragsminderung liegt z. B. an mietfreien Zeiten wegen zeitlich begrenzten Bau- bzw. Umbaumaßnahmen oder rührt z. B. aus Anlaufphasen bei Neubauobjekten.

Dem kann bei der Beleihungswertermittlung Rechnung getragen werden, indem zunächst der Beleihungswert des fertig gestellten, zu nachhaltigen Mieten voll vermieteten Objektes ermittelt wird. Der Ist-Zustand des Beleihungsobjektes mit dem vorübergehenden Leerstand (analog Zustandswert) kann dann durch Abzug der Barwerte der Mietmindererträge aus Miet- und Nebenkostenausfall sowie der Vermarktungs- und ggf. Restfertigstellungskosten errechnet werden.

Länger anhaltender Leerstand
Der länger anhaltende Leerstand unterscheidet sich zum vorübergehenden Leerstand dadurch, dass sich das Objekt in einem schwachen Markt befindet, in dem eine Anschlussvermietung grundsätzlich nur mit einem verlängerten Vermarktungszeitraum möglich ist.

Die Berücksichtigung dieses Leerstandes findet wie beim vorübergehenden Leerstand ausgehend von dem Beleihungswert des voll vermieteten, fertig gestellten Objektes statt. Die Bestimmung der Höhe der nachhaltigen Mieten erfolgt kritisch im Hinblick auf die Ausprägung des Leerstandes und des schwachen Marktes.

Von dem Beleihungswert des voll vermieteten Objektes werden die Barwerte der Mindererträge aus Miet- und Nebenkostenausfall in Abzug gebracht sowie ggf. Restfertigstellungskosten und Aufwand für Nutzungsänderungen.

Struktureller Leerstand
Beim strukturellen Leerstand ist keine Vermietung absehbar. Es handelt sich um einen schwachen Markt. Aufgrund von Lage, Art und Zustand des Objektes ist eine Vermietung auch längerfristig nicht absehbar. Das Objekt ist nicht bedarfsgerecht.

Bei der Bewertung bleiben die Leerstandsflächen ohne Mietansatz.

Siehe zu der Thematik „Leerstand" auch die Ausführungen unter 8.4.1.4 „Akutes Mietausfallwagnis".

8.4.1.4 Über Bewirtschaftungskostenansätze vom Rohertrag zum Reinertrag

§ 11 Bewirtschaftungskosten

(1) Der nach § 10 ermittelte Rohertrag ist um die üblicherweise beim Vermieter verbleibenden Bewirtschaftungskosten zu kürzen. Dafür sind ertragsmindernde, aus langfristiger Markterfahrung gewonnene Einzelkostenansätze für Verwaltungskosten, Instandhaltungskosten, das Mietausfallwagnis und gegebenenfalls weitere nicht durch Umlagen gedeckte Betriebskosten anzusetzen sowie objektartenspezifisch ein Modernisierungsrisiko nach Absatz 7 zu berücksichtigen.

(2) Die Einzelkostenansätze haben sich innerhalb der nach Anlage 1 zulässigen Bandbreiten zu bewegen, sofern nicht die besonderen Umstände des Einzelfalls einen höheren Ansatz erfordern. Ein erkennbares, akutes Mietausfallwagnis, welches über dem angesetzten Erfahrungssatz liegt, ist als gesonderter Wertabschlag in Höhe des erwarteten Ausfalls anzusetzen. Die Mindesthöhe für den Bewirtschaftungskostenabzug insgesamt beträgt 15 % des Rohertrags. Im Ergebnis dürfen aber die tatsächlichen oder kalkulierten Bewirtschaftungskosten eines Objekts nicht unterschritten werden.

(3) Verwaltungskosten im Sinne des Absatzes 1 Satz 2 sind

1. *die Kosten der zur Verwaltung des Grundstücks erforderlichen Arbeitskräfte und Einrichtungen sowie der Aufsicht,*
2. *die Kosten für Buchhaltung, Rechnungsprüfung, Zahlungsverkehr und Jahresabschluss sowie*
3. *die Kosten für Abschluss und Änderung von Mietverträgen und die Bearbeitung von Versicherungsfällen.*

(4) Instandhaltungskosten im Sinne des Absatzes 1 Satz 2 sind Kosten, die infolge Abnutzung, Alterung und Witterung zur Erhaltung des bestimmungsgemäßen Gebrauchs der baulichen Anlage während ihrer Nutzungsdauer aufgewendet werden müssen. Sie umfassen die laufende Instandhaltung und regelmäßige Instandsetzung der baulichen Anlage, nicht jedoch deren Modernisierung.

(5) Mietausfallwagnis im Sinne des Absatzes 1 Satz 2 ist das Wagnis einer Ertragsminderung, die durch uneinbringliche Mietrückstände oder Leerstehen von Raum, der zur Vermietung bestimmt ist, entsteht. Es dient auch zur Deckung der Kosten einer Rechtsverfolgung auf Zahlung oder Aufhebung eines Mietverhältnisses oder Räumung.

(6) Betriebskosten im Sinne des Absatzes 1 Satz 2 sind die Kosten, die durch das Eigentum am Grundstück oder durch den bestimmungsgemäßen Gebrauch des Grundstücks sowie seiner baulichen und sonstigen Anlagen laufend entstehen.

(7) Die Kosten für notwendige Anpassungsmaßnahmen, die zusätzlich zu den Instandhaltungskosten zur Aufrechterhaltung der Marktgängigkeit und der dauerhaften Sicherung des Mietausgangsniveaus notwendig sind, bilden das Modernisierungsrisiko nach Absatz 1 Satz 2. Sie sind als prozentualer Anteil an den Neubaukosten darzustellen.

- **Bewirtschaftungskostenarten**

Der Rohertrag (früher: die Jahres-Netto-Kaltmiete) als nachhaltiger Mietansatz muss um die Kosten reduziert werden, die der Eigentümer einer Immobilie laufend oder auch periodisch zur Aufrechterhaltung der Mieterträge aber auch der Mietzuflüsse zu tragen hat. Nach Abzug dieser Kosten ergibt sich der Reinertrag, der mit seinen Zahlungsströmen die Basis für die Ermittlung des Ertragswertes bildet.

Die üblichen, in § 18 WertV definierten Kostenarten sind:

- Verwaltungskosten,
- Instandhaltungskosten,
- Mietausfallwagnis und
- Betriebskosten.

Erwähnung finden auch noch die Abschreibungen in der WertV, hingegen nicht in der BelWertV. In der WertV werden Abschreibungen für die Ertragswertermittlung als bereits im Vervielfältiger enthalten kommentiert. Diese sind durch die Begrenzung der „Rentenzahlung“ (Restnutzungsdauer des Gebäudes) in der finanzmathematischen Formel (Barwert einer nachschüssig gezahlten Rente) enthalten. Bei den Bewirtschaftungskosten kommen Abschreibungen nur bei der Berechnung einer „ewigen“ Rente in Ansatz.

Die oben aufgeführten Kostenarten sind in der BelWertV in den Absätzen drei bis sechs analog zur WertV definiert. Eine weitere, aber inhaltlich vergleichbare Definition finden diese Kostenarten in der II. Berechnungsverordnung (II. BV) und für Betriebskosten zusätzlich in der Betriebskostenverordnung (Verordnung über die Aufstellung von Betriebskosten BetrKV). Als Arbeitshilfe und Maßgabe für die Bemessung der Höhe der Einzelkostenansätze wurde der BelWertV Anlage 1 hinzugefügt.

Spezifisch für die Beleihungswertermittlung ist die Berücksichtigung des Modernisierungsrisikos, welches in Absatz 7 der Verordnung detailliert beschrieben wird. Zur Abdeckung dieses Risikos sind in Zeitabständen Aufwendungen erforderlich, die die Aufrechterhaltung der Marktgängigkeit und des bei der Bewertung ermittelten Mietausgangsniveaus sichern. Die Höhe des Risikos steht in Abhängigkeit zu der Objektart, der Lage des Objektes, der baulichen Struktur und Ausstattung, dem Zustand des Objektes sowie von der Höhe des Mietausgangsniveaus. Je höher die Miete desto höher sind die Ansprüche des Mieters an die Eigenschaften des Objektes. Die Objektart kann das Risiko noch verschärfen, wenn man z. B. an ein Hotel denkt, das in der Regel alle zehn bis fünfzehn Jahre revitalisiert werden muss. Je höher die Kategorie, umso höher ist der Anspruch des Nutzers. Dies gilt ebenso für Büronutzung, bei der sich die Ansprüche der Nutzer in immer kürzeren Intervallen ändern, wie dies auch bei bestimmten Handelsimmobilien der Fall ist. Die unterschiedlichen Risiken und Bandbreiten für die Bemessung des Risikos sind ausführlich in der Anlage 1 dieser Verordnung enthalten.

Als Frage taucht häufiger auf, ob Modernisierungsrisiken auch innerhalb der Kleindarlehensgrenze Berücksichtigung finden müssen. Dies muss differenziert beurteilt werden, je nach dem, ob im Rahmen der Kleindarlehensgrenze ein Objekt mit entsprechendem Modernisierungsrisiko beliehen wurde. Aus der Anlage 1 könnte ein solches Objekt zwar noch unter Wohn- und Geschäftshaus (Voraussetzung: Nur maximal ein Drittel des gesamten Rohertrages entfällt auf gewerbliche Nutzung) eingestuft werden, gehörte aber bereits in die Kategorie „geringes Modernisierungsrisiko“. Im besten Fall wäre es in die Kategorie a) „kein Modernisierungsrisiko“ einzustufen, die aber dennoch einen Ansatz zwischen 0 bis 0,3 % der Herstellungskosten (ohne Baunebenkosten und Außenanlagen) erforderte. Bei den Standardimmobilien für Eigennutzung wie EFH, ZFH und Eigentumswohnungen ist sicherlich in fast allen Fällen der Ansatz a) „kein Modernisierungsrisiko“ und dann auch dem Wortlaut entsprechend ein Null-Ansatz gerechtfertigt.

Nachdem das Modernisierungsrisiko bereits seit 1998 in dieser Form in der Beleihungswertermittlung Berücksichtigung findet, zeigt sich nun auch in der Marktwertermittlung eine Tendenz zur transparenteren Berücksichtigung dieses Risikos in einem speziellen Kostenansatz innerhalb der Bewirtschaftungskosten.

Es wäre falsch zu sagen, dass dieses Risiko in der Wertermittlung erst seit 1998 Berücksichtigung finde. Es wurde nur nicht transparent und nachvollziehbar in den Wertermittlungen berücksichtigt, wohl aber zumindest teilweise im Kapitalisierungszins oder durch kürzere Restnutzungsdauern.

Nach wie vor müssen zum Zeitpunkt der Bewertung erkennbar notwendige Anpassungsmaßnahmen, die zur Aufrechterhaltung der Marktgängigkeit des Bewertungsobjektes kurzfristig aufzuwenden sind, als akutes und konkretes Modernisierungsrisiko durch eine entsprechend den Aufwendungen kalkulierte Wertminderung berücksichtigt werden. Eine „Risikovorsorge“, wie oben dargestellt, reicht für konkret anstehende Maßnahmen nicht aus.

Zu den Betriebskosten wurden bereits unter Gliederungspunkt 8.4.1.3 „Rohertrag“ Anmerkungen gemacht. Betriebskosten sind grundsätzlich umlagefähige Kosten, die der Mieter zu tragen hat. Wenn dies einwandfrei im Mietvertrag geregelt ist, sind diese Kosten nicht vom Rohertrag für die Ermittlung des Reinertrages abzuziehen.

Für die Wertermittlung ist die Überprüfung der Mietverträge ein sehr wichtiger Vorgang, da diese Verträge die Basis der Zahlungsströme bilden, die finanzmathematisch ausschlaggebend für die Bemessung des Wertes der Immobilie sind. Wurden unwirksame Vereinbarungen zu Bewirtschaftungskosten getroffen, trägt im Zweifel der Vermieter diese Kosten bis hin zu Schönheitsreparaturen.

Grundsätzlich sind im Wohnungsbereich bei korrekter Vereinbarung sämtliche Betriebskosten umlagefähig. Ein Verweis auf die Betriebskostenverordnung ist eine sichere Basis hierfür. Auch Schönheitsreparaturen können vom Mieter verlangt werden.

Im gewerblichen Bereich können grundsätzlich die Betriebskosten, Teile der Instandhaltungskosten und Kosten der Verwaltung umgelegt werden. Dies gilt als marktübliche Vorgehensweise in Deutschland. Im gewerblichen Bereich können auch andere Vereinbarungen wirksam erfolgen, die aber für die Nachhaltigkeit im jeweiligen Markt zu überprüfen sind. Falls es sich um Sondervereinbarungen handelt, die nicht jeder Mieter für die entsprechende Objektart akzeptieren würde, ist auf das normale Marktgeschehen abzustellen. Sollten nicht sämtliche Betriebskosten laut vertraglicher Vereinbarung, wie dies nicht selten bei großflächiger Einzelhandelsnutzung der Fall ist, auf den Mieter umgelegt werden, so sind diese mit den anderen Bewirtschaftungskosten vom Rohertrag abzuziehen.

Wie bereits an anderer Stelle erwähnt, wird das Zusammenwirken zwischen Gutachtern und Juristen für die Einschätzung der Auswirkungen mietvertraglicher Vereinbarungen, was auch für Vertragsanpassungen und deren Nachvollziehbarkeit gilt, immer wichtiger.

- **Bemessung der Bewirtschaftungskosten (Abs. 1 und 2)**

Grundsätzlich ist beim Bewirtschaftungskostenansatz von nachhaltigen Einzelbewirtschaftungskosten auszugehen. Diese richten sich mit Ausnahme des Mietausfallwagnisses sowie im gewerblichen Bereich der Verwaltungskosten nicht nach der Höhe der Miete, sondern eher nach Ausstattung und Objektart. Daher werden Instandhaltungskosten und Modernisierungsrisiko an den Herstellungskosten pro m^2 Wohn- oder Nutzfläche bemessen. Die Verwaltungskosten orientieren sich im Wohnungsbereich am Aufwand pro Einheit, während im Gewerbebereich die Verwaltungskosten in jeweiligen Prozentsätzen vom Mietertrag in Ansatz gebracht werden, seltener als Pauschale pro Einheit.

Die Bemessung erfolgt abgeleitet aus dem langfristigen Marktgeschehen. Die Verordnung schreibt in § 11 Abs. 2 erster Satz vor, dass sich die Einzelkostenansätze innerhalb der nach Anlage 1 zulässigen Bandbreiten zu bewegen haben, sofern nicht ein höherer Ansatz im Einzelfall erforderlich ist. Die Summe der ermittelten Bewirtschaftungskosten muss im Verhältnis zum Mietertrag mit mindestens 15 % in Ansatz gebracht werden. Dies ist eine regulatorische Maßgabe, die der Unsicherheit der Prognose Rechnung tragen soll. Natürlich dürfen die tatsächlichen Bewirtschaftungskosten mit diesen Ansätzen nicht unterschritten werden.

- **Akutes Mietausfallwagnis**

Unter 8.4.1.3 wurde bei der Ermittlung des Rohertrages bereits die Thematik des Leerstandes gesondert behandelt. Bei den Bewirtschaftungskosten findet das Mietausfallwagnis mit Mindestansätzen von 2 % für Wohnen und 4 % für Gewerbe Berücksichtigung. Wird ein höheres Mietausfallwagnis erkannt, so ist dieses grundsätzlich mit höheren Ansätzen zu würdigen. Dies kann im gewerblichen Bereich durchaus 6 bis 8 % betragen. Damit wird ein übliches, der Objektart und -lage entsprechendes Risiko berücksichtigt.

Nun fordert aber diese Vorschrift in Absatz 2, dass ein erkennbares, akutes Mietausfallwagnis, was über dem durchschnittlichen Ansatz liegt, durch einen Wertabschlag in Höhe des erwarteten Ausfalles anzusetzen ist. Hierbei handelt es sich beispielsweise um einen in Kürze auslaufenden Mietvertrag oder eine bereits geräumte Mieteinheit, für die jedoch noch Miete gezahlt wird. In diesem Fall ist zu bewerten, ob es sich um einen vorübergehenden, länger anhaltenden oder strukturellen Leerstand handeln wird, der je nach Einstufung entsprechend den Ausführungen zu 8.4.1.3 zu behandeln wäre.

8.4.1.5 Der Kapitalisierungszins und die Restnutzungsdauer – Mindestsätze, Bandbreiten und Ausnahmen auf dem Weg zum Barwert

§ 12 Kapitalisierung der Reinerträge

(1) Der um den Verzinsungsbetrag des Bodenwerts nach § 9 Abs. 2 verminderte Reinertrag ist in Abhängigkeit von der Restnutzungsdauer der baulichen Anlage und dem Kapitalisierungszinssatz mit dem sich daraus ergebenden, finanzmathematisch dem Rentenbarwertfaktor entsprechenden Vervielfältiger nach Anlage 4 zu kapitalisieren.

(2) Bei der Bemessung der Restnutzungsdauer ist im Gegensatz zur technischen Lebensdauer ausschließlich auf den Zeitraum abzustellen, in dem die bauliche Anlage bei ordnungsgemäßer Unterhaltung und Bewirtschaftung noch wirtschaftlich betrieben werden kann. Die wirtschaftliche Restnutzungsdauer ist unter Berücksichtigung der sich in zunehmend kürzer werdenden zeitlichen Abständen wandelnden Nutzeranforderungen objektspezifisch anhand der Fragestellung, wie lange die Vermietbarkeit des Objekts zu den angenommenen Erträgen gesichert erscheint, einzuschätzen. Die in Anlage 2 genannten Erfahrungssätze für die Nutzungsdauer baulicher Anlagen sind zu berücksichtigen.

(3) Der Kapitalisierungszinssatz entspricht dem angenommenen Zinssatz, mit dem die künftig erzielbaren nachhaltigen Reinerträge eines Grundstücks auf den Zeitraum ihrer angenommenen Zahlung nach vorsichtiger Schätzung erfahrungsgemäß diskontiert werden. Er muss aus der regional maßgeblichen langfristigen Marktentwicklung abgeleitet werden. Je höher das Ertrags- und Verkaufsrisiko der Immobilie einzustufen ist, umso höher muss auch der Kapitalisierungszinssatz gewählt werden. Verschiedene Nutzungsarten sind jeweils gesondert zu betrachten.

(4) Bei wohnwirtschaftlicher Nutzung darf der Kapitalisierungszinssatz nicht unter 5 %, bei gewerblicher Nutzung unbeschadet des Satzes 3 nicht unter 6 % in Ansatz gebracht werden (Mindestsätze). Die in Anlage 3 genannten Bandbreiten für einzelne Nutzungsarten sind zugrunde zu legen. Die untere Grenze der jeweiligen Bandbreite darf bei gewerblich genutzten Objekten um höchstens 0,5 Prozentpunkte unterschritten werden, wenn es sich um erstklassige Immobilien handelt. Dies ist dann der Fall, wenn mindestens folgende Kriterien erfüllt sind:

1. *eine sehr gute Lage im Verdichtungsraum,*
2. *ein entsprechend der jeweiligen Objektart bevorzugter Standort,*
3. *eine gute Infrastruktur,*
4. *eine gute Konzeption,*
5. *eine hochwertige Ausstattung,*
6. *eine hochwertige Bauweise,*
7. *eine besonders hohe Marktgängigkeit,*
8. *die Beschränkung auf die Nutzungsarten Handel, Büro und Geschäfte,*
9. *ein sehr guter Objektzustand und*
10. *die gegebene Möglichkeit anderweitiger Nutzungen.*

Ein Unterschreiten nach Satz 3 erfordert im Gutachten der besonderen, nachvollziehbaren Begründung.

- **Rentenbarwertfaktor**

Nachdem der Reinertrag (siehe Schema unter 8.4.1.2) um den Verzinsungsbetrag des Bodenwertes gekürzt wurde, verbleibt der Reinertrag für die baulichen Anlagen, der kapitalisiert wird, um so den Ertragswert der baulichen Anlage zu erhalten. Aus dem Reinertrag sind nun zwei „Pakete“ gebildet worden, das eine für die baulichen Anlagen, das andere für den Grund und Boden.

Der Grund und Boden unterliegt keiner Abnutzung, so dass der Mietanteil hierfür als ewige Rente behandelt wird.

Ein Kapitalisierungszins von 5 % entspricht einem Vervielfältiger von 20, der sich errechnet aus:

$$100 / p = 100 / 5 = 20.$$

Bei einem Mietertrag von 100 TEUR, einem Grundstückswert aus der Sachwertermittlung von 1 Million EUR und einem Kapitalisierungszins von 5 % entspricht der Mietanteil demnach 50 TEUR für Grund und Boden.

In der Praxis wird grundsätzlich von EDV-Programmen der Bodenwert aus dem Sachwert übernommen, statt die Kapitalisierung der Mietertragsanteile des Grund und Bodens auch Dritten transparenter zu machen. Nach dem o. a. Beispiel müsste die Rechnung 50 TEUR × 20 = 1 Million EUR in der ausführlichen Version lauten. Dies erscheint dem Bewertungsexperten natürlich banal, ist aber im Hinblick auf die später folgenden Erläuterungen zu § 13 BelWertV hilfreich.

Die Kapitalisierung der Mietertragsanteile für die baulichen Anlagen ist auf die Restnutzungsdauer der baulichen Anlage beschränkt. Als Basis sei die hieraus abgeleitete Formel noch einmal ins Gedächtnis gerufen:

Vervielfältiger nach WertV
(siehe Anlage Nr. 4 BelWertV)

Die Formel für diese Methode lautet:

$$\text{Gebäudeertragswert} = \text{Gebäudeertrag} \times \frac{q^n - 1}{q^n (q-1)}$$

n = Restnutzungsdauer in Jahre
p = Zins
$q = 1 + \frac{p}{100}$

$$\text{Vervielfältiger nach WertV-Tabelle} = \frac{q^n - 1}{q^n (q-1)}$$

Beispiel:
80 Jahre Restnutzungsdauer
Kapitalisierungszins = 5 %

$$\frac{(1+0{,}05)^{80} - 1}{(1+0{,}05)^{80}(1+0{,}05-1)} = \text{Vervielfältiger WertV} = 19{,}60$$

So wird die Vorschrift des ersten Absatzes in § 12 BelWertV greifbarer („... finanzmathematisch dem Rentenbarwertfaktor entsprechenden Vervielfältiger nach Anlage 4 ...“) und der Verweis auf die Anlage 4 verständlich. Die Anlage 4 enthält nichts anderes als eine Tabelle, die je nach Zins und Restnutzungsdauer den Vervielfältiger aufzeigt, mit dem der Gebäudereinertrag multipliziert wird. Die Ermittlung dieses Vervielfältigers ist oben im Beispiel dargestellt. Mit der Anlage 4 soll sichergestellt werden, dass keine andere Methode der Kapitalisierung verwendet wird.

- **Nutzungsdauer und Restnutzungsdauer**

Absatz 2 beschäftigt sich mit der Nutzungsdauer und somit auch mit der Restnutzungsdauer. Nun könnte man meinen, dass es sich um einen Schreibfehler handelt, denn in der Bewertungslehre spricht man grundsätzlich nur von der Gesamtnutzungsdauer als Basis für die Ermittlung der Restnutzungsdauer.

Die BaFin hat allerdings sehr bewusst die Nutzungsdauer als Begriff gewählt. Mit diesem von der allgemeinen Terminologie abweichenden Begriff wollte sie die Aufmerksamkeit stärker auf die wirtschaftliche Nutzungsdauer lenken.

Die Problematik der wirtschaftlichen Nutzungsdauer beinhaltet die schneller wechselnden Anforderungen von Nutzern. Diese Anforderungen an die Eigenschaften eines Objektes beeinflussen durch ihren schnelleren Wechsel den Zeitraum, in dem Erträge in Höhe des kalkulierten Mietausgangsniveaus fließen. Diese Thematik wurde bereits in 8.4.1.4 unter „Modernisierungsrisiko“ behandelt. Die Berücksichtigung des Modernisierungsrisikos erfolgt hiernach in Form einer Rücklage für Investitionen aus den Mieterträgen, die die Aufrechterhaltung des Mietausgangsniveaus sichern soll.

Wird diese Problematik bei der Behandlung der Nutzungsdauern erneut aufgegriffen, besteht natürlich auch die Gefahr, das gleiche Risiko an zwei Stellen und damit doppelt zu berücksichtigen. Die Verfasser der Verordnung haben in der Anlage 2 im Verhältnis zur WertV verkürzte Nutzungsdauern für die unterschiedlichen Objektarten festgelegt, die aus Erfahrungssätzen abgeleitet wurden. Rechenbeispiele zeigen jedoch, dass jüngere Objekte (bis zu 10 Jahre alt) auch bei kürzeren Nutzungsdauern, z. B. statt 80 nur 70 Jahre (Restnutzungsdauer dann 60 Jahre), nicht völlig unterbewertet werden. Das heißt, bei jüngeren Objekten wirken sich auch 20 Jahre kürzere Nutzungsdauern nicht dramatisch auf das Ergebnis aus. Vorsicht ist jedoch bei der Berücksichtigung des Risikos der sich schneller wandelnden Nutzeranforderungen im Rahmen einer Wertermittlung gegeben. Wenn neben einer verkürzten Nutzungsdauer nach Anlage 2, die je nach Alter des Objektes die Restnutzungsdauer entsprechend verringert, zusätzlich ein höherer Kapitalisierungszins und ein hohes Modernisierungsrisiko in Ansatz gebracht werden, so wird das Risiko in Summe zu hoch bewertet. Ausgewogenheit bei den Möglichkeiten der Berücksichtigung der eingeschätzten Risiken ist bei der Wertermittlung geboten, damit sie im Bewertungsergebnis auch einen angemessenen und keinen überhöhten Ansatz finden.

Die BaFin hat nach Aussagen der Verfasser nicht nur bewusst den Begriff „Nutzungsdauer“ gewählt, sondern ebenso bewusst wurde die Formulierung in Absatz 2 letzter Satz gewählt: „Die in Anlage 2 genannten Erfahrungssätze für die Nutzungsdauer baulicher Anlagen **sind zu berücksichtigen**", statt der Formulierung „sind zugrunde zu legen". Der Gutachter muss demnach diese Bandbreiten berücksichtigen. Die Einschätzung der Restnutzungsdauer je nach Zustand des Beleihungsobjektes „unter Berücksichtigung" dieser Bandbreiten der Nutzungsdauern bleibt in der Verantwortung des Gutachters.

- **Kapitalisierungszins**

Der Kapitalisierungszins wird in den Absätzen 3 und 4 ausführlich behandelt.

Der Kapitalisierungszins ist der Zins, der bei der Kapitalisierung der Reinerträge für die Restnutzungsdauer erfahrungsgemäß in Ansatz gebracht wird. Je höher das Ertrags- und Verkaufsrisiko der Immobilie einzustufen ist, desto höher ist auch der Kapitalisierungszins zu wählen. Für die Wahl des Kapitalisierungszinses sind die Erfahrungen der Vergangenheit ebenso wichtig wie die Kenntnis der Liegenschaftszinsen, die von den Gutachterausschüssen aus dem aktuellen Marktgeschehen abgeleitet werden sollen. Wie bei der Ermittlung des Rohertrages ist auch bei der Kapitalisierung nach verschiedenen Nutzungsarten zu unterscheiden und der jeweiligen Nutzung entsprechende Zinssätze zu wählen.

- **Mindestkapitalisierungssätze, Bandbreiten und Ausnahmen**

Abs. 4 der Vorschrift legt Grenzen und Möglichkeiten bei der Ermittlung des Kapitalisierungszinssatzes fest. In Anlage 3 der BelWertV sind Bandbreiten von Kapitalisierungszinssätzen für verschiedene Objektarten von der BaFin vorgegeben. Die oberen Werte der Bandbreiten dürfen bei höherem Risiko überschritten werden. Die Bandbreiten für die einzelnen Nutzungsarten **sind zugrunde zu legen**, dies bedeutet aus Sicht der BaFin, dass man sich bei der Wertermittlung an diese Bandbreiten zu halten hat, wobei insbesondere die unteren Grenzen der Bandbreiten grundsätzlich nicht unterschritten werden dürfen. Als weitere Sicherheitslinie werden die altbekannten Mindestkapitalisierungszinssätze (für Wohnen 5 % und für Gewerbe 6 %) auch in der BelWertV vorgeschrieben.

Handelt es sich um erstklassige Immobilien, kann die untere Grenze der Bandbreite um höchstens 0,5 Prozentpunkte unterschritten werden. Dies gilt allerdings nur für die aufgeführten gewerblichen Objektarten. Bei Wohnobjekten bleibt es bei dem Mindestsatz von 5 %, der nicht unterschritten werden darf. So könnte bei geeigneten gewerblichen Objekten, z. B. bei Geschäftshäusern, die untere Bandbreite von 6 % auf 5,5 % und damit sogar der Mindestkapitalisierungssatz unterschritten werden. Dieses Unterschreiten bedarf im Gutachten einer besonderen, nachvollziehbaren Begründung. Die Voraussetzungen für ein Unterschreiten sind im Abs. 4 der Vorschrift anhand von zehn Punkten umfangreich beschrieben. Die Erfüllung dieser Voraussetzungen muss im Gutachten entsprechend nachvollziehbar ausgeführt sein.

Zusammenfassend kann festgehalten werden, dass der gesamte § 12 BelWertV dem Grunde nach die geübte Praxis der Beleihungswertermittlung aus dem so genannten „Methodikpapier" fortschreibt.

8.4.1.6 Vier Lösungsansätze für drei Problemfelder bei der Ertragswertermittlung

§ 13 Ermittlung des Ertragswerts in besonderen Fällen

(1) Verbleibt bei der Minderung des Reinertrags um den Verzinsungsbetrag des Bodenwerts nach § 9 Abs. 2 kein Anteil für die Ermittlung des Ertragswerts der baulichen Anlage, so ist als Ertragswert des Beleihungsobjekts abweichend von § 8 Abs. 3 nur der Bodenwert anzusetzen. Der Bodenwert ist in diesem Fall um die gewöhnlichen Kosten zu mindern, die aufzuwenden wären, um das Grundstück vergleichbaren unbebauten Grundstücken anzugleichen. Gewöhnliche Kosten im Sinne des Satzes 2 sind insbesondere die Abbruchkosten für die baulichen Anlagen.

(2) Bei einer Restnutzungsdauer der baulichen Anlage von weniger als 30 Jahren ist auch der Anteil des Bodenwerts am Ertragswert auf die Restnutzungsdauer der baulichen Anlage zu kapitalisieren oder es müssen die Abbruchkosten der baulichen Anlage ermittelt, ausgewiesen und vom Ertragswert abgezogen werden.

(3) In Fällen, in denen der Bodenwert mehr als die Hälfte des Ertragswerts ausmacht, sind im Gutachten die bei der Ermittlung des Bodenwerts zugrunde gelegten Annahmen zu begründen und die Voraussetzungen für eine Ersatzbebauung und die dafür gegebenenfalls notwendigen Aufwendungen besonders darzulegen.

Als besondere Fälle werden Probleme aufgezeigt, denen bei der Ertragswertermittlung durch besondere Verfahren und Vorkehrungen entgegengewirkt werden soll. Hauptaugenmerk liegt in dieser Vorschrift auf der ertragsschwachen baulichen Anlage, die eventuell durch einen (zu) hohen Bodenwertansatz kaschiert werden könnte. Ist der Bodenwert dann noch gerechtfertigt?

Im Folgenden werden drei Probleme aufgezeigt:

1. Nach Abzug der Bodenverzinsung vom Reinertrag verbleibt kein Reinertrag für die baulichen Anlagen.
2. Die Restnutzungsdauer der baulichen Anlage ist kürzer als 30 Jahre.
3. Der Bodenwert macht mehr als die Hälfte des Ertragswertes aus.

- **Zu 1) Nach Abzug der Bodenverzinsung vom Reinertrag verbleibt kein Reinertrag für die baulichen Anlagen.**

Bei diesem Problem wird davon ausgegangen, dass der Gebäudewert nicht mehr im Verhältnis zum Wert des Bodens steht. Als Lösung ist der Abriss des Gebäudes, der eine wirtschaftliche Neubebauung mit einer dem Grundstückswert entsprechenden Nutzung ermöglicht, bei der Bewertung zu berücksichtigen.

Nach § 13 Abs. 1 BelWertV wird der Bodenwert in Ansatz gebracht, von dem dann der Aufwand für die „Freimachung“ des Grundstücks, die Abbruchkosten, abgezogen werden. Die BaFin fordert den Abzug der Abbruchkosten in nominaler Höhe vom Bodenwert, damit soll dem möglichen Erfordernis einer jederzeitigen Freimachung des Grundstückes Rechnung getragen werden. Im übertragenen Sinne soll für jeden Zeitpunkt während der Dauer der Kreditvergabe der nominale Aufwand für einen notwendigen Abbruch vorhanden sein. Daher wird die Diskontierung des Aufwandes als ungeeignet betrachtet. Das folgende Schema veranschaulicht die Vorgehensweise nach § 13 Abs. 1 BelWertV.

Abb. 10: Schematische Darstellung des Abzugs von Abbruchkosten vom Bodenwert

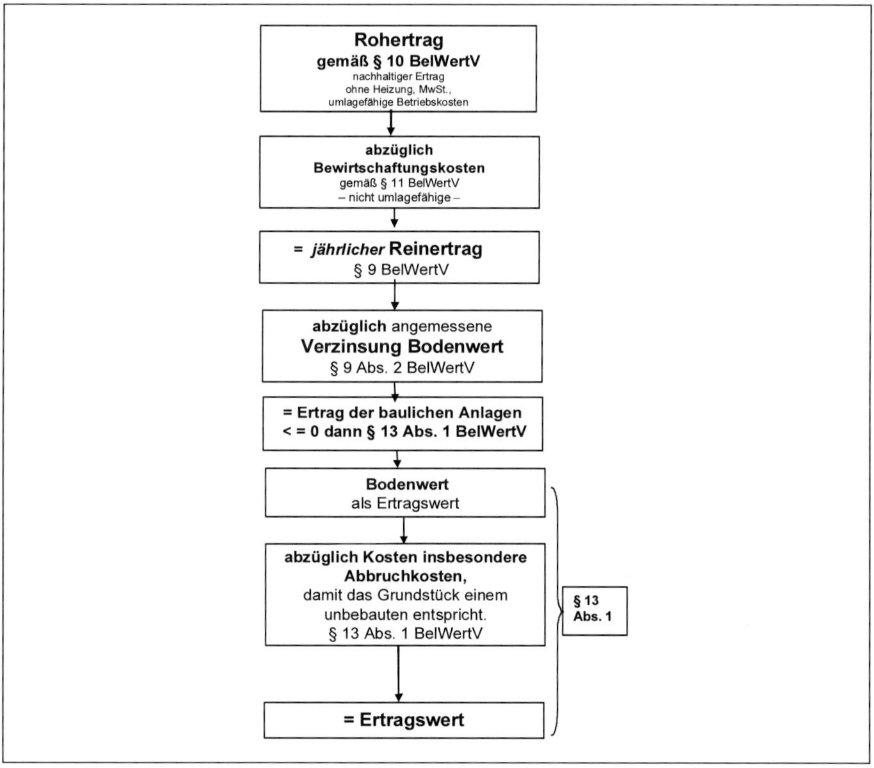

- **Zu 2) Die Restnutzungsdauer der baulichen Anlage ist kürzer als 30 Jahre**

Lösungsansatz 1: Die auf den Boden entfallenden Reinerträge werden nicht als ewige Rente betrachtet, sondern der kurzen Restnutzungsdauer des Gebäudes angepasst. Damit entfällt die Ertragsaufspaltung, da der gesamte Reinertrag nun der kurzen Restnutzungsdauer des Gebäudes entspricht und damit der Vervielfältiger mit der kurzen Restnutzungsdauer als Multiplikator für den gesamten Reinertrag verwandt wird (siehe auch 8.4.1.5).

Dies ist eine einfache und effiziente Lösung, die eigentlich dem Problem gerecht wird, dass ein alter Aufbau, der aber noch 15, 20 oder 25 Jahre Nutzungsdauer genießt, dem Grund und Boden einen geringeren Wert aufzwingt und mit ihm sein Schicksal teilt.

Lösungsansatz 2: Die auf den Boden entfallenden Reinerträge werden als ewige Rente betrachtet und entsprechend kapitalisiert. Die Erträge der baulichen Anlagen werden mit der kurzen Restnutzungsdauer kapitalisiert. Die Summe der Ertragswerte aus Grund und Boden sowie baulichen Anlagen wird um die für den Abriss erforderlichen Kosten nominal reduziert.

Auch diese beiden Alternativen werden in Abbildung 11 als Übersicht dargestellt.

- **Zu 3) Der Bodenwert macht mehr als die Hälfte des Ertragswertes aus**

Normalfall in sehr guten Lagen
In sehr guten Lagen ist dies der Normalfall. In diesen Fällen sieht die BaFin die Begründung über die Lagebeschreibung mit dem Hinweis auf den dadurch hohen Bodenwertanteil als völlig ausreichend. Im Ausland sollten die guten Lagen jedoch differenzierter begründet werden.

Wichtig ist allerdings die Plausibilisierung und Sensibilisierung, dass der Bodenwert insbesondere bei schlechten Objekten nicht als Hebel für ein höheres Ergebnis dienen darf. Eine Schätzung, Darlegung und Beschreibung von Aufwendungen für Ersatzbebauung wäre insbesondere gegeben, wenn die Höhe des Bodenwertes nur durch die derzeitige Nutzung gerechtfertigt wäre, die aus rechtlichen oder tatsächlichen Gründen künftig beeinträchtigt werden könnte. Die Darstellung sollte nicht durch ein Residualwertverfahren sondern vielmehr durch eine verbale Begründung erfolgen.

Abb. 11: Vorgehensweise bei einer Restnutzungsdauer von weniger als 30 Jahren

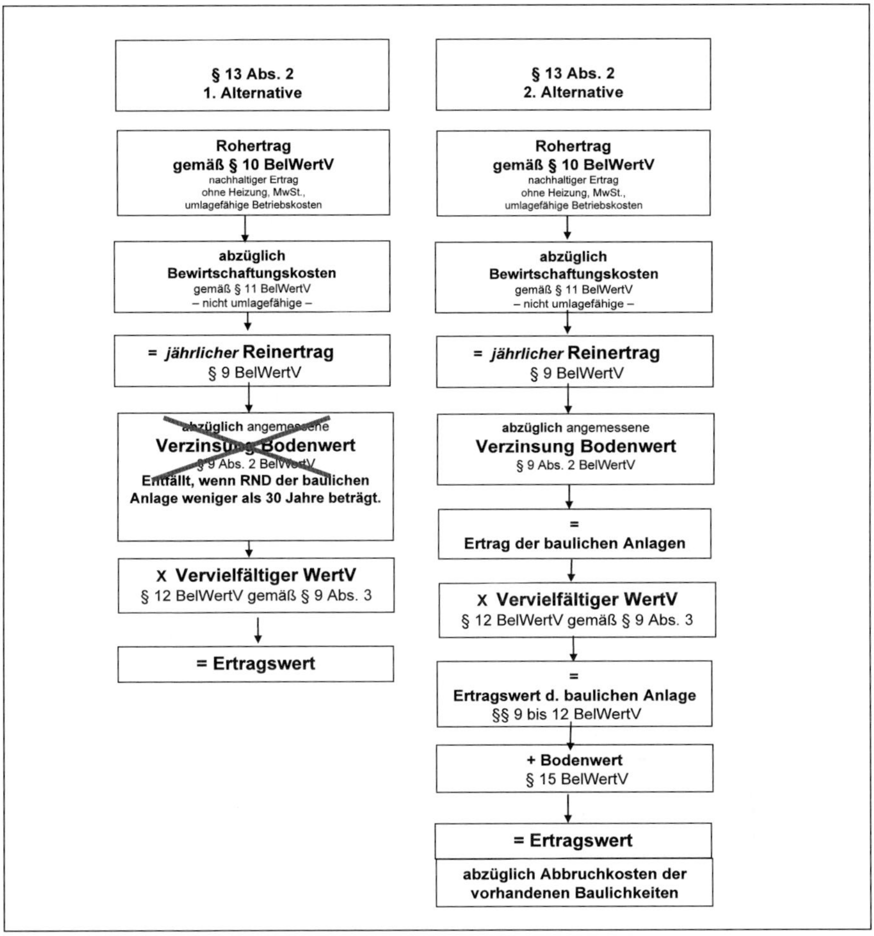

8.4.2 Sachwertverfahren (§§ 14 bis 18)

8.4.2.1 Grundlagen der Sachwertermittlung

§ 14 Grundlagen der Sachwertermittlung

Der Sachwert des Beleihungsobjekts setzt sich aus dem Bodenwert und dem nach § 16 zu ermittelnden Wert der baulichen Anlage zusammen. Zu der baulichen Anlage gehören auch die Außenanlagen.

Diese sich selbst erklärende Vorschrift bedarf keiner weiteren Erläuterungen. Sie werden zu den einzelnen Elementen des Sachwertes, die im folgenden Verordnungstext geregelt sind, vorgenommen.

8.4.2.2 Der Bodenwert

§ 15 Bodenwert

(1) Zur Ermittlung des Bodenwerts sind Erhebungen anzustellen über

1. die örtliche Lage, die Größe und den Zuschnitt des Grundstücks,

2. die Art und das Maß der baurechtlich festgesetzten Nutzungsmöglichkeiten und die tatsächliche Nutzung,

3. die Art und Beschaffenheit der Zuwegungen,

4. die wichtigsten wirtschaftlichen und verkehrstechnischen Verbindungen,

5. die Anschlussmöglichkeiten an Versorgungsleitungen und Kanalisation,

6. die noch anfallenden Erschließungsbeiträge und

7. vorhandene Richtwerte und Vergleichspreise.

(2) Der Bodenwert ist nach Quadratmetern der Grundstücksfläche anzusetzen. Bei der Ermittlung des Bodenwerts darf keine höherwertige Nutzung als zulässig zugrunde gelegt werden.

Grundsätzlich sind bei der Ermittlung des Bodenwertes am Ort vergleichbare Preise heranzuziehen, die auf ihre Nachhaltigkeit zu prüfen sind. Es muss jedoch gut recherchiert werden, welche Bedingungen und Faktoren den Bodenwert absehbar beeinflussen können.

Neben dem Entwicklungszustand sind Fragen der Veränderung der Infrastruktur, Makrolage, Einflüsse auf die Mikrolage wie Landschaftsschutzbelange bei Bauerwartungsland oder Bauland ohne rechtskräftige Baugenehmigung zu beachten (siehe auch die unter 8.4.1.2 zu § 9 Abs. 2 BelWertV erörterte Problemstellung zur „Baulandreserve"). Ortskenntnisse sind hierfür unabdingbar, auch sollten Kenntnisse neutraler Insider genutzt werden.

Die Kaufpreissammlungen der Gutachterausschüsse, aus denen Bodenrichtwerte abgeleitet werden, sind Vergangenheitsdaten. Sie bieten im Ergebnis durchschnittliche Lagewerte mit klar definierten Merkmalen des oder der Vergleichsgrundstücke, von denen man den Wert eines Beleihungsgrundstückes ableiten kann. Hierbei handelt es sich um Anhaltswerte, auf deren Basis man den nachhaltigen Wert des zu bewertenden Beleihungsgrundstücks ermittelt. Somit handelt es sich bei der Bodenwertermittlung um ein modifiziertes Vergleichswertverfahren, wie Kerl in „Bankaufsichtliche Anforderungen an den Realkredit", S. 90, Rdn.175, beschreibt (Kerl 1994).

Ein unmittelbarer Preisvergleich ist selten möglich, da die Eigenschaften der zu vergleichenden Grundstücke fast nie mit dem Bewertungsgrundstück identisch sind. Daher ist nur ein mittelbarer Vergleich möglich. Ein mittelbarer Vergleich ist aber, wie das Wort schon sagt, nur ein indirekter Vergleich, der ggf. Anpassungen bei der Wertfindung erfordert.

Neben den spezifischen Merkmalen eines Grundstückes ist auch das langfristige, nachhaltige Marktgeschehen in der Preisentwicklung, die Nachfrage- und Angebotssituation etc. beim Wertansatz zu berücksichtigen.

Der Gutachter betrachtet also die Entwicklung der Vergangenheit und die Gegenwartswerte der Marktwertermittler und sucht verwertbare Informationen für die künftigen nachhaltigen Aspekte seines zu ermittelnden Wertes. Dies führt zu einem Wertansatz für den Bodenwert, der auch nach Jahren noch Bestand haben wird, ohne die aktuellen Preise über- oder unterbewertet zu haben.

„Denken, wie der Investor denkt“: Dieses Denken muss eine Bank nachvollziehen können. So können die in der Beleihungswertermittlung nicht anerkannten Methoden, die von Investoren angewandt werden, durchaus hilfreich sein: Beim Bodenwert kann das Residualwertverfahren ebenso Aufschluss geben, wie die DCF-Methode zur Überprüfung einer Investition. Beide Verfahren dienen nicht der Beleihungswertermittlung, sind aber als „Plausibilitätsprüfung“ geeignet. Sie helfen, über den Tellerrand zu schauen und geben Einblick in die Gedankenwelt der Investoren, deren Wertfindung auf Basis verschiedener Prämissen und Szenarien.

Die Aufzählung in § 15 BelWertV ist bei weitem nicht erschöpfend. Natürlich ist auch zu prüfen, ob Altlasten vorhanden sind, wie die Bodenbeschaffenheit ist und welche Entwicklungstendenzen gegeben sind.

Die WertV beschäftigt sich intensiv mit der Bewertung des Grund und Bodens und auch mit der Thematik von Umrechnungskoeffizienten, wenn Art und Maß der baulichen Nutzung, Zuschnitt und sonstige Merkmale zwischen Vergleichs- und Bewertungsgrundstück differieren. Es ist wichtig, dass man aus handwerklicher Sicht §§ 4 und 5 WertV beachtet. Die dort dargestellten Einflüsse auf den Bodenwert müssen dann aber aus dem Blickwinkel der Risikoeinschätzung für den Beleihungszeitraum und damit über den Stichtag und das kurzfristige Geschehen hinaus berücksichtigt werden.

8.4.2.3 Der Wert der baulichen Anlagen

§ 16 Wert der baulichen Anlage

(1) Zur Ermittlung des Werts der baulichen Anlage sind die aus Erfahrungssätzen abzuleitenden Herstellungskosten je Raum- oder Flächeneinheit mit der Anzahl der entsprechenden Bezugseinheit des zu bewertenden Gebäudes zu vervielfachen (Herstellungswert). Die angesetzten Herstellungskosten müssen regional und objektspezifisch angemessen sein. Wertmäßig zu berücksichtigen sind dabei insbesondere

1. die beabsichtigte und mögliche Verwendung,

2. der Umfang und die Raumaufteilung,

3. die Bauweise und die für den Rohbau verwendeten Materialien,

4. die Ausstattung und die wertbeeinflussenden Nebenanlagen,

5. das Alter und der Erhaltungszustand nach Maßgabe des § 17,

6. sonstige wertbeeinflussende Umstände nach Maßgabe des § 18.

Die Kosten für Außenanlagen dürfen im Regelfall mit nicht mehr als 5 % des Herstellungswerts angesetzt werden.

(2) *Um eventuellen Baupreissenkungen und damit der nachhaltigen Gültigkeit der Ansätze Rechnung zu tragen, ist der nach Absatz 1 ermittelte Herstellungswert um einen Sicherheitsabschlag von mindestens 10 % zu kürzen. Aus allen Bewertungen müssen der Ausgangswert je Raum- oder Flächeneinheit, der Sicherheitsabschlag sowie gegebenenfalls die Wertminderung wegen Alters ersichtlich sein.*

(3) *Baunebenkosten, insbesondere Kosten für Planung, Baudurchführung, behördliche Prüfungen und Genehmigungen, können nur in üblicher Höhe und soweit Berücksichtigung finden, wie ihnen eine dauernde Werterhöhung entspricht. Der Ansatz von Baunebenkosten ist auf bis zu 20 % des nach Absatz 2 verminderten Herstellungswerts beschränkt.*

Zur Reihenfolge der in der Vorschrift beschriebenen wertrelevanten Ansätze gibt es eine Grundaussage der BaFin, die sehr wichtig für alle EDV-Programme und deren Anpassung ist: „*... dass insbesondere bei Deckungsprüfungen der Rechenweg zur Feststellung der Baukosten nicht beanstandet werden wird, wenn er zwar von der zulässigen Darstellung abweicht, aber zu einem identischen Ergebnis führt. Dies soll es ermöglichen, dass eventuell anders ausgerichtete EDV-Systeme in dieser Einzelfrage nicht umgehend geändert werden müssen.*“

- **Zu Absatz 1) Herstellungswert und Außenanlagen**

Im Zuge der Auslegung der BelWertV müssen die Begrifflichkeiten des ersten Absatzes differenziert betrachtet werden:

1. Abzuleitende Herstellungskosten
2. Angesetzte Herstellungskosten
3. Herstellungswert

Die **abzuleitenden Herstellungskosten** ergeben sich aus Erfahrungssätzen je Raum- oder Flächeneinheit. Bevor diese aber zur Ermittlung des **Herstellungswertes** in Ansatz kommen (angesetzte Herstellungskosten), müssen sie regional und objektspezifisch angemessen sein.

Für diese Angemessenheit der abgeleiteten Herstellungskosten, die dann als angesetzte Herstellungskosten durch Multiplikation mit der Bezugseinheit zu dem Herstellungswert führen, sind wertmäßig insbesondere die im ersten Absatz aufgeführten sechs Punkte zu berücksichtigen.

Mit dieser relativ neutralen Formulierung im ersten Satz des ersten Absatzes „Herstellungskosten je Raum- oder Flächeneinheit“ lässt die Verordnung die Wahl, den Wert auf Basis von Quadrat- oder Kubikmetern zu ermitteln. Außerdem gibt es keine weiteren Vorgaben zum Verfahren, so dass sowohl das Indexverfahren als auch das Abschlagsverfahren Anwendung finden kann. Wichtig ist, dass die entsprechende Norm für die Ermittlung der Summe der Raum- oder Flächeneinheiten zu den jeweiligen Preis- bzw. Kostentabellen passt. Die Normalherstellungskosten, z. B. auf Basis der Werte 1913/1914, erfordern als Bezugsgröße den umbauten Raum nach DIN 277/1950.

Der sich aus der Multiplikation von angesetzten Herstellungskosten mit der Bezugseinheit ergebende Herstellungswert bildet die Basis für die Bemessung der Außenanlagen, die in der Regel nicht mehr als 5 % des Herstellungswertes betragen dürfen.

Neu ist allerdings in der Systematik der Beleihungswertermittlung der sechste Punkt, der auf § 18 „sonstige wertbeeinflussende Umstände" verweist und an dieser Stelle Zu- und Abschläge zulässt bzw. fordert. Auf § 18 wird im Folgenden noch näher eingegangen. Die Berücksichtigung der sonstigen wertbeeinflussenden Umstände an dieser Stelle vor Ansatz der Außenanlagen entspricht der Systematik der WertR 2006 und ist an dieser Stelle nachvollziehbar.

- **Zu Absatz 2) Transparenz und Sicherheitsabschlag**

Im letzten Satz dieses Absatzes wird Transparenz der Bewertung eingefordert. Aus der Bewertung muss der Ausgangswert je Bezugseinheit, der Sicherheitsabschlag sowie eine in Ansatz gebrachte Wertminderung wegen Alters (siehe § 17 BelWertV) ersichtlich sein (siehe hierzu auch 8.1.3.3).

Der Sicherheitsabschlag wurde bis zum Inkrafttreten der BelWertV sehr weit ausgelegt und genutzt. Sein Verwendungszweck wird nun eindeutig auf eine „Reißleinenfunktion" beschränkt, die der Unsicherheit der Prognose Rechnung tragen soll. Er dient ausschließlich der Sicherstellung der nachhaltigen Gültigkeit der Ansätze, die der Ermittlung des Herstellungswertes dienen. Der Mindestabschlag beträgt 10 % und trägt damit der Absicherung möglicher Baupreissenkungen Rechnung.

Aus dem ersten Absatz wurde schon deutlich, dass nur regional- und objektspezifisch angemessene Ansätze zu wählen sind. An dieser Stelle sei noch einmal auf die unter 8.1.3.3 behandelte „Abstraktion der Wertansätze" hingewiesen.

- **Zu Absatz 3) Baunebenkosten**

Der nach Absatz 1 ermittelte und nach Absatz 2 um den Sicherheitsabschlag verminderte Herstellungswert dient nun als Basis für die Bemessung der Baunebenkosten in Höhe von höchstens 20 %. Diese Grenze hat die BaFin bereits in früheren Jahren in dieser Höhe festgelegt, was in der Kommentierung zum früheren Hypothekenbankgesetz nachzulesen ist (Bellinger/Kerl, a. a. O., zu § 12 Rdn 107 ff).

Diese dürfen nur in üblicher und angemessener Höhe, sofern sie eine dauernde Werterhöhung bedingen, in Ansatz gebracht werden. Durch die Bemessung des höchstens zulässigen Ansatzes in Prozent vom verminderten Herstellungswert unterliegen sie auch dem im zweiten Absatz erwähnten Sicherheitsabschlag.

8.4.2.4 Die Wertminderung wegen Alters

§ 17 Wertminderung wegen Alters

(1) Die Wertminderung wegen Alters bestimmt sich nach dem Verhältnis der Restnutzungsdauer zur Nutzungsdauer der baulichen Anlage; sie ist in einem Prozentsatz des Herstellungswerts auszudrücken. Bei der Bestimmung der Wertminderung kann je nach Art und Nutzung der baulichen Anlage von einer gleichmäßigen oder von einer mit zunehmendem Alter sich verändernden Wertminderung ausgegangen werden.

(2) *Ist die bei ordnungsgemäßem Gebrauch übliche Nutzungsdauer der baulichen Anlage durch Instandsetzungen oder Modernisierungen verlängert worden oder haben unterlassene Instandhaltung oder andere Gegebenheiten zu einer Verkürzung der Restnutzungsdauer geführt, soll der Bestimmung der Wertminderung wegen Alters die geänderte Restnutzungsdauer und die für die bauliche Anlage übliche Nutzungsdauer zugrunde gelegt werden.*

Zu dieser Vorschrift ist wenig Beleihungswertspezifisches beizutragen. Es wird je nach Art und Nutzung der baulichen Anlage die Wahl einer linearen oder einer sich mit zunehmendem Alter verändernden Abschreibung eingeräumt. Die übliche Vorgehensweise bei der Wertermittlung wird auch an dieser Stelle gefordert, was keine Neuerungen zur früheren Handhabung beinhaltet.

Im zweiten Absatz sind die Voraussetzungen für eine Verlängerung und Verkürzung der Restnutzungsdauer, die der Einschätzung des Gutachters unterliegen, aufgeführt. Es ist aus Gründen der durchgängigen Handhabung sinnvoll, die Restnutzungsdauer für die Ertragswertberechnung mit der entsprechenden Begründung für den gewählten Ansatz auch an dieser Stelle zu verwenden. Der folgende § 18 BelWertV erwähnt unter sonstige, noch nicht erfasste, den Wert beeinflussende Umstände auch § 17 BelWertV und bietet damit einen speziellen Anpassungsspielraum für die Sachwertermittlung.

8.4.2.5 Die Berücksichtigung sonstiger wertbeeinflussender Umstände

§ 18 Berücksichtigung sonstiger wertbeeinflussender Umstände
Sonstige nach den §§ 16 und 17 noch nicht erfasste, den Wert beeinflussende Umstände, insbesondere eine wirtschaftliche Überalterung, ein über- oder unterdurchschnittlicher Erhaltungszustand und ein erhebliches Abweichen der tatsächlichen von der vorgesehenen Nutzung, sind durch Zu- oder Abschläge oder in anderer geeigneter Weise zu berücksichtigen.

Die Aufzählung von wertbeeinflussenden Umständen sieht die BaFin nach Rückfrage nicht als abschließend an. Dies wird durch das Wort „insbesondere" verdeutlicht.

Es handelt sich analog zur WertV um alle nutzungs- und marktbezogenen Umstände, die in den vorherigen Ansätzen noch keine Berücksichtigung gefunden haben. Besonders zu beachten ist die Möglichkeit von Zu- und Abschlägen, wobei eine Beleihungswertermittlung eher von Abschlägen gekennzeichnet ist.

Bisher waren sonstige Zu- und Abschläge nicht für die Beleihungswertmethodik vorgesehen. Baumängel und -schäden werden als gesonderter Wertabschlag in Ansatz gebracht (siehe hierzu auch die Ausführungen unter 8.2.6 zu § 4 Abs. 5 BelWertV „Instandhaltungsstau, sonstiger baulicher Aufwand sowie Baumängel und Bauschäden").

Gespräche mit der BaFin zu diesem Thema ergaben, dass die BaFin in Zusammenhang mit § 18 BelWertV durchaus die Möglichkeit der Nutzung des dort erwähnten Zu- oder Abschlages auch für Zwecke der Anpassung von Werten sieht, um hierdurch dem nachhaltigen Marktgeschehen Rechnung zu tragen. In einem Schreiben an den vdp weist die BaFin allerdings ausdrücklich darauf hin, dass der Schwerpunkt der nicht abschließenden Aufzählung der Vorschrift deutlich mache, dass für

Marktanpassungen – insbesondere, wenn diese als Zuschlag dem Sachwert zugerechnet werden sollen – nur ein eng begrenzter Rahmen, der einer nachvollziehbaren Begründung bedarf, zur Verfügung stehen dürfte.

BEISPIEL

Villa in ländlicher Lage

Ein übergroßes Grundstück wird wertmäßig in Vorderland und Hinterland unterteilt, um so eine der Lage entsprechende Größenordnung zu erhalten. Baupreise, die über dem üblichen, der Lage und Objektart für jeden Eigentümer angemessenen Niveau liegen, werden an ortsübliche, nachhaltige Herstellungskosten angepasst (Abstraktion der Wertansätze), wobei der Gutachter damit schon in die Nähe der gängigen und auch nachhaltigen Werte kommt. Falls diese Werte dennoch über dem nachhaltigen Wertniveau bezogen auf Lage und Objektart liegen, wurde bisher eine Erhöhung des Sicherheitsabschlags vorgenommen, um diesem Problem Rechnung zu tragen. Dieser Sicherheitsabschlag war umso höher, je größer das Bauvolumen über der durchschnittlichen Objektgröße dieser Region lag (z. B. Villa in ländlicher Lage). Die o. a. Definition des Sicherheitsabschlages, wonach dieser eventuellen Baupreissenkungen und damit der nachhaltigen Gültigkeit der Ansätze Rechnung tragen soll, lässt eine Verwendung und Erhöhung des Sicherheitsabschlages für die oben dargestellten Zwecke nach enger wortwörtlicher Auslegung so nicht mehr zu.

Nach den Ausführungen der BaFin erhält der Gutachter offensichtlich die Möglichkeit, nach seinem Ermessen im begrenzten Rahmen einen Zu- oder Abschlag auch für den o. a. Zweck anzusetzen.

Dieser optionale Zu- oder Abschlag könnte auf den Sachwert, aber auch auf den Herstellungswert bezogen kalkuliert werden.

8.4.3 Vergleichswertverfahren (§ 19)

§ 19 Ermittlung des Vergleichswerts

(1) Zur Ermittlung des Vergleichswerts sind nachhaltig erzielbare Vergleichspreise von Objekten heranzuziehen, die hinsichtlich der maßgeblich ihren Wert beeinflussenden Merkmale, insbesondere Lage, Ausstattung und Nutzungsmöglichkeiten, mit dem zu bewertenden Objekt hinreichend übereinstimmen; die Vergleichspreise können aus Kaufpreis- oder anderen Marktdatensammlungen entnommen werden. Von dem so ermittelten Ausgangswert ist ein Sicherheitsabschlag in Höhe von mindestens 10 % in Abzug zu bringen.

(2) Bei Wohnungs- oder Teileigentum ergibt sich der Ausgangswert des zu bewertenden Objekts aus der Vervielfachung des Vergleichspreises je Quadratmeter Wohn- beziehungsweise Nutzfläche mit der gesamten Fläche des zu bewertenden Wohnungs- oder Teileigentums, im Falle von Stellplätzen aus der Vervielfachung des Vergleichspreises für einen Stellplatz mit der Anzahl der zu bewertenden Stellplätze; Abs. 1 Satz 2 gilt entsprechend.

Im zweiten Absatz der Vorschrift bedeutet die Multiplikation des Vergleichspreises je Quadratmeter Wohn- beziehungsweise Nutzfläche mit **der gesamten Fläche** des zu bewertenden Wohnungs- und Teileigentums, dass sich die „gesamte Fläche“ auf die **Bezugseinheit** analog zu § 16 Abs. 1, Satz 1 BelWertV bezieht.

Es ist wichtig, dass eine feine Differenzierung zwischen dem Sicherheitsabschlag, der im Zuge der Ermittlung des Herstellungswertes erhoben wird und dem Sicherheitsabschlag, der zur Ermittlung des Vergleichwertes angesetzt wird, gegeben ist. Dieser Sicherheitsabschlag soll die Nachhaltigkeit der Vergleichswerte untermauern und damit der Unsicherheit der künftigen Preisentwicklung Rechnung tragen. Hierbei handelt es sich um Vergleichswerte, die die baulichen Anlagen und den Grund und Bodenanteil der Wohnungs- oder Teileigentumseinheit umfassen. Dies gilt natürlich auch für Garagen und Stellplätze.

Wenn in dieser Vorschrift nur Wohnungs- und Teileigentum behandelt wird, so umfasst sie selbstverständlich auch die in § 4 Abs. 4 letzter Satz BelWertV beschriebene Vorgehensweise bei Ein- und Zweifamilienhäusern, für die mindestens jeweils fünf Vergleichsobjekte erforderlich sind, um den Beleihungswert am Vergleichswert zu orientieren.

Anhand Abb. 12 wird die Textfassung der Verordnung übersichtlich dargestellt:

Abb. 12: Schematische Darstellung des Vergleichswertverfahrens

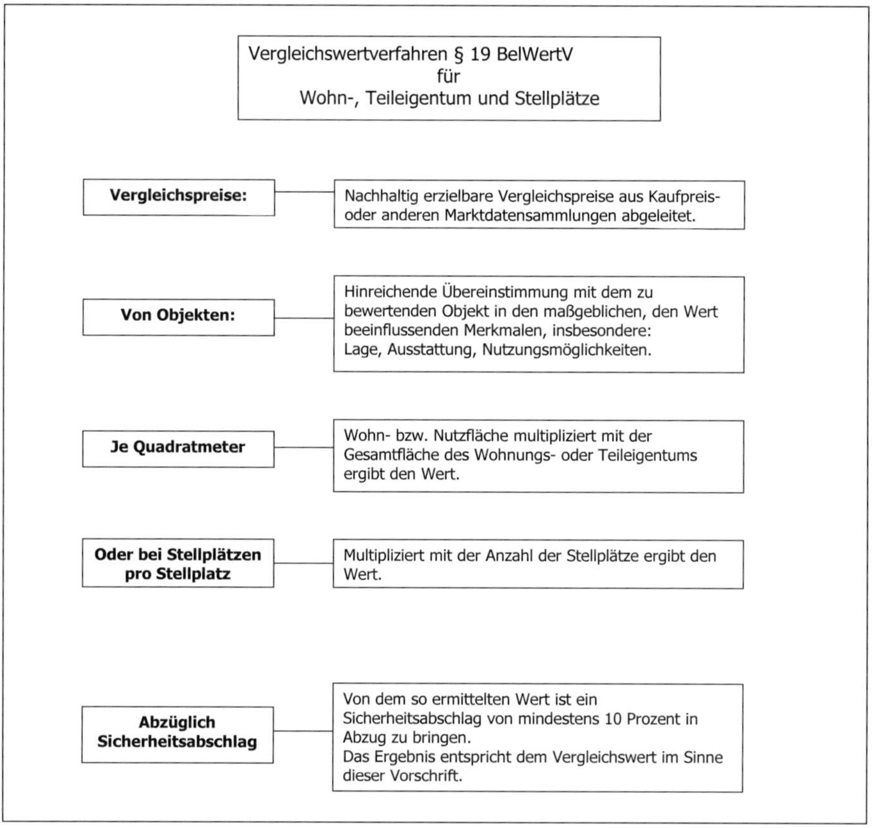

8.4.4 Besonderheiten bei einzelnen Objekten (§§ 20 bis 24)

8.4.4.1 Das Bauland

§ 20 Bauland
Bei der Wertermittlung von Bauland ist sowohl dessen Entwicklungszustand als auch der künftige Bedarf an Baugrundstücken zu prüfen. Zu Bebauungsrecht, Erschließungszustand und eventuellen Altlasten ist im Gutachten Stellung zu nehmen. Nur gesichertes Bebauungsrecht darf berücksichtigt werden. Der Wertansatz ist unter Berücksichtigung der vorgefundenen Grundstücksmerkmale aus geeigneten Vergleichswerten abzuleiten. § 15 Abs. 2 ist entsprechend anzuwenden.

Die Bewertung von Bauland ist ein Bereich, der in der einschlägigen Literatur umfangreich von der fachlichen Seite abgehandelt ist.

In dieser Vorschrift sind jedoch Vorgaben enthalten, die einer kurzen Betrachtung bedürfen. Zu prüfen sind:

- der Entwicklungszustand und
- der künftige Bedarf an Baugrundstücken.

Stellung zu nehmen ist zu:

- Bebauungsrecht,
- Erschließungszustand und
- Altlasten.

Nur gesichertes Bebauungsrecht darf berücksichtigt werden.

Dies sind klare Vorgaben, die teilweise einen hohen Anspruch beinhalten.

Es ist eine umfangreiche Recherche erforderlich, um den künftigen Bedarf an Baugrundstücken für eine Region zu ermitteln und darzulegen. Sicherlich ist dies eine unumgängliche Prüfung, da es sich um unbebautes und im Zweifel so genanntes Vorratsland handelt. Je nach Erschließungszustand kann sich der Prozess bis zur Bebauung über einen längeren Zeitraum hinziehen. Wie sich zu diesem Zeitpunkt die Angebots- und Nachfragesituation auf diesem regionalen Markt inklusive der wirtschaftlichen Einflussfaktoren darstellt, ist nicht leicht einzuschätzen.

Der Entwicklungszustand ist zu prüfen, zum Bebauungsrecht Stellung zu nehmen und schließlich darf im Ergebnis nur gesichertes Bebauungsrecht berücksichtigt werden. Wenn die Vorschrift sich auf die Bewertung von Bauland bezieht, ist damit der Entwicklungszustand für die nach dieser Vorschrift zu bewertenden Grundstücke vorgegeben. Es stellt sich die Frage, was ein gesichertes Bebauungsrecht ist. Hierzu muss das BauGB herangezogen werden. Der § 196 Abs. 1 BauGB und § 4 Abs. 4 WertV sehen als Bauland baureifes Land, welches baulich nach den öffentlich-rechtlichen Vorschriften nutzbar ist (siehe hierzu auch Kleiber/Simon 2007, S. 711 ff.). Hierzu gehört ein rechtskräftiger Bebauungsplan oder eine Zulässigkeit der Bebauung nach § 34 BauGB. Der Grundstückseigentümer hat dann das Recht zur zulässigen Bebauung, wenn wiederum die Erschließung gesichert ist. In den §§ 39 bis 44 BauGB ist geregelt, inwieweit dem Grundstückseigentümer Entschädigung zusteht, wenn die vorgesehene, zulässige Bebauung durch Aufhebung oder Änderung der zulässigen Nutzung eingeschränkt oder unmöglich wird. Für die Möglichkeit einer Entschädigung gibt es eine Frist, wonach die Aufhebung oder Änderung innerhalb von sieben Jahren seit Zulässigkeit erfolgt sein muss. Ferner muss der Grundstückseigentümer bereits konkrete Aktivitäten für die Bebauung nachweisen bzw. bereit und in der Lage sein, ein derartiges Vorhaben nach der alten Zulässigkeit zu realisieren (§ 42 BauGB). Damit handelt es sich bei den Fristen um relativ kurze Zeiträume, je nach Ursprungsdatum der Zulässigkeit der Bebauung, in denen man von gesichertem Recht ausgehen kann. Weiterhin wird vorausgesetzt, dass der Eigentümer entsprechende Möglichkeiten und Aktivitäten für die Umsetzung der Bebauung nachweisen kann.

Abschließend sei noch einmal in Erinnerung gerufen, dass § 1 BelWertV den Anwendungsbereich dieser Verordnung auch auf die Erhebung der für die Wertermittlung erforderlichen Daten bezieht. Damit wird die Vorgehensweise für die Ermittlung des künftigen Bedarfs an Baugrundstücken an den Grundsätzen der BelWertV auszurichten sein, die insbesondere in §§ 3 und 5 BelWertV festgehalten sind.

8.4.4.2 Erbbaurechte und andere grundstücksgleiche Rechte

§ 21 Erbbaurechte und andere grundstücksgleiche Rechte
Bei der Beleihung von Erbbaurechten ist die Restlaufzeit des Erbbaurechts zu berücksichtigen. Sich aus dem Erbbaurecht ergebenden Einschränkungen ist durch angemessene Wertabschläge ausreichend Rechnung zu tragen. Im Gutachten ist darzulegen, ob und wie lange das Erbbaurecht im Hinblick auf seine Laufzeit und die bei seiner Beendigung für das Bauwerk vereinbarte Entschädigungsregelung angemessen verwertbar erscheint. Die Regelung gilt für andere grundstücksgleiche Rechte und solche Rechte einer ausländischen Rechtsordnung, die den grundstücksgleichen Rechten deutschen Rechts vergleichbar sind, entsprechend.

Auf rechtliche Einzelheiten des Erbbaurechtes wird an dieser Stelle nicht eingegangen.

Die folgenden Ausführungen dienen der Erläuterung der Vorgehensweise bei der Beleihungswertermittlung von im Inland belegenen Erbbaurechten.

- **Grundsätzliches zum Erbbaurecht**

Das Erbbaurecht ist ein grundstücksgleiches Recht. Einzelheiten hierzu sind in dem Gesetz über das Erbbaurecht vom 15. Januar 1919 in seiner jeweils gültigen Fassung geregelt (zuletzt geändert durch Artikel 25 des Gesetzes vom 23. November 2007 (BGBl. I S. 2614)).

Das Wesen des Erbbaurechtes ist nach § 1 des Gesetzes über das Erbbaurecht, dass ein Grundstück in der Weise belastet werden kann, dass demjenigen, zu dessen Gunsten die Belastung erfolgt, das veräußerliche und vererbliche Recht zusteht, auf oder unter der Oberfläche des Grundstücks ein Bauwerk zu haben (Erbbaurecht). Nach Bestellung eines Erbbaurechtes besteht nach wie vor das Grundstück, eingetragen in seinem Grundbuchblatt, in dem an erster Rangstelle in Abteilung II das Erbbaurecht als Belastung eingetragen ist. Damit ist dieses Grundstück wirtschaftlich gesehen für die Dauer des Erbbaurechtes grundsätzlich nicht mehr beleihbar. Für das Erbbaurecht wird ein eigenes Grundbuchblatt (Erbbaugrundbuch) eingerichtet, in das in Abteilung II die Belastung des Erbbauzinses als Reallast eingetragen wird, die dem Eigentümer des Grundstückes das Entgelt für die Überlassung des Grundstückes als Erbbaugrundstück sichert.

Inhalt und Ausgestaltung des Erbbaurechtes ist im Erbbaurechtsvertrag geregelt, der zwischen den Parteien (Erbbaurechtsgeber und Erbbauberechtigten) in notariell beurkundeter Form geschlossen wird. Der Inhalt des Erbbaurechtsvertrages ist für die Beleihungswertermittlung bedeutend, da wertrelevante Vereinbarungen Bestandteil dieses Vertrages sind. Ebenso ist die Rangstelle der den Erbbauzins sichernden Reallast als den Barwert beeinflussende Belastung für die Wertermittlung und Beleihungswertfestsetzung von Bedeutung und wird daher im Zusammenhang mit der Beleihungswertmethodik behandelt.

Ein Erbbaurecht darf als grundstücksgleiches Recht nach § 13 Abs. 1 PfandBG belastet werden. Nach Absatz 2 dieser Vorschrift ist die Beleihung für dieses befristete Recht nur zulässig, wenn die planmäßige Tilgung der Hypothek spätestens zehn Jahre vor Ablauf des Rechtes endet und nicht länger dauert als zur buchmäßigen Abschreibung des Bauwerkes nach wirtschaftlichen Grundsätzen erforderlich ist.

- **Methodik der Beleihungswertermittlung bei Erbbaurechten**

Ein Erbbaurecht ist ein grundstückgleiches Recht, welches aber Einschränkungen gegenüber dem Volleigentum besitzt. Diese werden durch den Inhalt des Erbbaurechtsvertrages deutlich. Dieser enthält meist Regelungen über:

- mögliche Bauverpflichtungen,
- Abschluss von Versicherungen, Unterhalt des Bauwerks, Höhe und Ausgestaltung des Erbbauzinses,
- Regelungen bei Ablauf des Erbbaurechtes (z. B. Entschädigung des noch vorhandenen Bauwerkes) ebenso bei Heimfall (z. B. vorzeitige Beendigung wegen Zahlungsverzug des Erbbauberechtigen),
- Zustimmungserfordernisse bei Verkauf, Belastung etc.,
- Art des Bauwerkes und
- Laufzeit des Erbbaurechtes.

Bei der Beleihungswertermittlung bzw. auch bei der Marktwertermittlung sind folgende Fakten methodisch zu berücksichtigen:

- Das Erbbaurecht ist zeitlich befristet.
- Der Erbbauberechtigte ist kein Grundstückseigentümer im klassischen Sinne und muss Einschränkungen durch den Erbbaurechtsvertrag dulden.
- Eine eventuell fehlende Entschädigung für das Bauwerk bei Beendigung des Erbbaurechtes durch den Erbbaurechtsgeber.
  (Rechtlich betrachtet steht das Bauwerk auf dem Erbbaurecht, gilt als wesentlicher Bestandteil des Erbbaurechtes (siehe § 12 Abs. 1 ErbbauRG) und gehört damit dem Erbbauberechtigen und nicht dem Grundstückseigentümer. Dieser

wird erst Eigentümer des Bauwerkes bei Beendigung des Erbbaurechtes und müsste hierfür eine Entschädigung zahlen, was nicht immer oder nicht immer in voller Höhe des Restwertes der Fall ist.)

Mit der Thematik der methodischen Berücksichtigung dieser Fakten hat sich eine Arbeitsgruppe des vdp befasst und bekannte, teils mehr, teils weniger etablierte Methoden auf ihre Angemessenheit bezüglich der oben aufgeführten Problemstellung untersucht.

Das Ergebnis dieser Arbeit wurde in einem Papier festgehalten, dessen Inhalt Gegenstand der folgenden Ausführungen ist. Diese Arbeitsgruppe erstellte eine Systematik, die auf der Basis der Ausführungen von Alfred Werth, Verkaufswertermittlung, Langfristiger Kredit 3, 1989, aufbaut und schließlich Münchner Verfahren (MV) genannt wurde. Die im Folgenden aufgezeigte Methodik befindet sich in Abstimmung mit der BaFin. Das Ergebnis wird entsprechend veröffentlich.

Dieses Verfahren geht bei der Bewertung zunächst vom Volleigentum des Beleihungsobjektes aus, welches nach den Vorschriften der BelWertV ermittelt wird.

Damit wird im ersten Schritt gezeigt, welchen Wert das Grundstück mit seinen wesentlichen Bestandteilen hätte, wenn es kein Erbbaurecht wäre. Im Folgenden sind dann die oben aufgeführten Einschränkungen, die ein Erbbaurecht gegenüber dem Volleigentum hat, rechnerisch zu berücksichtigen.

1. Das Erbbaurecht ist befristet:
   Damit kann der Grund- und Boden nicht auf „ewig“ bewertet werden. Die Befristung des Besitzes wird durch den Abzug des vom Zeitpunkt des Ablaufs des Erbbaurechtes diskontierten Bodenwertes vom Volleigentum berücksichtigt.
2. Nachteile aus dem Erbbaurecht gegenüber Volleigentum:
   Die Inhalte des Erbbaurechtvertrages sind für die rechnerische Berücksichtigung dieser Nachteile maßgebend. Sie werden durch einen Abschlag vom Bodenwert oder Gesamtwert des Beleihungsobjektes berücksichtigt. Die Höhe dieses Abschlages wird auch durch regionale Besonderheiten, die Nutzungsart, alternative Verfügbarkeit von Volleigentum, die Laufzeit des Erbbaurechtes, die Rendite des Erbbaurechtsgrundstückes oder die Höhe des Bodenwertes begründet sein. Direkte aus dem Marktgeschehen abgeleitete oder ableitbare Abschläge existieren nicht. Daher muss dieser Abschlag durch eine differenzierte Vorgehensweise anhand der oben aufgeführten Kriterien durch den Gutachter der Höhe nach ermittelt werden (Rüchardt 1993).
3. Gebäudeentschädigung bei Ablauf des Erbbaurechtes:
   Wie wird bei Ablauf des Erbbaurechtes der Restwert des Gebäudes behandelt, wenn die Restnutzungsdauer eines Gebäudes größer als die Laufzeit des Erbbaurechtes ist? Falls eine Entschädigung für die Aufbauten im Erbbaurechtsvertrag bei Ablauf des Erbbaurechtes nicht oder nur teilweise vorgesehen ist, wird dem Rechnung getragen, indem der nicht zu entschädigende Teil des Wertes der Aufbauten auf den Stichtag der Wertermittlung abgezinst und vom Volleigentum abgezogen wird.

Das folgende Schema zeigt die Vorgehensweise nach dem Münchner Verfahren in einer Zusammenfassung:

Abb. 13: Münchner Verfahren

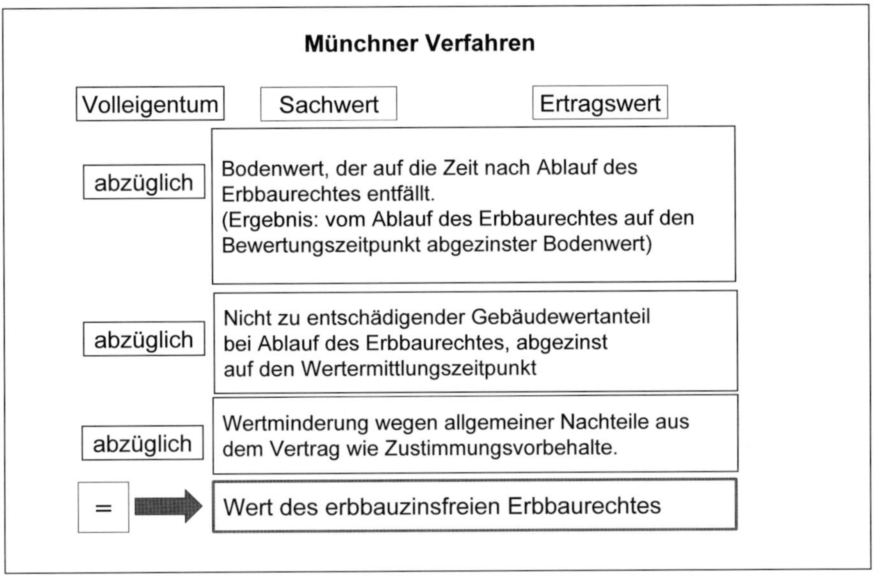

Der auf diesem Wege ermittelte Wert ist der Wert des erbbauzinsfreien Erbbaurechtes. Nach den Ausführungen unter 8.3.1.4 ist der Beleihungswert ohne Abzug der Rechte in Abteilung II, die den Barwert belasten, zu ermitteln. Für die Finanzierung ist die Rangstelle dieser Belastung im Verhältnis zu der den Kredit sichernden Eintragung in Abteilung III des Grundbuches maßgebend. Die Beurteilung der Rangstelle ist nicht Aufgabe des Gutachters, diese erfolgt im Rahmen der Beleihungswertfestsetzung im Zuge der Kreditbearbeitung. Der Gutachter weist neben dem Wert des erbbauzinsfreien Erbbaurechtes den kapitalisierten Wert der Reallast für den Erbbauzins aus.

Die Höhe des Zinses für die Kapitalisierung der Reallast sollte sich nicht an dem Liegenschaftszins oder Kapitalisierungszins für die Berechnung des Ertragswertes orientieren, sondern aus Vorsichtsgründen an den Zinssätzen, die bei Gericht Verwendung finden könnten. Somit sollte aus Sicherheitsgründen ein maximaler Kapitalisierungszinssatz in Höhe von 5 % nicht überschritten werden (siehe hierzu auch 8.3.1.4). Grundsätzlich ist anzumerken, dass es ebenso sinnvoll und erforderlich ist, den vertraglich möglichen Erbbauzins in Ansatz zu bringen, auch wenn von Erhöhungsmöglichkeiten noch kein Gebrauch gemacht wurde. Die Fragestellung für den Ansatz des Erbbauzinses lautet demnach: „Könnte der derzeit gezahlte Erbbauzins aufgrund der vertraglichen Vereinbarungen tatsächlich höher sein, oder besteht im Zeitablauf eine Erhöhungsmöglichkeit?"

Der Erbbauzins kann im Vorrang oder Nachrang zu einem Grundpfandrecht in Abteilung II des Grundbuches abgesichert sein. Die vorrangig eingetragene Erbbauzinsreallast wirkt aus Sicht der nachrangigen Pfandbriefbank (§ 19 Abs. 2

ErbbauRG) als Vorlast, die kapitalisiert von der Beleihungsgrenze in Abzug zu bringen ist. Damit werden die Finanzierungsmöglichkeiten des nachrangigen Gläubigers eingeschränkt. Diese Einschränkung könnte durch Rangrücktritt der Erbbauzinsreallast gegenüber dem Grundpfandrecht der Pfandbriefbank beseitigt werden. Hierdurch läuft allerdings der Grundstückseigentümer Gefahr, dass seine Erbbauzinsreallast im Falle der Zwangsversteigerung als nachrangiges Recht gelöscht wird, und der künftige Erwerber keinen Erbbauzins an ihn zahlen muss.

Um diese Probleme zu umgehen, kann eine Vereinbarung zum Bestehen bleiben der Erbbauzinsreallast getroffen werden, durch die sichergestellt wird, dass der Erbbauzins im Falle der Zwangsversteigerung bestehen bleibt und damit dem Grundstückseigentümer die Zahlung des Erbbauzinses auch durch den künftigen Erwerber gesichert wird.

Eine Vereinbarung zum Bestehen bleiben der Erbbauzinsreallast kann schuldrechtlich in einer privatschriftlichen Vereinbarung erfolgen oder gemäß § 9 Abs. 3 ErbbauRG getroffen werden.

§ 9 Abs. 3 ErbbauRG regelt, dass als Inhalt des Erbbaurechtes das Bestehen bleiben der Reallast mit ihrem Hauptanspruch vereinbart werden kann. Wird eine derartige Vereinbarung getroffen, handelt es sich um eine dingliche Vereinbarung, die nicht vom Erbbaurechtsgeber einseitig „unterwandert“ werden kann. Diese Vereinbarung wird im Regelfall in dem Erbbaurechtsvertrag geschlossen.

Im Gegensatz hierzu kann das Bestehen bleiben des Erbbauzinses auch im Rahmen einer Bestehensbleibensvereinbarung/Stillhalteerklärung privatschriftlich vereinbart werden. Hierbei besteht die Gefahr, dass im Wege der Zwangsversteigerung der Erbbaurechtsgeber dennoch Befriedigung in Höhe des kapitalisierten Erbbauzinses verlangen kann.

Grundsätzlich kann aber davon ausgegangen werden, dass die vorrangige Reallast in der Zwangsversteigerung ins geringste Gebot fällt und bestehen bleibt.

Allerdings muss auch für vorrangig eingetragene Erbbauzinsreallasten § 19 Abs. 2 ErbbauRG im Zusammenhang mit der Mündelsicherheit und damit für die Pfandbriefdeckung beachtet werden. Diese Vorschrift fordert den kapitalisierten Abzug des vorrangig eingetragenen Erbbauzinses von der Beleihungsgrenze, es sei denn, es wurde eine Vereinbarung nach § 9 Abs. 3 Satz 1 ErbbauRG getroffen.

Folgende Konstellationen sind im Hinblick auf das Bestehbleiben des Erbbauzinses in der Zwangsversteigerung möglich:

1. Erbbauzins im Vorrang ohne Vereinbarung,
2. Erbbauzins im Nachrang ohne Vereinbarung,
3. Vereinbarung zum Bestehen bleiben des Erbbauzinses
   a. Vereinbarung nach § 9 Abs. 3 ErbbauRG
   b. Schuldrechtliche Vereinbarung über das Bestehen bleiben der Reallast.

Wird nun das Ergebnis der Wertermittlung als Wert des erbbauzinsfreien Erbbaurechtes betrachtet, muss entsprechend der vier möglichen aufgezeigten Konstellationen die Berücksichtigung des Erbbauzinses erfolgen.

Zu 1) Erbbauzins im Vorrang ohne Vereinbarung

Ist der Erbbauzins im Vorrang abgesichert, gilt als Voraussetzung für die Mündelsicherheit § 19 Abs. 2 ErbbauRG. Hiernach muss der kapitalisierte Erbbauzins von der Beleihungsgrenze in Abzug gebracht werden, um die Höhe der möglichen Beleihung für den nachrangigen Gläubiger zu ermitteln.

Zu 2) Erbbauzins im Nachrang ohne Vereinbarung

Der im Nachrang abgesicherte, nicht „zwangsversteigerungsfeste" Erbbauzins findet weder bei der Beleihungswertermittlung noch bei der Beleihungsgrenze Berücksichtigung.

Zu 3) Vereinbarung zum Bestehen bleiben des Erbbauzinses

a) Wurde das Bestehen bleiben des Erbbauzinses gemäß § 9 Abs. 3 ErbbauRG dinglich vereinbart, so ist die Erbbauzinsvereinbarung vom Ersteher des Erbbaurechtes entsprechend der Vereinbarung weiter zu zahlen. Bei der Zwangsversteigerung wird er den bestehen bleibenden Erbbauzins in seinem Gebot als zu übernehmende Belastung berücksichtigen. Daher muss der kapitalisierte Erbbauzins vom Wert des erbbauzinsfreien Erbbaurechtes in Abzug gebracht werden.

b) Nur wenn die schuldrechtliche Vereinbarung über das Bestehen bleiben des Erbbauzinses mit kommunalkreditfähigen juristischen Personen des öffentlichen Rechts (Gemeinden, Kirchen) als Erbbaurechtsgeber geschlossen wurde, ist von der Kapitalisierung des vorrangigen Erbbauzinses abzusehen. Insoweit entspricht diese Vereinbarung der Regelung in § 9 Abs. 3 i. V. m § 19 Abs. 2 ErbbauRG. Sollte diese schuldrechtliche Vereinbarung allerdings mit anderen Erbbaurechtsausgebern geschlossen werden, ist die Reallast wie unter Fall 1 als Vorlast mit Abzug von der Beleihungsgrenze zu berücksichtigen.

- **Marktwertermittlung für Finanzierungszwecke**

Sollte eine Marktwertermittlung im Zweifelsfall für die Pfandbriefdeckung oder aufgrund von anderen Vorschriften neben der Beleihungswertermittlung erforderlich sein, so empfiehlt der Arbeitskreis des vdp die Anwendung des Münchner Verfahrens auch für die Marktwertermittlung.

Die im Jahre 2006 überarbeitete WertR übernimmt im Wesentlichen die Methodik, wie im Münchner Verfahren dargestellt. Sie weicht lediglich in zwei Punkten geringfügig vom Münchner Verfahren ab:

- Der im Münchner Verfahren verwendete Abschlag für sonstige Beeinträchtigungen, die sich aus dem Erbbaurecht ergeben, wird in der WertR in der Form eines Marktanpassungsfaktors dargestellt, der mit dem (vorläufigen) Ertragswert multipliziert wird.
- Der mit dem **Liegenschaftszins** ermittelte Kapitalwert der Erbbauzinsen wird ebenfalls diesem Marktanpassungsfaktor unterworfen.

Hieraus wird deutlich, dass die Anwendung des Münchner Verfahrens für die Marktwertermittlung zum Zwecke der Vergleichbarkeit des Markt- und Beleihungswertes sinnvoll ist und auch nicht im Widerspruch zu den Vorschriften aus der WertR liegt.

Zusammenfassend kann festgestellt werden:

Aus der gesamten Darstellung wird deutlich, dass das Münchner Verfahren die Anforderungen aus der BelWertV berücksichtigt.

8.4.4.3 Landwirtschaftlich genutzte Grundstücke

§ 22 Landwirtschaftlich genutzte Grundstücke

(1) Landwirtschaftlich genutzte Grundstücke sind solche, deren überwiegender Teil des Rohertrags durch land- oder forstwirtschaftliche Nutzung erzielt wird.

(2) Im Falle unbebauter Grundstücke (Acker, Grünland, Obst- und Weinbauflächen, Wald) ist der Wert der Grundstücke unter Berücksichtigung der vorgefundenen Grundstücksmerkmale aus geeigneten Vergleichspreisen abzuleiten; § 15 ist entsprechend anzuwenden. Dabei sind Art, Struktur und Größe des Grundstücks im Hinblick auf regionale Gegebenheiten unter besonderer Berücksichtigung der Bodenqualität und der klimatischen Bedingungen im Gutachten besonders zu würdigen und bei der Ableitung des Bodenwerts zu berücksichtigen.

(3) Sofern bebaute Grundstücke bei der Bewertung einbezogen werden sollen, sind für diese jeweils der Ertragswert und der Sachwert zu ermitteln. Den Gebäuden kann ein eigenständiger Wert, der bei der Beleihungswertermittlung berücksichtigt werden kann, nur dann beigemessen werden, wenn sie selbständig und auch außerhalb des jeweiligen landwirtschaftlichen Betriebs genutzt werden können. § 4 Abs. 4 ist entsprechend anzuwenden.

Der erste Absatz der Vorschrift definiert landwirtschaftlich genutzte Grundstücke auf der Basis der Roherträge, die überwiegend aus land- oder forstwirtschaftlicher Nutzung stammen müssen, um das Grundstück entsprechend der Nutzung zuzuordnen. Hier wird offensichtlich auf das Grundstück abgestellt und nicht auf die Grundstücke, die einem Eigentümer (Landwirt) gehören, die je nach Nutzung einzeln in diesem Fall als landwirtschaftlich genutzte Grundstücke zuzuordnen wären. Deutlich wird, dass für die Zuordnung einzig der Ertrag des einzelnen Grundstücks maßgebend ist.

Zur Bewertung landwirtschaftlicher Grundstücke ist spezielles Wissen des Gutachters erforderlich. Dies gilt für die betriebswirtschaftlichen und technischen Fachkenntnisse der Viehzucht, der Milchviehhaltung ebenso wie die des Ackerbaus. Hinzu kommen zunehmend innovative Bereiche wie Biogasanlagen, die neben speziellen Aufbauten ebenso vom Ackerbau, der Viehhaltung, Maschinen sowie maschinellen Anlagen in ihrer Funktion abhängig sind. Auch ließe sich der Weinbau, Rübenanbau und weitere Beispiele anführen, um die Komplexität dieses Fachgebietes zu verdeutlichen. Hierzu gibt es zahlreiche Veröffentlichungen und ein breites Wissen bei den Landwirtschaftsschulen und -kammern sowie Hochschulen. Für die Bewertung landwirtschaftlich genutzter Grundstücke sind viele zusätzliche Bestimmungen zu beachten wie: Höfeordnung, Milch-Garantiemengen-Regelung, Düngeverordnung, WaldR, LandR, § 35 BauGB und andere. Auf diese „handwerklichen“ Voraussetzungen wird an dieser Stelle nicht näher eingegangen.

Für landwirtschaftlich genutzte Grundstücke sind die Grundsätze der Beleihungswertermittlung wie bei allen anderen Objektarten zu beachten. In dieser Verordnung werden die Anforderungen an die Beleihungswertermittlung unter Berücksichtigung der üblichen Vorgehensweise bei der Wertermittlung für landwirtschaftliche Objekte herausgestellt. So steht der Vergleichswert für unbebaute Grundstücke im Vordergrund. Vergleichswerte sind bei den Gutachterausschüssen für landwirtschaftliche Grundstücke erhältlich.

Bei der Bewertung von baulichen Anlagen muss die Nutzungsmöglichkeit geprüft werden. Sind Aufbauten für Dritte außerhalb eines landwirtschaftlichen Betriebes nutzbar? Sind diese selbständig nutzbar? Hierbei spielt neben der Objektart vor allem die Lage eine Rolle: Außenbereich, Dorflage, Erreichbarkeit, Zuwegung inklusive Straßenverhältnisse etc.

Wird der Betrieb zusammenhängend bewertet und sind die Gebäude ausschließlich für den landwirtschaftlichen Betrieb nutzbar, wird beim Ertragswertverfahren in der Regel die Deckungsbeitragsrechnung II aus der betriebswirtschaftlichen Auswertung zugrunde gelegt und der Ertrag nach Abzug der Kosten vom Deckungsbeitrag II als Reinertrag kapitalisiert. Der Sachwert wird als „zweite Säule“ berechnet. Hierfür stehen Erfahrungswerte in einschlägigen Baupreistabellen zur Verfügung. Der Beleihungswert wird dann unter Berücksichtigung dieser Werte abgeleitet, wie dies in § 4 Abs. 1 BelWertV vorgeschrieben ist. Alternativ kann für die Ertragswertermittlung der Mietwert zugrunde gelegt werden, wenn dies gerechtfertigt ist.

Bei Gebäuden, die selbständig und auch außerhalb des landwirtschaftlichen Betriebes genutzt werden können, kann ein eigenständiger Wert als Beleihungswert unter Beachtung der sonstigen Vorschriften der BelWertV auch als Vergleichswert, entsprechend § 4 Abs. 4 BelWertV, ermittelt werden.

In der Praxis wird nicht selten von einer Bewertung der Baulichkeiten abgesehen, wenn der Kredit in einem komfortablen Verhältnis zum Beleihungswert für die Grundstücke steht. In diesem Fall werden lediglich die freien Grundstücke auf Basis von Vergleichspreisen analog § 15 BelWertV bewertet.

8.4.4.4 Maschinen und Betriebseinrichtungen

§ 23 Maschinen und Betriebseinrichtungen
Maschinen und Betriebseinrichtungen sind bei der Ermittlung des Sachwerts grundsätzlich unberücksichtigt zu lassen, sofern sie nicht wesentliche Bestandteile des Gegenstands der Beleihungswertermittlung im Sinne des § 2 sind. Der Wert solcher wesentlicher Bestandteile ist, wenn sich das Grundpfandrecht darauf erstreckt, unter Berücksichtigung einer normalen Abschreibung und ausreichender Abschläge für Abnutzung und technische Entwertung gesondert zu schätzen. Sofern bei Maschinen infolge der technischen Entwicklung mit einer schnellen Überalterung zu rechnen ist, können diese wertmäßig nicht angesetzt werden.

Wesentliche Bestandteile (siehe auch 8.1.2) dürfen in der Sachwertermittlung Berücksichtigung finden unter Beachtung der Voraussetzungen des zweiten und dritten Satzes der Vorschrift:

- Das Grundpfandrecht muss sich auf das als wesentlichen Bestandteil definierte Bewertungsobjekt erstrecken,
- Berücksichtigung einer normalen Abschreibung,
- ausreichende Abschläge für Abnutzung,
- technische Entwertung ist gesondert zu schätzen,
- bei schneller Überalterung durch technischen Fortschritt ist kein Wertansatz möglich.

Das Grundpfandrecht erstreckt sich grundsätzlich auf wesentliche Bestandteile. Über § 93 BGB ist Gegenstand der Bewertung das Grundstück mit seinen wesentlichen Bestandteilen.

Auf Zubehör erstreckt sich das Grundpfandrecht nicht, wenn es sich nicht im Eigentum des Grundstückseigentümers befindet. Außerdem kann Zubehör entfernt werden. Oftmals ist Zubehör nicht oder nicht auf Dauer im Eigentum des Grundpfandrechtgebers.

Vereinfacht lässt sich feststellen: Ein wesentlicher Bestandteil eines Grundstückes darf unter Beachtung der aufgeführten Punkte bewertet werden, Zubehör nicht.

Bei genauerer Betrachtung ist es komplizierter: Zunächst ist zwischen Zubehör und wesentlichen Bestandteilen zu differenzieren. Darüber hinaus sind die Eigentumsverhältnisse klar zu bestimmen. Beispiele von Hoteleinrichtungen, die komplett geleast sind bis hin zu technischen Einrichtungen, wie Rolltreppen, die eigentlich mit dem Gebäude fest verbunden erscheinen, veranschaulichen die Komplexität dieser Zuordnungen. Ein weiteres Beispiel sind Hochregallager, die einen Mieterertrag in einer Höhe erzielen, der nur mit den entsprechenden technischen Einrichtungen möglich ist. Auch Photovoltaikanlagen verdeutlichen die Problematik: Diese können an einer Wand, auf einem Dach oder im Garten installiert sein. Sie können demnach Bestandteile vom Gebäude, vom Grundstück oder auch Scheinbestandteile im Sinne des § 95 BGB sein.

Zubehör oder wesentlicher Bestandteil?

1. Bei mangelnder Eindeutigkeit sollten Juristen hinzugezogen werden.
2. Handelt es sich um wesentliche Bestandteile, auf die sich das Grundpfandrecht bezieht, gelten die Anforderungen an die Bewertung wie dargestellt.
3. Handelt es sich vielleicht um Zubehör oder wesentliche Bestandteile, wird man aus Sicherheitsgedanken eher von Zubehör ausgehen und dieses nicht in die Bewertung des Grundstücks einbeziehen.
4. Handelt es sich um Zubehör, sollte die Eigentumsfrage geklärt werden. Das Grundpfandrecht erstreckt sich nur auf das Zubehör, wenn es Eigentum des Grundstückseigentümers ist. Im Falle der Zahlungsunfähigkeit des Darlehensnehmers müssen andere Vorkehrungen und Maßnahmen getroffen werden als für andere grundpfandrechtlich gesicherte Werte, da Zubehör meist leicht entfernt werden kann. Schließlich erfolgt die Bewertung separat von der Grundstücksbewertung.

8.4.4.5 Wohnwirtschaftlich genutzte Objekte bei Vergabe von Kleindarlehen

§ 24 Wohnwirtschaftlich genutzte Objekte bei Vergabe von Kleindarlehen

(1) Bei der Beleihung eines im Inland gelegenen wohnwirtschaftlich genutzten Objekts kann auf die Erstellung eines Gutachtens nach § 5 verzichtet werden, wenn der auf dem Objekt abzusichernde Darlehensbetrag unter Einbeziehung aller Vorlasten den Betrag von 400.000 EUR nicht übersteigt. Bei einer teilweise gewerblichen Nutzung des Objekts darf jedoch der darauf entfallende Ertragsanteil ein Drittel des Rohertrags nicht überschreiten. Anstelle des Gutachtens ist eine vereinfachte Wertermittlung zu erstellen oder erstellen zu lassen, die den übrigen Anforderungen dieser Verordnung genügen muss.

(2) Die Person, die im Falle des Absatzes 1 die Wertermittlung durchführt und erstellt, muss für die Beleihungswertermittlung der dort genannten Objekte ausreichend geschult und qualifiziert sein. Sie darf nicht identisch sein mit der Person, die die abschließende Kreditentscheidung trifft oder den Beleihungswert festsetzt; § 7 Abs. 1 Satz 2 gilt entsprechend. Die Pfandbriefbank hat die Ordnungsmäßigkeit der Wertermittlungen mittels einer in regelmäßigen Abständen durch Gutachter vorzunehmenden Überprüfung einer hinreichend großen Zahl repräsentativer Stichproben sicherzustellen; die §§ 6 und 7 sind entsprechend anzuwenden.

(3) Abweichend von § 4 Abs. 1 Satz 3 kann in Fällen des Absatzes 1 eine Besichtigung des zu bewertenden Objekts dann unterbleiben, wenn

1. das Objekt der Pfandbriefbank oder dem mit der Pfandbriefbank kooperierenden Kreditinstitut oder Versicherungsunternehmen bereits bekannt ist, wobei Bekanntheit nur dann angenommen werden kann, wenn das Objekt in den letzten beiden Jahren von einem Mitarbeiter der Pfandbriefbank oder des kooperierenden Kreditinstituts oder Versicherungsunternehmens oder im Auftrag der Pfandbriefbank oder des kooperierenden Kreditinstituts oder Versicherungsunternehmens besichtigt worden ist,

2. es sich um die Beleihung einer Eigentumswohnung handelt, die in einem Gebäude belegen ist, in dem die Pfandbriefbank bereits zumindest eine gleichartige Wohnung innerhalb der letzten zwei Jahre besichtigt hat,

3. bei Beleihung eines in einer Siedlung von gleichartigen Einfamilienhäusern belegenen Einfamilienhauses die Pfandbriefbank zumindest ein gleichartiges Objekt in dieser Siedlung innerhalb der letzten zwei Jahre besichtigt hat oder

4. bei Beleihung eines neu errichteten Fertighauses der Pfandbriefbank oder dem kooperierenden Kreditinstitut oder Versicherungsunternehmen der Bauplatz bekannt ist und das Fertighaus nach Art und Typus anhand des Katalogs des Herstellers eindeutig bestimmt werden kann.

Die Gründe für das Unterbleiben der Besichtigung sind in nachvollziehbarer Weise zu dokumentieren.

(4) Bei Erwerb einer Vielzahl von Darlehensforderungen im Sinne des Absatzes 1 von anderen Kreditinstituten oder Versicherungsunternehmen können von diesen oder für diese erstellte vereinfachte Wertermittlungen zugrunde gelegt werden, wenn

1. diese Wertermittlungen den Bestimmungen des Absatzes 1 Satz 3 und des Absatzes 2 Satz 1 und 2 entsprechen,

2. ein nicht mit der Kreditentscheidung befasster, fachkundiger Mitarbeiter der Pfandbriefbank eine Plausibilitätsprüfung, auch im Hinblick auf die einzelnen angesetzten Bewertungsparameter, durchführt und

3. das Ergebnis der Plausibilitätsprüfung dokumentiert wird.

Die nach Satz 1 Nr. 2 erforderliche Plausibilitätsprüfung kann auf eine repräsentative, das erworbene Portfolio regional und objektmäßig abbildende Anzahl von Bewertungen beschränkt werden. Ergibt sich hierbei, dass die seinerzeit ermittelten Werte der Beleihungsobjekte nicht nur in Einzelfällen zu hoch angesetzt worden sind oder ergeben sich sonstige Zweifel bezüglich der Angemessenheit der ermittelten Werte, so ist in Abhängigkeit vom Ergebnis der Überprüfung die Stichprobe angemessen auszuweiten oder eine Einzelprüfung aller Bewertungen für bestimmte Regionen oder Objekttypen oder eine vollständige Neubewertung bestimmter oder aller Beleihungsobjekte nach Abs. 1 Satz 3 in Verbindung mit Abs. 2 Satz 1 und 2 durchzuführen. Die Wertermittlungen nach Satz 1 sind in die nach Abs. 2 Satz 3 vorzunehmende Überprüfung einzubeziehen.

Diese Vorschrift ist sehr eng an das Schreiben der BaFin zur Kleindarlehensgrenze angelehnt (siehe hierzu: 5.2.2.2). Zur Einordnung eines Darlehens in den Bereich Kleindarlehen wird auf Gliederungspunkt 3.3.4.1 verwiesen. Gehört ein Darlehen in den Bereich Kleindarlehen stellt sich die Frage, welche Erleichterungen damit verbunden sind.

Es gibt 4 Erleichterungen, die für Kleindarlehen gelten:

1. Es kann auf die Erstellung eines Gutachtens nach § 5 dieser Verordnung verzichtet werden.
2. Die Wertermittlung nach einem vereinfachten Verfahren muss nicht von einem Gutachter gemäß den Anforderungen des § 6 BelWertV erstellt werden.
3. Funktionstrennung kann im Zuge der Kreditbearbeitung innerhalb des Vier-Augen-Prinzips erfolgen, so dass die Wertermittlung von einer Person, die in die Kreditbearbeitung eingebunden ist, erstellt werden kann.
4. Vier Erleichterungen sind bei Kleindarlehen für die Objektbesichtigung möglich, die grundsätzlich nach § 4 Abs. 1 letzter Satz BelWertV durchzuführen ist.

Bei Kleindarlehen erfolgt die Wertermittlung nach einem **vereinfachten Verfahren**. Die Beleihungswertermittlung muss allerdings den übrigen Anforderungen der BelWertV entsprechen (siehe § 24 Abs. 1 letzter Satz BelWertV). Ein vereinfachtes Verfahren zeichnet sich dadurch aus, dass die Rechenschritte, wie sie in der BelWertV gefordert werden, eingehalten und in einem einfachen Schema dargestellt werden. Eine verbale, detaillierte Objekt- und Lagebeschreibung sowie eine detaillierte Begründung der gewählten Bewertungsparameter in Textform sind nicht erforderlich. Lage, Ausstattung, Zustand und Verkäuflichkeit des Objektes können auf Basis eines Formulars durch Ankreuzen der hierfür vorgesehenen Auswahlmöglichkeiten dargestellt werden. Zusammenfassend lässt sich feststellen, dass die Dokumentation der Wertermittlung durch Ausfüllen eines standardisierten Formulars erfolgt, welches inhaltlich den Anforderungen der BelWertV genügt.

Grundsätzlich gilt auch beim vereinfachten Verfahren, dass die Beleihungsobjekte zu besichtigen sind. Die Objektbesichtigung muss nicht zwingend durch den Kreditsachbearbeiter erfolgen, der die Wertermittlung erstellt. **Die Objektbesichtigung** kann durch einen Mitarbeiter der Pfandbriefbank, einen Mitarbeiter eines kooperierenden Kreditinstituts oder Versicherungsunternehmens sowie im Auftrag der Pfandbriefbank oder des kooperierenden Institutes durchgeführt werden (siehe § 24 Abs. 3 Nr. 1 BelWertV somit auch Fortführung der bisherigen Praxis gemäß Schreiben des BAKred an den VDH vom 22. Juni 1999, III 11.32.00). In der BelWertV sind darüber hinaus vier Ausnahmen konkret festgelegt, die es rechtfertigen, auf eine Besichtigung für Wertermittlungen bei Kleindarlehen zu verzichten (siehe hierzu § 24 Abs. 3 Nr. 1 bis 4 BelWertV). Wenn eine Besichtigung aus den aufgeführten Gründen nicht erfolgt, ist dieses in **nachvollziehbarer** Weise zu dokumentieren.

Wer darf die Wertermittlung erstellen? Hierzu sagt § 24 Abs. 1 BelWertV eindeutig, dass auf die Erstellung eines Gutachtens nach § 5 verzichtet werden kann. § 5 legt u. a. fest, dass der Beleihungswert mittels eines Gutachtens durch einen oder mehrere Gutachter zu ermitteln ist. Demnach entfällt auch die Verpflichtung einen Gutachter einzuschalten. In § 24 Abs. 2 wird allerdings festgelegt, dass es **eine Person** sein muss, **die für Beleihungswertermittlungen der betreffenden Objekte ausreichend geschult und qualifiziert ist**.

Mit der Anforderung der ausreichenden Schulung und Qualifikation für die Wertermittlung der betreffenden Objekte ist die Bank aufgefordert, eine Qualitätssicherung zu organisieren. Im Absatz 2 der Vorschrift ist daher festgelegt, die Ordnungsmäßigkeit der Wertermittlungen mittels einer ausreichend großen Stichprobe in regelmäßigen Abständen durch Gutachter (§§ 6 und 7 BelWertV) zu überprüfen. Damit soll auch verhindert werden, dass zu komplizierte und nicht mehr in das Mengengeschäft einzuordnende Beleihungsobjekte nach dem vereinfachten Verfahren ohne ausreichende Qualifikation bewertet werden.

Das **Prinzip der Funktionstrennung** ist beim vereinfachten Verfahren einzuhalten (§ 24 Abs. 2 Satz 2), allerdings ohne Gutachter lediglich im Vieraugenprinzip. Der Mitarbeiter, der die Wertermittlung erstellt, darf die abschließende Kreditentscheidung in diesem Falle nicht treffen. Somit darf für Kleindarlehen im Rahmen des Vieraugenprinzips innerhalb des Kreditentscheidungsprozesses der erste Kreditsachbearbeiter die vereinfachte Wertermittlung erstellen, während der abschließend zeichnende Kreditbearbeiter auf Basis dieser Wertermittlung den Beleihungswert festsetzt.

Dies alles sind Anforderungen, die auch früher zu erfüllen waren. Die Erhöhung der Kleindarlehensgrenze auf 400 TEUR ist die wesentliche Neuerung im Vergleich zur bisherigen Regelung.

Bis hierher sind den Banken und Gutachtern die Anforderungen vertraut und der Prozess bekannt.

Eine weitgehende Neuerung wird im vierten Absatz dieser Vorschrift verankert. Dort wird ausführlich beschrieben, wie die Pfandbriefbank bei Portfolioankäufen bezüglich der Bewertung der Sicherheiten verfahren kann, wenn es sich innerhalb des anzukaufenden Portfolios eines Kreditinstitutes oder einer Versicherungsgesellschaft um Einzeldarlehen im Sinne dieser Vorschrift handelt.

Folgende Voraussetzungen müssen von dem das Portfolio verkaufenden Institut erfüllt worden sein:

- Eine vereinfachte Wertermittlung, die den übrigen Anforderungen der BelWertV entspricht, liegt für jedes Objekt vor.
- Die Wertermittlung wurde von einer Person erstellt, die für die Beleihungswertermittlung der betreffenden Objekte ausreichend geschult und qualifiziert ist.
- Dieser Mitarbeiter darf die abschließende Kreditentscheidung in diesem Falle nicht getroffen haben. Er hat die vereinfachte Wertermittlung erstellt, während der abschließend zeichnende Kreditsachbearbeiter diese Wertermittlung überprüft und den Beleihungswert festgesetzt hat.

Das kaufende Institut hat folgende Verpflichtungen:

- Ein nicht mit der Kreditentscheidung befasster, fachkundiger Mitarbeiter der Pfandbriefbank muss eine Plausibilitätsprüfung, die auch die einzelnen Bewertungsparameter umfasst, durchführen,
- das Ergebnis der Prüfung ist von ihm zu dokumentieren.
- Die Plausibilitätsprüfung kann sich auf eine repräsentative Anzahl von Bewertungen beschränken:
  - Es können z. B. Cluster gebildet werden nach Objektarten, Lagen, Objektalter, Regionen etc., aus denen repräsentative Stichproben gezogen werden.
  - Ergeben sich Zweifel an der Angemessenheit der ermittelten Werte, so ist die Stichprobe auszuweiten oder eine Einzelprüfung aller Bewertungen dieses Clusters vorzunehmen oder eine vollständige Neubewertung aller oder bestimmter Beleihungsobjekte nach dieser Vorschrift zu erstellen.

Die so akzeptierten und übernommenen Wertermittlungen sind in die regelmäßige Überprüfung der Ordnungsmäßigkeit der Wertermittlungen nach § 24 Abs. 2 Satz 3 BelWertV durch den Gutachter (§ 6 BelWertV) einzubeziehen.

8.5 Im Ausland belegene Objekte (§ 25)

§ 25 Beleihungen im Ausland

(1) Die Ermittlung des Beleihungswerts von außerhalb der Bundesrepublik Deutschland belegenen Objekten ist nach den §§ 1 bis 23 und 26 durchzuführen, soweit in den Absätzen 2 bis 5 nichts Abweichendes bestimmt ist.

(2) Bei der Ermittlung des Beleihungswerts können wesentliche Informationen, Daten und Einschätzungen aus einem in Bezug auf das zu bewertende Objekt erstellten landesspezifischen Gutachten herangezogen werden, sofern dieses Gutachten auf transparenten und von Fachkreisen anerkannten Bewertungsmethoden beruht und die wesentlichen Informationen zur Ermittlung des Beleihungswerts enthält. Das landesspezifische Gutachten darf zum Zeitpunkt der Beleihungswertermittlung nicht älter als zwei Jahre sein und muss den Vorgaben des § 4 Abs. 1 Satz 3, des § 5 Abs. 2 Satz 1 und 3 und Abs. 3 sowie der §§ 6 und 7 entsprechend erstellt worden sein. Die aus dem landesspezifischen Gutachten entnommenen Daten und Parameter sind in dem nach § 5 Abs. 1 zu erstellenden Beleihungswertgutachten kenntlich zu machen. Auf eine erneute Besichtigung des Objekts im Rahmen der Beleihungswertermittlung kann verzichtet werden, wenn das landesspezifische Gutachten die im Rahmen der seinerzeitigen Besichtigung gewonnenen Erkenntnisse ausreichend beschreibt sowie alle notwendigen Informationen zu Lage, Ausstattung und Zustand des Objekts enthält.

(3) Bei der Ableitung des anzusetzenden Kapitalisierungszinssatzes nach § 12 Abs. 3 sind die in dem jeweiligen Markt nicht nur kurzfristig erreichten Spitzenwerte angemessen zu gewichten.

(4) Sofern eine Berücksichtigung der wirtschaftlichen Restnutzungsdauer im Sinne des § 12 Abs. 2 in landesspezifischen Wertermittlungen unüblich oder nicht ausgewiesen ist, kann zur Ermittlung des Vervielfältigers nach § 12 Abs. 1 eine Restnutzungsdauer von 100 Jahren zugrunde gelegt werden, sofern die geringere tatsächliche Restnutzungsdauer durch zusätzliche Gebäudeabschreibungen im Rahmen der Abzüge für Bewirtschaftungskosten kompensiert wird.

(5) Sieht die jeweilige landesspezifische Bewertungsmethodik üblicherweise einen Abzug von Bewirtschaftungskosten nicht oder nur in stark verminderter Form vor, kann der in § 11 Abs. 2 Satz 3 vorgeschriebene Mindestabzug auch in Form eines ergebnisgleichen Äquivalents durch Ansatz eines erhöhten Kapitalisierungszinssatzes erfolgen.

8.5.1 Gültigkeit der BelWertV auch für ausländische Beleihungsobjekte (Abs. 1)

Die BelWertV gilt auch für die Wertermittlung von Immobiliensicherheiten, die außerhalb der Bundesrepublik Deutschland liegen. Allerdings zählen die Erleichterungen für Kleindarlehen hierfür nicht. Im Folgenden werden Ausnahmen und alternative Anforderungen aus der Vorschrift gegliedert dargestellt. Dem Grunde nach basiert diese Vorschrift auf dem unter 5.2.1.3 dargestellten so genannten „vdp-Auslandspapier“.

8.5.2 Weitere und alternative Anforderungen an die Beleihungswertermittlung

8.5.2.1 Landesspezifische Gutachten als Basis der Beleihungswertermittlung (Abs. 2)

Bei der Beleihungswertermittlung kann ein landesspezifisches Gutachten für wesentliche Informationen, Daten und Einschätzungen herangezogen werden. Natürlich muss dieses Gutachten die für die Beleihungswertermittlung wesentlichen Informationen enthalten, gleichzeitig aber auch auf transparenten und in Fachkreisen anerkannten Bewertungsmethoden beruhen. Dies kann zu einem „Konflikt" führen. Es gibt in bestimmten Ländern in Fachkreisen anerkannte Bewertungsmethoden, die aber z. B. nicht auf dem „Zwei-Säulen-Verfahren" beruhen. Ebenso ist das Modernisierungsrisiko, wie unter 8.4.1.4 beschrieben, als Bewirtschaftungskostenart nicht üblich. Wird das landesspezifische Gutachten, welches in Fachkreisen anerkannt ist, zugrunde gelegt, fehlen oft wichtige Informationen und Daten, die dem Gutachter in Deutschland erlauben, auf dieser Basis ein Beleihungswertgutachten zu fertigen. Die Konfliktlösung liegt in der fachkundigen Beauftragung des landesspezifischen Gutachtens und auch der Auswahl der Gutachter. Bei der Beauftragung müssen die Anforderungen an das Gutachten und die Liste der Zusatzinformationen eindeutig formuliert sein, damit in Deutschland ein fundiertes Beleihungswertgutachten gefertigt werden kann.

Als weitere Anforderung darf das landesspezifische Gutachten nicht älter als zwei Jahre sein. Dies gilt auf den Zeitpunkt der Beleihungswertermittlung bezogen. Darüber hinaus muss es den Vorgaben des § 4 Abs. 1 Satz 3 BelWertV entsprechen, die besagen, dass eine Objektbesichtigung Grundlage der Wertermittlung sein muss. Ebenso muss das Gutachten nach § 5 Abs. 2 Satz 1 BelWertV von einem oder mehreren Gutachtern erstellt werden, die von der Pfandbriefbank allgemein oder von Fall zu Fall zu bestimmen sind. Es dürfen keine Gutachten, die vom Darlehensnehmer vorgelegt oder in Auftrag gegeben worden sind, gemäß § 5 Abs. 1 Satz 3 BelWertV zugrunde gelegt werden. Wenn es im ersten Absatz grundsätzlich heißt, dass die BelWertV mit Ausnahme der Kleindarlehensvorschriften für ausländische Beleihungen gilt, werden die vorgenannten Anforderungen im zweiten Absatz dieses Paragraphen noch einmal besonders herausgehoben.

Das gleiche gilt für § 5 Abs. 3 BelWertV, in welchem alle Anforderungen an ein Beleihungswertgutachten ausführlich darlegt werden. Es gilt ebenfalls für §§ 6 und 7 BelWertV, die die Anforderungen an Gutachter für die Beleihungswertermittlung und die organisatorische Eingliederung sowie Unabhängigkeit des Gutachters regeln. Die wortwörtliche Einhaltung dieser Vorschriften ist für Gutachter bei der Erstellung landesspezifischer Gutachten, die meist Marktwertgutachten sind, nahezu unmöglich. Die BaFin als Verfasserin legt daher auch großen Wert auf die Formulierung in § 25 Abs. 2 Satz 2 BelWertV, wonach das Gutachten **entsprechend** den zitierten Vorschriften erstellt sein muss. So hat die BaFin bestätigt, dass in der Vorschrift die Wortwahl „entsprechend" verdeutlicht, dass die Anforderungen an die landesspezifischen Gutachten analog zu den Anforderungen an Beleihungswertgutachten zu sehen sind. Werden bei der Beleihungswertermittlung Kenntnisse der Beleihungswertermittlung gefordert, hieße das für das landesspezifische Marktwertgutachten nur, dass Kenntnisse der Marktwertermittlung nach den Anforderungen des jeweiligen Landes vorhanden sein müssen, die dem üblichen Standard entsprechen.

Ein Modernisierungsrisiko, wie es nach § 5 Abs. 3 Satz 2 BelWertV zu berücksichtigen gilt, wird international methodisch und begrifflich in anderer Form, z. B. im Zinssatz, Berücksichtigung finden, ist in der nach BelWertV vorgeschriebenen Form allerdings nicht bekannt. Das mag auch für andere beleihungswertspezifische Anforderungen dieser Vorschrift gelten. Die Formulierung „entsprechend" bedeutet in diesem Zusammenhang, dass alle für die Beleihungswertermittlung notwendigen Informationen aus dem Gutachten, z. B. auch als gesonderte Informationen ablesbar sind. Sie müssten somit nicht in der gleichen Form wie in einem Beleihungswertgutachten im Wertermittlungsverfahren selbst enthalten sein.

Schließlich sind die aus dem landesspezifischen Gutachten entnommenen Daten und Parameter in dem Beleihungswertgutachten kenntlich zu machen.

8.5.2.2 Objektbesichtigungen (Abs. 2 letzter Satz)

Für die Erstellung des Beleihungswertgutachtens auf der Basis eines landesspezifischen Gutachtens kann auf die erneute Besichtigung des Beleihungsobjektes verzichtet werden, wenn:

- das landesspezifische Gutachten die Erkenntnisse aus der erfolgten Besichtigung ausreichend beschreibt und
- alle notwendigen Informationen enthält zu:
  - Lage,
  - Ausstattung und
  - Zustand des Objektes.

8.5.2.3 Die Ableitung des Kapitalisierungszinses (Abs. 3)

Der Kapitalisierungszins ist nach § 12 Abs. 3 BelWertV abzuleiten. Der Verordnungsgeber möchte allerdings mit der Vorschrift in Absatz 3 vorbeugen, dass ein kurzfristiger „Bubble" in einem Markt als zu stark gewichtete Basis für die Ableitung des Kapitalisierungszinses dienen könnte. Daher wird bestimmt, dass die erreichten Spitzenwerte angemessen bei der Ableitung des Kapitalisierungszinses zu berücksichtigen sind. Damit sind Spitzenwerte gemeint, die nicht nur kurzfristig erzielt wurden. Das setzt natürlich sehr gute Marktkenntnisse und Transparenz voraus, damit der abgeleitete Kapitalisierungszins dem Anspruch der Nachhaltigkeit standhält.

8.5.2.4 Kapitalisierung auf Basis einer „ewigen" Rente (Abs. 4)

Im vierten Absatz wird dem im Ausland fast üblichen Verfahren der Kapitalisierung der Erträge auf Basis einer ewigen Rente Rechnung getragen. Diese Vorschrift erlaubt, sich auch bei der Beleihungswertermittlung dieses Verfahrens zu bedienen, entgegen den Vorschriften in §§ 8 und 9 i. V. m. § 12 BelWertV (siehe hierzu 8.4.1.1; 8.4.1.2 und 8.4.1.5).

In den Beleihungswertgutachten ist allerdings darauf zu achten, dass die zeitlich begrenzte Nutzbarkeit der baulichen Anlagen in Form einer laufenden Abschreibung innerhalb der Bewirtschaftungskosten Berücksichtigung findet.

Vorsicht ist auch bei der Ableitung der Kapitalisierungszinsen angeraten, da in den landesspezifischen Gutachten üblicherweise das Alter und die begrenzte Nutzungsdauer im Kapitalisierungszins berücksichtigt wird, der als All-Risk-Yield (ARY) gilt.

8.5.2.5 Alternativer Ansatz für Bewirtschaftungskosten (Abs. 5)

Falls bei den landesspezifischen Bewertungsverfahren ein Abzug von Bewirtschaftungskosten nicht oder nur eingeschränkt erfolgt, kann bei den Beleihungswertgutachten alternativ zum Ansatz von Bewirtschaftungskosten der Mindestbewirtschaftungskostenansatz von 15 % gemäß § 11 Abs. 2 Satz 3 BelWertV im Kapitalisierungszins Berücksichtigung finden. Bei der Erhöhung des Kapitalisierungszinssatzes als Äquivalent zu den Mindestbewirtschaftungskosten von 15 % muss das rechnerische Ergebnis dementsprechend gleich sein.

8.6 Überprüfung der Beleihungswertermittlung nach BelWertV (§ 26)

§ 26 Überprüfung der Grundlagen der Beleihungswertermittlung

(1) Bestehen Anhaltspunkte, dass sich die Grundlagen der Beleihungswertermittlung nicht nur unerheblich verschlechtert haben, sind diese zu überprüfen. Dies gilt insbesondere dann, wenn das allgemeine Preisniveau auf dem jeweiligen regionalen Immobilienmarkt in einem die Sicherheit der Beleihung gefährdenden Umfang gesunken ist. Sofern es sich nicht um eigengenutzte Wohnimmobilien handelt, ist eine Überprüfung auch dann vorzunehmen, wenn die auf dem Beleihungsobjekt abgesicherte Forderung einen wesentlichen Leistungsrückstand von mindestens 90 Tagen aufweist. Der Beleihungswert ist bei Bedarf zu mindern.

(2) Soweit nach anderen Vorschriften eine weitergehende Verpflichtung zur Überprüfung des Beleihungswerts besteht, bleibt diese unberührt.

Diese Vorschrift ist nicht in einem unmittelbaren Zusammenhang mit der Methodik der Beleihungswertermittlung zu sehen, bei der die Nachhaltigkeit des Wertes im Vordergrund steht. Vielmehr muss sie als weitere Sicherheitslinie für die Qualität der Pfandbriefdeckung betrachtet werden. Der Beleihungswert wird unter der Voraussetzung eines normalen Geschäftsverkehrs ermittelt. Bei besonderen Marktschwankungen oder besonderen Vorkommnissen sollen die Gläubiger der Bank sicher sein, dass nicht nur die Bonität des Kunden überprüft wird, sondern auch die Sicherheiten. Eine entsprechende Vorschrift findet sich in § 20 a Abs. 6 KWG für gedeckte Schuldverschreibungen, die auch für die Eigenkapitalunterlegung nach § 10 KWG in Verbindung mit der Solvabilitätsverordnung und für Großkredite nach § 13 KWG in Verbindung mit der Großkredit- und Millionenkreditverordnung Gültigkeit hat. Wenn ein Institut gleichermaßen die BelWertV anwendet, sollten bei der Überwachung der Werte keine Doppelarbeiten entstehen.

Dies gilt z. B. auch für den in der Vorschrift aufgeführten Überprüfungsanlass, der bei Verschlechterung der Grundlagen der Beleihungswertermittlung auf ein die Sicherheit gefährdendes Preisniveau gegeben ist. Ähnliche Überwachungsanlässe kennt § 20 a Abs. 6 KWG. Für beide Vorschriften muss eine einheitliche Vorgehensweise möglich sein, die beide Anforderungen erfüllt. Hierfür würden sich die unter 3.3.5 behandelten Marktschwankungskonzepte eignen.

Der erste Absatz kennt aber auch einen weiteren Überprüfungsanlass, der nicht im KWG verankert ist, jedoch zur Erfüllung der Ordnungsmäßigkeit des Kreditgeschäftes in unterschiedlicher Ausprägung in den Prozessen der Banken Berücksichtigung findet. Dieser Anlass ist gegeben, wenn die auf dem Beleihungsobjekt abgesicherte Forderung einen wesentlichen Leistungsrückstand von mindestens 90 Tagen aufweist.

Hierzu hat der vdp in Abstimmung mit der BaFin den Mitgliedsbanken sinngemäß mitgeteilt, dass auch die BaFin die Auffassung vertritt, dass zur einheitlichen Auslegung der Formulierung „wesentlicher Leistungsrückstand" von „mindestens 90 Tagen" auf das Protokoll des Fachgremiums IRBA (siehe auch: www.bafin.de/irba/050216_Ausfalldefinition.pdf) zurückgegriffen werden könne. Zu erkennen ist, dass dieses Thema sehr nahe bei der Risikosteuerung liegt und weniger im Bereich des Gutachters, der wohl eher nach der Überprüfung der Grundlagen der Wertermittlung, wenn diese nicht mehr zutreffen, den Auftrag für eine Neubewertung erhält, deren Ergebnis dazu führen kann, das der letzte Satz des ersten Absatzes zum Tragen kommt, wonach der Beleihungswert bei Bedarf zu mindern ist. Von der Überprüfung der Grundlagen im Falle eines wesentlichen Leistungsrückstandes von mindestens 90 Tagen sind nach dieser Vorschrift eigengenutzte Wohnimmobilien ausgenommen.

Eine wesentliche Frage ergibt sich immer wieder im Zusammenhang mit dem Thema der Überprüfung der Grundlagen der Beleihungswertermittlung im Hinblick auf die Restnutzungsdauer, die nach § 13 Absatz 2 BelWertV im Falle von weniger als 30 Jahren zu einem Methodenwechsel bzw. zu besonderen Vorkehrungen führt. Hat eine Immobilie eine Restnutzungsdauer von 31 Jahren und erfolgt nach Ablauf von drei Jahren eine Überprüfung, so beträgt dann die Restnutzungsdauer 28 Jahre. Ist nun § 13 Abs. 2 BelWertV anzuwenden?

Im Zuge der Überprüfung führen die im Zeitablauf sich verkürzenden Restnutzungsdauern nicht zu einer Neubewertung oder gar zu einem Methodenwechsel, der sich durch eine im Zeitablauf ergebende Unterschreitung der 30-Jahre-Grenze nach § 13 Abs. 2 BelWertV ergeben würde. Diese Meinung teilt die BaFin entsprechend. Die Überprüfung der Grundlagen der Wertermittlung erfolgt nach den zum Zeitpunkt der Wertermittlung gültigen Verfahren. Ist eine Neubewertung erforderlich, wird diese nach den aktuellen Vorschriften erstellt (siehe auch Ausführungen unter 3.3.5).

Anlagen

- Übersichtsmatrix: Anwendungsgebiete und Vorschriften für die Immobilienbewertung nach dem Pfandbriefgesetz und dem Kreditwesengesetz
- Checkliste der HypZert GmbH zur Überwachungsprüfung der Gutachter
- Schreiben der BaFin zur organisatorischen Eingliederung von Gutachtern (vom 7. September 1999 und 17. April 2000)
- Grundsatzpapier zum Beleihungswert von Immobilien
- Wesentliche Aspekte der Beleihungswertermittlung
- Ermittlung des Beleihungswertes auf der Grundlage ausländischer Bewertungen
- Kleindarlehensschreiben des BAKred

Übersichtsmatrix
Anwendungsgebiete und Vorschriften für die Immobilienbewertung nach dem Pfandbriefgesetz und dem Kreditwesengesetz

Anrechnungs-erleichterungen nach KWG und Deckungswerte nach PfandBG sowie Ergänzungskapital	**Pfandbriefdeckung § 14 und § 16 PfandBG** **Wohnen und Gewerbe**	**Pfandbriefdeckung Erleichterungen für Kleindarlehen nach § 24 BelWertV** **Überwiegend Wohnen**	**Großkredite § 25 Abs. 1 Nr. 1 GroMiKV** **Wohnen**	**Großkredite § 25 Abs. 1 Nr. 2 GroMiKV** **Gewerbe**	**§ 14 KWG Millionen-kredit** **Wohnen und Gewerbe**	**§§ 15 und 18 KWG Organkredit und Kreditunterlagen** **Wohnen und Gewerbe**
Welche Werte ?	Beleihungswert nach § 16 Abs. 2 Satz 1 bis 3 PfandBG und nur in Zweifelsfällen Marktwert Ansatz: 60 %-Grenze § 14 Abs. 1 PfandBG,	Beleihungswert nach § 16 Abs. 2 Satz 1 bis 3 PfandBG Ansatz: 60 %-Grenze § 14 Abs. 1 PfandBG,	50 % vom Marktwert und jährliche Überprüfung nach § 25 Abs. 1 Nr. 1 a) GroMiKV oder 60 % vom Beleihungswert nach BelWertV oder eines anders ermittelten nachhaltig erzielbaren Wertes, der den Anforderungen § 16 Abs. 2 Satz 1 bis 3 PfandBG genügt (durch Verweis auf § 35 Abs. 1 Satz 4 Nr. 1SolvV) aus § 25 Abs. 1 Nr. 1 b GroMiKV). Für Nr. 1 a) und b) gilt die Erfüllung des § 35 Abs. 2 SolvV als Voraussetzung.	Wie Kreditrisiko-Standardansatz für Eigenkapitalunterlegung Gewerbe nach § 35 Abs. 1 Satz 4 Nr. 2 Buchstabe a und Abs. 3 SolvV	§ 75 Abs. 3 Satz 1 GroMiKV Verweis auf Anlagen 4 bis 7 GroMiKV, die den gesonderten Ausweis von Realkrediten vorsehen. Realkreditdefinition geht aus § 21 (3) Nr. 1 KWG mit Verweis auf §§ 14 (1) und 16 (1) (2) PfandBG hervor. Beleihungswert nach § 16 Abs. 2 Satz 1 bis 3 PfandBG und nur in Zweifelsfällen Marktwert, Ansatz: 60 %-Grenze § 14 Abs. 1 PfandBG	Beleihungswert nach § 16 Abs. 2 Satz 1 bis 3 PfandBG und nur in Zweifelsfällen Marktwert, Ansatz: 60 % -Grenze § 14 Abs. 1 PfandBG,

Anrechnungs-erleichterungen nach KWG und Deckungswerte nach PfandBG sowie Ergänzungskapital	**Pfandbriefdeckung § 14 und § 16 PfandBG** **Wohnen und Gewerbe**	**Pfandbriefdeckung Erleichterungen für Kleindarlehen nach § 24 BelWertV** **Überwiegend Wohnen**	**Großkredite § 25 Abs. 1 Nr. 1 GroMiKV** **Wohnen**	**Großkredite § 25 Abs. 1 Nr. 2 GroMiKV** **Gewerbe**	**§ 14 KWG Millionenkredit** **Wohnen und Gewerbe**	**§§ 15 und 18 KWG Organkredit und Kreditunterlagen** **Wohnen und Gewerbe**
Welche Methode ?	Beleihungswert nach BelWertV gemäß § 16 Abs. 4 PfandBG; wenn Marktwert, dann gilt § 16 Abs. 2 Satz 3 und 4 sowie § 20 a Abs. 5 KWG, wonach der Immobilienwert transparent und klar dokumentiert werden muss.	Beleihungswert nach BelWertV gemäß § 16 Abs. 4 PfandBG und Anwendung § 24 BelWertV, wonach kein förmliches Gutachten erforderlich ist, aber die übrigen Anforderungen der BelWertV nach § 24 Abs. 1 BelWertV einzuhalten sind.	Für Marktwert und für anders zu ermittelnden nachhaltig erzielbaren Wert keine Vorgabe außer aus § 20 a Abs. 5 über Verweis auf § 35 Abs. 2 SolvV, wonach der Immobilienwert transparent und klar dokumentiert werden muss. Für Beleihungswert gilt die BelWertV.	Wie Kreditrisiko-Standardansatz für Eigenkapitalunterlegung Gewerbe nach § 35 Abs. 1 Satz 4 Nr. 2 Buchstabe a und Abs. 3 SolvV	Beleihungswert nach § 16 Abs. 2 Satz 1 bis 3 PfandBG, kein Verweis aus § 21 Abs. 3 Nr. 1 KWG auf BelWertV, somit keine Vorgabe für die Methodik	Beleihungswert nach PfandBG § 16 Abs. 2 Satz 1 bis 3, kein Verweis aus § 21 Abs. 3 Nr. 1 KWG auf BelWertV, somit keine Vorgabe für die Methodik
Wer darf die Werte ermitteln?	Gutachter gemäß § 16 Abs. 1 PfandBG und §§ 6 und 7 BelWertV	Nach § 24 Abs. 2 BelWertV muss es kein Gutachter sein, die Person muss aber für die betreffenden Objekte ausreichend geschult und qualifiziert sein. Funktionstrennung innerhalb 4-Augen-Prinzip, Wertermittlung darf aber nicht durch den abschließend Genehmigenden erfolgen.	Für Marktwert und für anders zu ermittelnden nachhaltig erzielbaren Wert gilt die Vorgabe des 20 a Abs. 5 KWG, wonach ein unabhängiger Sachverständiger die Werte zu ermitteln hat (durch Verweis auf § 35 Abs. 2 SolvV, der wiederum auf § 20 a Abs. 4 bis 8 KWG verweist). Für Beleihungswert nach BelWertV gelten die Vorschriften der §§ 6 und 7 BelWertV.	Wie KSA-Standardansatz für Eigenkapitalunterlegung Gewerbe nach § 35 Abs. 1 Satz 4 Nr. 2 Buchstabe a und Abs. 3 SolvV	Nach § 16 (1) PfandBG ist ein unabhängiger Sachverständiger erforderlich, sonst keine weitere Konkretisierung zu den Anforderungen außer die Schreiben der BaFin	Nach § 16 (1) PfandBG ist ein unabhängiger Sachverständiger erforderlich, sonst keine weitere Konkretisierung zu den Anforderungen außer die Schreiben der BaFin

Anrechnungserleichterungen nach KWG und Deckungswerte nach PfandBG sowie Ergänzungskapital	**Pfandbriefdeckung § 14 und § 16 PfandBG** **Wohnen und Gewerbe**	**Pfandbriefdeckung Erleichterungen für Kleindarlehen nach § 24 BelWertV** **Überwiegend Wohnen**	**Großkredite § 25 Abs. 1 Nr. 1 GroMiKV** **Wohnen**	**Großkredite § 25 Abs. 1 Nr. 2 GroMiKV** **Gewerbe**	**§ 14 KWG Millionenkredit** **Wohnen und Gewerbe**	**§§ 15 und 18 KWG Organkredit und Kreditunterlagen** **Wohnen und Gewerbe**
Überwachung der Werte?	1. Eine Überprüfung hat nach § 26 BelWertV zu erfolgen: Für alle Immobilienarten gilt: – Bei Verschlechterung der Grundlagen der Beleihungswertermittlung, insbesondere gesunkenem, die Sicherheit gefährdendem Preisniveau Für alle Immobilienarten außer eigen genutzte Wohnimmobilien gilt: – wenn die Forderung mindestens 90 Tage Leistungsrückstand aufweist, der aus dem Beleihungsobjekt stammt. 2. Darüber hinaus ist eine Überprüfung nach den Vorschriften des § 20 a Abs. 6 KWG erforderlich.	1. Nach § 24 Abs. 2 BelWertV Überprüfung der Ordnungsmäßigkeit der Wertermittlungen in regelmäßigen Abständen durch Gutachter mittels einer hinreichend großen Zahl repräsentativer Stichproben und 2. gemäß § 26 BelWertV. 3. Weitere Überprüfungen der Werte sind im Rahmen des § 20 a Abs. 6 KWG durchzuführen.	1. § 25 Abs. 1 Nr. 1 GroMiKV verweist auf den § 35 Abs. 2 SolvV und dieser auf § 20 a Abs. 4 bis 8 KWG. Hiernach ist gemäß Abs. 6 die Überwachung der Werte vorzunehmen. 2. Jährliche Überprüfung, wenn 50 % des Marktwertes in Ansatz gebrachte wurden.	§ 25 Abs. 1 Nr. 2 GroMiKV verweist auf den § 35 Abs. 3 SolvV, dieser auf § 35 Abs. 2 SolvV und hieraus auf § 20 a Abs. 4 bis 8 KWG. Hiernach ist gemäß Abs. 6 die Überwachung der Werte vorzunehmen.	Keine Überwachung der Werte nach diesen Vorschriften erforderlich.	Keine Überwachung der Werte nach diesen Vorschriften erforderlich.

Anrechnungs-erleichterungen nach KWG und Deckungswerte nach PfandBG sowie Ergänzungskapital	**Pfandbriefdeckung § 14 und § 16 PfandBG** **Wohnen und Gewerbe**	**Pfandbriefdeckung Erleichterungen für Kleindarlehen nach § 24 BelWertV** **Überwiegend Wohnen**	**Großkredite § 25 Abs. 1 Nr. 1 GroMiKV** **Wohnen**	**Großkredite § 25 Abs. 1 Nr. 2 GroMiKV** **Gewerbe**	**§ 14 KWG Millionenkredit** **Wohnen und Gewerbe**	**§§ 15 und 18 KWG Organkredit und Kreditunterlagen** **Wohnen und Gewerbe**
Welche Werte?	Nach obiger Vorschrift ist nur der Beleihungswert mit Verweis auf § 16 Abs. 1 und 2 PfandBG zu ermitteln. Beleihungswert nach § 16 Abs. 2 Satz 1 bis 3 PfandBG und nur in Zweifelsfällen Marktwert Basis für Berechnung des Ergänzungskapitals ist der komplette Beleihungswert.	Nach § 35 Abs. 1 Satz 4 Nr. 1 SolvV ist der Beleihungswert nach § 16 Abs. 2 Satz 1 bis 3 PfandBG i. V. m. der BelWertV oder ein anders zu ermittelnder nachhaltig erzielbarer Wert, der den Anforderungen des § 16 Abs. 2 Satz 1 bis 3 PfandBG genügt, zu ermitteln. Vom gewählten Wert werden 60 % als Basis angesetzt.	Nach § 35 Abs. 1 Satz 4 Nr. 2 SolvV ist das Niedrigere von 50 % des Marktwertes und 60 % des Beleihungswertes nach § 16 Abs. 2 Satz 1 bis 3 PfandBG i. V. m. der BelWertV oder eines anders ermittelten nachhaltig erzielbaren Wertes, der den Anforderungen des § 16 Abs. 2 Satz 1 bis 3 PfandBG genügt, zu ermitteln. Für inländische Gewerbeimmobilen ist der Hard-Test nach § 35 (4) SolvV erforderlich. Das Niedrigere von 50 % des Marktwertes und 60 % des Beleihungswertes nach § 16 Abs. 2 Satz 1 bis 3 PfandBG in Verbindung mit der BelWertV oder eines anders ermittelten nachhaltigen Wertes, der den Anforderungen des § 16 Abs. 2 Satz 1 bis 3 genügt, ist Basis für die an die BaFin zu meldenden Ausfallraten.	§159 Abs. 1 Satz 1 Nr. 1 und 2 SolvV verweist auf § 35 Abs. 2 und Abs. 3 Wohnen und Gewerbe SolvV und damit auf § 20 a Abs. 4 bis 8 KWG*, wonach gemäß Abs. 5 der Marktwert oder der Beleihungswert zu ermitteln ist. Durch Verweis der o. a. Vorschrift auf § 35 Abs. 4 SolvV ist für Gewerbeimmobilien auch bei diesem Ansatz der Hard-Test vorgeschrieben. Dadurch müssen sowohl der Marktwert als auch der Beleihungswert bzw. der anders ermittelte Wert für Gewerbeimmobilien bekannt sein. Siehe auch die Erläuterungen zu KSA Gewerbe.	§ 159 Abs. 2 verweist auf § 100 Abs. 8 SolvV, wonach 60 % des Beleihungswertes nach § 16 Abs. 2 Satz 1 bis 3 PfandBG i. V. m. der BelWertV oder eines anders ermittelten nachhaltig erzielbaren Wertes, der den Anforderungen des § 16 Abs. 2 Satz 1 bis 3 PfandBG genügt, zu ermitteln ist. § 159 Abs. 2 Satz 1 SolvV setzt eine „grundpfandrechtlich besicherte IRBA Position“ voraus, wodurch auch die Vorschriften des § 159 Abs. 1 SolvV als Voraussetzung zu beachten sind*. Nach § 159 Abs. 2 Nr. 1 a) und b) ist auch für Wohnen ein Hard-Test erforderlich, wonach das Niedrigere von 50 % des Marktwertes und 60 % eines der oben aufgeführten Werte als Basis für die zu meldenden Ausfallraten gilt.	§ 159 Abs. 2 verweist auf § 100 Abs. 8 SolvV, wonach für Gewerbeimmobilien das Niedrigere von 50 % des Marktwertes und 60 % des Beleihungswertes nach § 16 Abs. 2 Satz 1 bis 3 PfandBG i. V. m. der BelWertV oder eines anders ermittelten nachhaltig erzielbaren Wertes, der den Anforderungen des § 16 Abs. 2 Satz 1 bis 3 PfandBG genügt. § 159 Abs. 2 Satz 1 SolvV setzt eine „grundpfandrechtlich besicherte IRBA Position“ voraus, wodurch auch die Vorschriften des § 159 Abs. 1 SolvV als Voraussetzung zu beachten sind*. Aus § 159 Abs. 2 Nr. 2 SolvV wird auf den § 35 Abs. 4 SolvV verwiesen und damit der unter KSA Gewerbe beschriebene Hard-Test gefordert.

Anrechnungserleichterungen nach KWG und Deckungswerte nach PfandBG sowie Ergänzungskapital	**Pfandbriefdeckung § 14 und § 16 PfandBG** **Wohnen und Gewerbe**	**Pfandbriefdeckung Erleichterungen für Kleindarlehen nach § 24 BelWertV** **Überwiegend Wohnen**	**Großkredite § 25 Abs. 1 Nr. 1 GroMiKV** **Wohnen**	**Großkredite § 25 Abs. 1 Nr. 2 GroMiKV** **Gewerbe**	**§ 14 KWG Millionenkredit** **Wohnen und Gewerbe**	**§§ 15 und 18 KWG Organkredit und Kreditunterlagen** **Wohnen und Gewerbe**
Welche Methode?	Beleihungswert nach § 16 Abs. 2 Satz 1 bis 3 PfandBG ohne Verweis auf BelWertV, also keine methodischen Vorgaben	Bei Wahl des Beleihungswertes in Verbindung mit der BelWertV gilt diese. Für den anders zu ermittelnden Wert gibt es keine gesetzlichen Vorgaben. Nach § 35 Abs. 2 SolvV muss § 20 a Abs. 5 KWG beachtet werden, wonach der Immobilienwert transparent und klar dokumentiert werden muss.	Bei Wahl des Beleihungswertes in Verbindung mit der BelWertV gilt diese. Für den anders zu ermittelnden Wert und den Marktwert gibt es keine gesetzlichen Vorgaben. Nach § 35 Abs. 3 SolvV muss § 20 a Abs. 5 KWG beachtet werden, wonach der Immobilienwert transparent und klar dokumentiert werden muss.	Nach § 35 Abs. 2 und 3 SolvV muss § 20 a Abs. 5 KWG beachtet werden, wonach der Immobilienwert transparent und klar dokumentiert werden muss. Für Gewerbeimmobilien könnte nach § 35 Abs. 4 SolvV der Beleihungswert nach BelWertV für Hard-Test zugrunde gelegt werden.	Nur für den Beleihungswert in Verbindung mit der BelWertV gilt diese als methodische Vorgabe. Sonst sind keine gesetzlichen Vorgaben zur Methodik vorhanden. *§ 20 a Abs. 5 KWG muss beachtet werden, wonach der Immobilienwert transparent und klar dokumentiert werden muss.	Nur für den Beleihungswert in Verbindung mit der BelWertV gilt diese als methodische Vorgabe. Sonst sind keine gesetzlichen Vorgaben zur Methodik vorhanden. *§ 20 a Abs. 5 KWG muss beachtet werden, wonach der Immobilienwert transparent und klar dokumentiert werden muss.

Anrechnungs-erleichterungen nach KWG und Deckungswerte nach PfandBG sowie Ergänzungskapital	Pfandbriefdeckung § 14 und § 16 PfandBG Wohnen und Gewerbe	Pfandbriefdeckung Erleichterungen für Kleindarlehen nach § 24 BelWertV Überwiegend Wohnen	Großkredite § 25 Abs. 1 Nr. 1 GroMiKV Wohnen	Großkredite § 25 Abs. 1 Nr. 2 GroMiKV Gewerbe	§ 14 KWG Millionenkredit Wohnen und Gewerbe	§§ 15 und 18 KWG Organkredit und Kreditunterlagen Wohnen und Gewerbe
Wer darf die Werte ermitteln?	Nach Abs. 45 Sachverständigenausschuss von mind. 3 Mitgliedern, für den die Vorschriften des § 77 Abs. 2 und 3 Investmentgesetz gelten.	Nach § 20 a Abs. 5 KWG muss ein unabhängiger Sachverständiger die Wertermittlung fertigen. Wird der Beleihungswert nach BelWertV ermittelt, gelten die §§ 6 und 7 der BelWertV.	Nach § 20 a Abs. 5 KWG muss ein unabhängiger Sachverständiger die Wertermittlung fertigen. Wird der Beleihungswert nach BelWertV ermittelt, gelten die §§ 6 und 7 der BelWertV.	Nach § 20 a Abs. 5 KWG muss ein unabhängiger Sachverständiger die Wertermittlung fertigen. Wird der Beleihungswert nach BelWertV ermittelt, gelten die §§ 6 und 7 der BelWertV.	*§ 20 a Abs. 5 KWG muss aus § 159 Abs. 1 SolvV beachtet werden, wonach ein unabhängiger Sachverständiger die Wertermittlung fertigen muss. Wird der Beleihungswert nach BelWertV ermittelt, gelten die §§ 6 und 7 der BelWertV.	*§ 20 a Abs. 5 KWG muss aus § 159 Abs. 1 SolvV beachtet werden, wonach ein unabhängiger Sachverständiger die Wertermittlung fertigen muss. Wird der Beleihungswert nach BelWertV ermittelt, gelten die §§ 6 und 7 der BelWertV.
Überwachung der Werte?	Mindestens alle drei Jahre sind die Werte durch Bewertungsgutachten zu ermitteln § 10 Abs. 4b KWG	Für Wohnen verweist der § 35 Abs. 2 SolvV auf § 20 a Abs. 4 bis 8 KWG, Hiernach ist gemäß § 20 a Abs. 6 KWG die Überwachung der Werte vorzunehmen.	Für Gewerbe verweist der § 35 Abs. 3 SolvV auf den Abs. 2 derselben Vorschrift, dieser wiederum auf § 20 a Abs. 4 bis 8 KWG. Hiernach ist gemäß Abs. 6 die Überwachung der Werte vorzunehmen.	Über den Verweis auf § 20 a KWG ist nach Abs. 6 dieser Vorschrift die Überwachung der Werte vorzunehmen.	*§ 20 a Abs. 6 KWG muss für die Überwachung der Werte aus § 159 Abs. 1 SolvV beachtet werden.	*§ 20 a Abs. 6 KWG muss für die Überwachung der Werte aus § 159 Abs. 1 SolvV beachtet werden.

© Crimmann, 2008

* § 159 Abs. 1 gilt auch als Voraussetzung für § 159 Abs. 2 SolvV, der eine grundpfandrechtliche gesicherte IRBA-Position voraussetzt. Für den IRB Fortgeschrittenen Ansatz gibt es keine Vorgaben zu den gestellten Fragen mit Ausnahme für die Überwachung der Werte. Diese wird durch den Verweis aus § 132 Abs. 7 SolvV auf § 20 a Abs. 4 und 6 bis 8 KWG vorgegeben.

Checkliste der HypZert GmbH zur Überwachungsprüfung der Gutachter

Identnummer: ____________

Name: ______________________________

Gutachten Nr.: ____________ WE-Stichtag: ____________

Objektart/Nutzung: ______________________________

Aussagen zu:			**Wertermittlung:**		
Lage/Standortqualität	☺	!	*Ermittlung BelWert und MW*	☺	!
Grundstück	☺	!	Ertragwertverfahren		
Altlasten/Belastungen	☺	!	Nutzungstrennung	☺	!
Gebäude/Objektqualität	☺	!	Mietansätze	☺	!
Vermietungsstand/ Nutzung	☺	!	Zinssatz	☺	!
Marktlage/Konkurrenz	☺	!	BWK	☺	!
			Verwaltung	☺	!
Bodenwertbegründung	☺	!	Instandhaltung	☺	!
rechtliche Situation	☺	!	MAW	☺	!
			ModRisk	☺	!
Vermietbarkeit/Nutzer	☺	!	Sachwertverfahren		
Verwertbarkeit/Käufer	☺	!	Baukostenansatz	☺	!
Drittverwendbarkeit/ Nutzbarkeit	☺	!	RND/AWM	☺	!
Beleihungsfähigkeit	☺	!	Außenanlagen	☺	!
			Baunebenkosten	☺	!
Ansatzbegründungen	☺	!	*Sicherheitsabschlag*	☺	!
Nachvollziehbarkeit	☺	!	Vergleichswertverfahren		
			Wertansatz	☺	!
Datum/Unterschrift	☺	!	Sicherheitsabschlag	☺	!

Anmerkungen:

	Das vorgelegte Gutachten entspricht den Anforderungen.
	Das Gutachten wird dem Prüfungsausschuss zur Prüfung vorgelegt.

BUNDESAUFSICHTSAMT
FÜR DAS
KREDITWESEN

BAKred, Gardeschützenweg 71 - 101, 12203 Berlin
Telefon : (030) 8436 - 0
Telefax : (030) 8436 - 15 50

Geschäftsnummer (bitte bei Antwort angeben) Bearbeiterin/Bearbeiter: ☎ (030) 8436 - Berlin, den
I 3 - 238 - 3/95 7. September 1999

Anrechnungserleichterungen für gewerbliche Realkredite im Grundsatz I und den Großkreditvorschriften

- **Anforderungen an die Eignung der Gutachter für die Wertermittlung nach den Richtlinien zu § 20 Abs. 3 Satz 2 Nr. 5 KWG**

Rundschreiben 2/99 vom 21. Januar 1999

Zu den aufgeworfenen Fragen nehme ich wie folgt Stellung:

Ich teile die von Ihnen ... vertretene Auffassung, daß die Wertermittlungen für die Zwecke des § 20 Abs. 3 Satz 2 Nr. 5 KWG und der entsprechenden Anrechnungserleichterung im Grundsatz I auch von institutseigenen Gutachtern durchgeführt werden können, sofern ihre unabhängige Urteilsfähigkeit sichergestellt ist.

Von der Unabhängigkeit bankeigener Sachverständiger gehe ich in ständiger Verwaltungspraxis im Realkreditgeschäft aus (vgl. auch das ... Schreiben I 3 - 238 - 4/86 vom 6. November 1987), wenn gewährleistet ist, daß die Gutachter die nötige organisatorische Selbständigkeit haben und alle Faktoren, die die Objektivität des Gutachters beeinflussen könnten, ausgeschaltet sind. Die nötige innere Selbständigkeit, eigene Urteilsfähigkeit und Souveränität der institutseigenen Gutachter setzt deshalb voraus, daß das Schätzwesen - nach den gleichen Prinzipien wie die Innenrevision - als besondere Organisationseinheit nur dem Vorstand verantwortlich ausgestaltet ist. Des weiteren verbietet sich beim Einsatz bankangehöriger Gutachter, diese gleichzeitig zur Kreditbearbeitung heranzuziehen. Eine

- 2 -

strenge Funktionstrennung zwischen Gutachter und Kreditbearbeiter ist deshalb zwingende Voraussetzung für den Einsatz institutseigener Schätzer. Daß die Tätigkeit institutseigener Gutachter im übrigen auch frei von jeglichen Beeinflussungen oder Beeinflussungsmöglichkeiten der Kreditnehmer sein muß, versteht sich ebenso wie bei selbständigen Gutachtern von selbst. Dies dürfte bei bankeigenen Gutachtern - zumal im vorliegenden Sachzusammenhang - zwar in der Regel eher weniger von Bedeutung sein, völlig ausschließen läßt sich dies indes nicht. Werden - was vermutlich der Regelfall sein wird - für die Zwecke der Anrechnungserleichterungen die schon für die eigentliche Kreditgewährung maßgeblichen Gutachten herangezogen, wird das Institut auch diesen Aspekt nicht unberücksichtigt lassen können, um von der Objektivität der Gutachten ausgehen zu können.

Neben der Unabhängigkeit müssen die Gutachter über die notwendige Sachkunde verfügen.

Die fachliche Eignung zur Durchführung der Wertermittlungen setzt unter diesem Aspekt fundierte, durch entsprechende Berufserfahrungen auf dem Grundstücks- und Immobilienmarkt erworbene bautechnische Kenntnisse ebenso voraus wie die Fähigkeit zur Beurteilung der Marktverhältnisse. Gerade bei gewerblichen Realkrediten erfordern die Sachkundeerfordernisse auch verstärkt das Wissen um technisch-wirtschaftliche Zusammenhänge und Erfordernisse. Weitere Voraussetzung der fachlichen Eignung sind vertiefte Erfahrungen bei der Wertermittlung. Dabei ist zwischen der Ermittlung von Beleihungswerten und von Verkehrswerten zu unterscheiden.

Wie ich im Zusammenhang mit den Voraussetzungen für die Anerkennung der Sachverständigenausschüsse nach § 10 Abs. 4b KWG deutlich gemacht habe - vgl. Anschreiben zur Verlautbarung an die Spitzenverbände des Kreditgewerbes vom 3. Juni 1993 zum 4. KWG-Änderungsgesetz - I 3 - 5 - 1/92, sind Beleihungswert und Verkehrswert nicht miteinander vergleichbar und mithin auch die Methoden der Wertermittlung wesensmäßig verschieden. Für die fachliche Eignung der Gutachter für die Wertermittlungen im Hinblick auf die Anrechnungserleichterungen folgt aus den - in vorgenanntem Schreiben näher spezifizierten - prinzipiellen Unterschieden, daß insoweit Erfahrungen allein auf dem Gebiet der Verkehrswertermittlung nur dann ausreichen, wenn ein Institut nach der Alternative B des Rundschreibens 2/99 vom 21. Januar 1999 - I 3 - 238 - 3/95 verfährt. Entscheidet sich ein Institut hingegen für Alternative A, sind Erfahrungen sowohl auf dem Gebiet der Beleihungswertermittlung als auch der Verkehrswertermittlung unabdingbar. Verkehrswertermittler, die erstmals im vorliegenden Sachzusammenhang mit der Ermittlung auch von Beleihungswerten betraut werden, erfüllen die notwendige fachliche Eignung im Sinne der Alternative A

- 3 -

der Richtlinien also nicht, selbst wenn sie in der bisherigen Funktion als Verkehrswertermittler langjährig tätig waren.

Was die ... im übrigen gewünschte Präzisierung des auch im Rundschreiben verwandten Begriffs „langjährig" anbelangt, so habe ich darauf bewußt verzichtet, um den Ermessensspielraum, der den Instituten insoweit notwendigerweise einzuräumen ist, nicht durch exakte Vorgaben ohne Not zu beschneiden. An dieser Position halte ich prinzipiell fest. Ich gehe aber davon aus, daß auch ohne ausdrückliche bankaufsichtliche Vorgaben ausreichende Erkenntnisquellen zur Verfügung stehen, die den Instituten eine tragfähige eigene Beurteilung der fachlichen Eignung auch in dieser Hinsicht ermöglichen sollten.

So können die Institute sich beispielsweise an den vom Institut für Sachverständigenwesen e.V.(IfS) herausgegebenen fachlichen Bestellungsvoraussetzungen als Sachverständiger auf dem Gebiet der Bewertung von bebauten und unbebauten Grundstücken, auf welche die Industrie- und Handelskammern zurückgreifen, oder den Zertifizierungsvoraussetzungen, welche die 1996 gegründete hyp Zert Gesellschaft für Zertifizierung von Immobiliensachverständigen für Beleihungswertermittlungen mbH gemäß DIN EN 45013 fordert, orientieren.

Nach den mir insoweit zur Verfügung stehenden Unterlagen - Irrtum ausdrücklich vorbehalten - ist nach den IfS-Bestellungsvoraussetzungen im Falle eines abgeschlossenen Hochschulstudiums der Fachrichtungen Architektur, Bauingenieurwesen, Vermessungswesen oder anderer einschlägiger Fachrichtungen an einer Hochschule oder Fachhochschule der Nachweis einer mindestens fünfjährigen praktischen Tätigkeit erforderlich, die ihrer Art nach geeignet war, die erforderlichen - in den IfS-Bestellungsvoraussetzungen weiter spezifizierten - Kenntnisse wirtschaftlicher, technischer und rechtlicher Art sowie die Beherrschung der Bewertungsmethoden und ihrer Anwendung im Einzelfall nachzuweisen. Liegt kein Hochschulabschluß vor, muß eine mindestens zehnjährige praktische Tätigkeit auf dem Gebiet der Grundstückswirtschaft nachgewiesen werden, die ihrer Art nach geeignet war, die genannten Kenntnisse zu vermitteln. Bei beiden Konstellationen muß zudem nachgewiesen werden, daß der Bewerber sich mindestens drei Jahre in der jeweiligen praktischen Tätigkeit auf dem Sachgebiet „Bewertung von bebauten und unbebauten Grundstücken" intensiv als Gutachter betätigt hat, wobei diese Tätigkeit nicht länger als drei Jahre zurückliegen darf.

Die Zulassungsvoraussetzungen der hyp Zert unterscheiden ebenfalls nach Akademikern und Praktikern. Akademiker müssen neben dem abgeschlossenen und anerkannten ein-

- 4 -

schlägigen Hochschulstudium mindestens über drei Jahre Praxis in der Wertermittlung innerhalb der letzten fünf Jahre, Praktiker über mindestens zehn Jahre Berufserfahrung in der Immobilienwirtschaft (z.B. als Makler) und mindestens fünf Jahre Praxis in der Wertermittlung während der letzten zehn Jahre verfügen.

Bei Gutachtern, die als Sachverständige durch die IHK bestellt worden sind oder über eine Zertifizierung durch hyp Zert verfügen, kann ein Institut ohne weiteres von der fachlichen Eignung auch für den hier zu beurteilenden Sachzusammenhang ausgehen. Da diese Zertifizierungen im übrigen mit einer Überwachung der Zertifikationsinhaber durch die Zertifizierungsstelle verbunden sind und in regelmäßigen Abständen von dieser überprüft werden, kann ein Institut bei einem zertifizierten Gutachter auch von einem Fortbestand der fachlichen Eignung ohne weitere eigene Prüfung ausgehen, solange die Zertifizierung besteht.

Eine Zertifizierung ist indes für die Zwecke des § 20 Abs. 3 Satz 2 Nr. 5 KWG und der Anrechnungserleichterungen im Grundsatz I nicht zwingend erforderlich. Erfüllen Gutachter die Zertifizierungsvoraussetzungen ohne zertifiziert zu sein oder diese anzustreben, dürften sie im Regelfall ebenfalls fachlich geeignet sein. Dies hat das jeweilige Institut jedoch im Einzelfall festzustellen und das Fortbestehen der fachlichen Eignung fortlaufend zu überprüfen. Dies gilt für externe wie institutseigene Gutachter gleichermaßen.

Aber auch wenn die Voraussetzungen für eine Zertifizierung nicht vollständig vorliegen - namentlich wenn es an den nach IfS und hyp Zert erforderlichen Mindestzeiten praktischer Tätigkeit auf dem Gebiet der Grundstückswirtschaft fehlt -, führt dies bankaufsichtlich nicht zwangsläufig zu einem Ausschluß der fachlichen Eignung. Auch Sachverständige, die diese strengen Zulassungsvoraussetzungen (noch) nicht erfüllen, können durchaus als im hier maßgeblichen Sinne fachlich geeignet sein. Dies abschließend zu beurteilen, ist jedoch wiederum allein Aufgabe des betroffenen Kreditinstituts. Es wird dabei neben der Dauer der Tätigkeit maßgeblich auch die Anzahl und die Qualität der bisher erstellten Gutachten zu berücksichtigen haben. Bei Gutachtern, bei denen die für eine Zertifizierung notwendigen Mindestzeiten einer praktischen Tätigkeit im Bereich des Grundstücks- und Immobilienmarktes nicht vorliegen, halte ich allerdings den Nachweis einer ununterbrochenen praktischen Tätigkeit in der Wertermittlung mindestens während der letzten fünf Jahre für unverzichtbar, um das Kriterium der langjährigen Erfahrung auf dem Grundstücks- und Immobilienmarkt und bei der Wertermittlung von Immobilien bejahen zu können.

BUNDESAUFSICHTSAMT
FÜR DAS
KREDITWESEN

BAKred, Gardeschützenweg 71 - 101, 12203 Berlin

Telefon : (030) 8436 - 0
Telefax : (030) 8436 - 15 50

Geschäftsnummer (bitte bei Antwort angeben) Bearbeiterin/Bearbeiter: ☎ (030) 8436 - Berlin, den
I 3 - 238 - 3/95 17. April 2000

Anrechnungserleichterungen für gewerbliche Realkredite im Grundsatz I und den Großkreditvorschriften
Anforderungen an die Eignung der Gutachter für die Wertermittlung nach den Richtlinien nach § 20 Abs. 3 Satz 2 Nr. 5 KWG

Rundschreiben 2/99 vom 21. Januar 1999 sowie
mein Schreiben vom 7. September 1999 - jeweils I 3 - 238 - 3/95 -

Den von Ihnen ... vorgeschlagenen Erleichterungen stimme ich zu.

Ich werde es demgemäß bis auf weiteres nicht beanstanden, daß das bankeigene Schätzwesen bei kleinen Kreditinstituten nicht als besondere, nur dem Vorstand verantwortliche eigenständige Organisationseinheit ausgestaltet ist, sondern die Schätzer dem Kreditbereich, namentlich dem Marktfolgebereich, zugeordnet sind. Die Tätigkeit als Schätzer setzt aber auch in diesem Fall zwingend voraus, daß der bankangehörige Gutachter in keinem Stadium an der Bearbeitung weder des Kreditengagements, für welches er die Bewertung der gestellten Immobiliarsicherheit durchzuführen hat, noch anderer Immobiliarkredite desselben Kreditnehmers beteiligt war oder ist. Auch die sachliche und persönliche Unabhängigkeit des Schätzers im Hinblick auf die gutachterliche Tätigkeit muß sichergestellt sein. Unter dieser Prämisse schließt die Gutachtertätigkeit in einem Fall eine Einbindung in die Kreditbearbeitung in anderen Fällen, in denen der bankeigene Mitarbeiter nicht als Gutachter tätig ist oder wird, nicht aus. Diese Erleichterungen sind nur bei kleineren Kreditinstituten unter Praktikabilitätsgesichtspunkten vertretbar und gelten nicht für Bausparkassen und Hypothekenbanken. Sie stehen unter dem Vorbehalt ihres Widerrufs für den Fall, daß die dadurch privilegierten Institute diese Erleichterungen nicht ordnungsgemäß handhaben.

- 2 -

Die ... erbetene Präzisierung des Begriffs „kleines Kreditinstitut" durch Aufstellung generell abstrakter Merkmale halte ich für verfrüht. Bis auf weiteres erscheint es vielmehr opportun, diese Frage einer Beurteilung im Einzelfall vorzubehalten und erst anhand der Analyse einer repräsentativen Anzahl von Einzelfällen generalisierende Kriterien aufzustellen. Allgemein läßt sich aber schon jetzt festhalten, daß das Merkmal „kleines Kreditinstitut" nicht allein im quantitativen, sondern auch im qualitativen Sinne zu verstehen ist. Neben quantifizierbaren Parametern wie beispielsweise der Bilanzsumme, des Geschäftsvolumens, der Anzahl der beschäftigten Mitarbeiter oder der Anzahl der unterhaltenen Zweigstellen, werden maßgeblich auch Art und Umfang der betriebenen Geschäfte sowie die Organisationsstruktur des Instituts in die Bewertung einzufließen haben.

...

Was schließlich die ... Mindestanforderungen an die erforderliche Dauer der Gutachtertätigkeit anbelangt, um das Kriterium „langjährige Erfahrungen in der Wertermittlung" bejahen zu können, bin ich zwar der Ansicht, daß der Nachweis einer ununterbrochenen praktischen Tätigkeit auf dem Gebiet der Wertermittlung mindestens während der letzten fünf Jahre in den Fällen, in denen ein Schätzer die Voraussetzungen des Instituts für Sachverständigenwesen e.V. (IfS) für die Bestellung als Sachverständiger oder die Zertifizierungsvoraussetzungen der hyp zert Gesellschaft für Zertifizierung von Immobiliensachverständigen für Beleihungswertermittlungen mbH (hyp zert) noch nicht vollständig erfüllt, durchaus nicht völlig unangemessen ist. So war die Fünf-Jahres-Frist ursprünglich auch im Rahmen der Verlautbarung an die Spitzenverbände des Kreditgewerbes vom 3. Juni 1993 zum 4. KWG-Änderungsgesetz - I 3 - 5 - 1/92 - angelegt. Danach war für die Berufung als Gutachter in einen Sachverständigenausschuß nach § 10 Abs. 4b KWG u. a. Voraussetzung, daß die vorgesehenen Gutachter eine Liste der von ihnen erstellten Beleihungswertgutachten der letzten fünf Jahre nachweisen sollten, was eine ununterbrochene Gutachtertätigkeit während dieses Zeitraumes impliziert. Allerdings habe ich von einer Umsetzung dieses Postulats seinerzeit abgesehen. Die ursprünglich auch im vorliegenden Zusammenhang beabsichtigte Fünf-Jahres-Frist ist folglich ebenfalls kein unumstößliches Dogma.

In Anlehnung an die Anforderungen des IfS sowie von hyp zert sehe ich es bis auf weiteres als ausreichend für den Nachweis einer langjährigen Erfahrung im Sinne der Richtlinie an, wenn der Schätzer mindestens eine fünfjährige praktische Tätigkeit auf dem Gebiet der Grundstückswirtschaft nachweist, er sich in dieser Zeit mindestens drei Jahre intensiv auf dem Sachgebiet „Bewertung von bebauten und unbebauten Grundstücken" betätigt hat und

- 3 -

die erstellten Gutachten nach Anzahl, Art, Umfang und Qualität die Gewähr dafür bieten, daß der betreffende Gutachter für die hier in Rede stehenden Beleihungs- und Verkehrswertermittlungen geeignet ist. Dies zu beurteilen, obliegt dem jeweiligen Institut. Auch diese Erleichterung, die nicht auf kleine Kreditinstitute beschränkt ist, steht unter dem Vorbehalt ihres Widerrufs für den Fall, daß die Institute diese Mindestanforderungen nicht beachten.

VERBAND DEUTSCHER HYPOTHEKENBANKEN
ASSOCIATION OF GERMAN MORTGAGE BANKS

Grundsatzpapier zum Beleihungswert von Immobilien

I. Die Philosophie des Beleihungswertes im Sinne von § 12 HBG

Die Art und Weise der Ermittlung von Immobilienwerten hängt davon ab, für welchen Zweck Wertangaben benötigt werden. Bei einem Immobiliengeschäft interessieren sich beispielsweise Käufer und Verkäufer für den angemessenen Marktwert, also den „**Verkehrswert**", der dem aktuellen Marktverhältnis zwischen Angebot und Nachfrage im Geschäftsverkehr zu der konkret betroffenen Objektart gerecht wird.

Wendet sich dieser Käufer an ein Kreditinstitut, um einen Kredit zur Finanzierung des schließlich vereinbarten Kaufpreises zu erhalten, muss das Kreditinstitut den Wert dieser Immobilie unter einem anderen Blickwinkel betrachten. So ist je nach Tilgungsvereinbarung für das Kreditinstitut absehbar, dass es das Darlehen im Regelfall erst nach 15, 20 oder mehr Jahren vollständig zurückgezahlt erhält. Für diesen Zeitraum muss sich das Kreditinstitut den Rückzahlungsanspruch aus dem „Wert" der Immobilie optimal sichern. Es kommt also darauf an, für einen möglichst langen Zeitraum die Werthaltigkeit des zur Sicherung vereinbarten Grundpfandrechts abzuschätzen. Dem dient die Ermittlung des **Beleihungswerts**. Andere Wertbegriffe wie Marktwert, Verkehrswert erfüllen diese Anforderungen nicht. Angesichts der eindeutigen Zweckbestimmung, diesen Wert als sichere Wert-Obergrenze für die langfristige Beleihung zu ermitteln, ist dieser Beleihungswert ein **eigenständiger** Wert. Bei seiner Ermittlung dominieren die Sicherheitsbedürfnisse der Kreditgeber. Dies erfordert im Einzelnen

- eine möglichst lange, in die Zukunft gerichtete Beständigkeit des ermittelten Wertes,
- die Verwendung von aus dem Marktgeschehen der Vergangenheit und Gegenwart abgeleiteten beständigen Wertkomponenten als objektive Maßstäbe, die über den Prognosezeitraum als dauerhaft eingeschätzt werden,
- die Erfüllung der Anforderungen an die Ermittlung des Beleihungswertes durch jede einzelne bei der Wertermittlung benutzte Bezugsgröße und Wertkomponente,

- die Ausschaltung aller ungesicherten Zukunftskomponenten für Wert- und Ertragssteigerungen,
- die alleinige Berücksichtigung der zum Bewertungszeitpunkt nachweislich gesicherten Eigenschaften und Erträge, die bei ordnungsgemäßer Bewirtschaftung jedem Besitzer der bewerteten Immobilie dauerhaft zustehen,
- die Nachvollziehbarkeit der Beleihungswertermittlung hinsichtlich aller ausgeführten Berechnungen, verwendeten Ansätze und wertbeeinflussenden Faktoren,
- die sorgfältige Einschätzung der dauerhaften Marktgängigkeit der jeweiligen Immobilie (Vermietbarkeit und Verkäuflichkeit),
- die kritische Prüfung der vielseitigen Verwendbarkeit oder ausreichende Nutzbarkeit durch Dritte sowie
- die Darlegung wesentlicher objektbezogener Beleihungsrisiken als Grundlage für die Kreditentscheidung.

Diesen Komponenten des Beleihungswerts als einem eigenständigen, vom Vorsichtsprinzip geprägten Schätzwert kommt jedoch nicht nur bei der Wertermittlung als Grundlage für Kreditentscheidungen Bedeutung zu. Vielmehr bildet dieser „Beleihungswert" auch in anderen Bereichen den Anknüpfungspunkt, in denen nicht der aktuelle Wert der Immobilie im Falle einer im Bewertungszeitpunkt erfolgenden Veräußerung, sondern die vorsichtige Ermittlung eines dauerhaft erzielbaren Wertes von Interesse ist. Dies gilt beispielsweise für die bankaufsichtsrechtlichen Regelungen zur notwendigen Eigenkapitalunterlegung von Realkrediten, die unter Bezugnahme auf §§ 11 und 12 HBG eine Abgrenzung gemessen am 60 %igen Beleihungswert vornehmen, sowie bei der Bemessung nicht realisierter Reserven aus Grundstückswerten, die als haftendes Eigenkapital eines Kreditinstituts bankaufsichtlich anerkannt werden.

Den genannten Komponenten des mithin über den Bereich des Kreditgeschäfts hinaus relevanten Beleihungswertes kann bei der **Wertermittlung** zwar **mit Hilfe verschiedener und gleichberechtigter Berechnungsverfahren** Rechnung getragen werden. Es kann **jedoch nur eine Definition** eines eigenständigen Beleihungswertes geben, die diesen Berechnungen zugrunde zu legen ist:

II. Definition des Beleihungswertes

Für die Ermittlung des Beleihungswerts ist ausgehend von den unter I. dargelegten Rahmenbedingungen die nachfolgende Definition zugrunde zu legen:

> Der Beleihungswert eines Grundstücks ist der Wert, von dem auf Grund der aus dem langfristigen Marktgeschehen abgeleiteten Erkenntnisse zum Bewertungszeitpunkt auf der Basis der dauerhaften, zukunftssicheren Merkmale mit hoher Sicherheit erwartet werden kann, dass er über einen langen, in die Zukunft gerichteten Zeitraum im normalen Geschäftsverkehr realisiert wird.

Diesem Begriffsverständnis vom Beleihungswert liegen folgende Bedeutungsdefinitionen zugrunde:

„Aus dem langfristigen Marktgeschehen abgeleitete Erkenntnisse":	Sichere, durch Erfahrung gestützte Wertmaßstäbe, die maßgeblich aus der Interpretation und Analyse von langfristigen Entwicklungen des Marktes in der Vergangenheit und in der Gegenwart gewonnen wurden, und die unter kritischer Einschätzung der gegenwärtigen Situationen und des zukünftigen Entwicklungsrisikos vorsichtig fortgeschrieben werden.
„dauerhafte, zukunftssichere Merkmale":	Wertbestimmende Umstände und Erträge, die zum Wertermittlungszeitpunkt nachhaltig sicher sind und die voraussichtlich auch in Zukunft Bestand haben werden.
„ein langer, in die Zukunft gerichteter Zeitraum":	Möglichst langfristige Gültigkeitsdauer, mehrere Jahre.
„normaler Geschäftsverkehr":	Freihändiger Verkauf bei angemessener Verwertungszeit, unter der Voraussetzung, dass kein extrem negativer oder positiver Markt vorhanden ist; Verkauf unter Druck oder mittels Zwangsmaßnahmen sind hiermit nicht gemeint.

III. Künftige Bedeutung der Beleihungswertermittlung

Die Methodik und Begrifflichkeit der Beleihungswertermittlung nach § 12 HBG erlangt zunehmend Bedeutung. Hierbei greifen verschiedene Entwicklungen ineinander:

- So ist zunächst festzustellen, dass sich in Deutschland eine Rechtsentwicklung ergeben hat, bei der neben den Begriff „Beleihungswert" eine Vielzahl anderer Bezeichnungen getreten ist. Zwar stellen HBG und KWG grundsätzlich auf den „Beleihungswert" ab. Mit der Umsetzung der Großkredit-Richtlinie wurde jedoch in das KWG der weitere Begriff des „Grundstückswerts" eingeführt. In gewisser Weise verwirrend ist es, dass § 7 Abs. 7 Bausparkassengesetz nahezu wortgleich mit § 12 HBG ist, jedoch den Beleihungswert im Wege einer Legaldefinition als den „bei der Beleihung angenommenen Wert des Pfandobjektes" bezeichnet und als Beleihungsgrenze ausdrücklich den „Verkehrswert" regelt. § 12 HBG verwendet dagegen den weiteren Begriff „Verkaufswert". Das Versicherungsaufsichtsgesetz verwendete bis vor kurzem, je nach dem Zweck der jeweiligen Bestimmung, den Begriff „Beleihungswert" im Sinne des Hypothekenbankgesetzes und den Begriff „Verkehrswert". Bedingt durch EU-rechtliche Vorgaben zur Bilanzierung von Grundvermögen sind in die versicherungsrechtlichen Bestimmungen nunmehr jedoch die Begriffe „Zeitwert" und „Marktwert" eingeflossen.

Schon ausgehend von diesem sich fortschreitend zersplitternden deutschen Recht erscheint es unverzichtbar, auf eine künftige klare Differenzierung ausschließlich zwischen „Beleihungswert" einerseits und „Verkehrswert" andererseits zu drängen.

- Hinzu kommen aktuelle Initiativen auf EU-Ebene: Zusätzlich zu den mit der Versicherungsrichtlinie geschaffenen Maßstäben zur Ermittlung des „Marktwertes" als Parameter des bei der bilanziellen Einschätzung des Zeitwertes von Immobilien sollen eigenständig für den bankaufsichtsrechtlich relevanten Bereich des Kreditgeschäfts Grundsätze für die vom Vorsichtsprinzip bestimmte Wertermittlung von Immobilien festgeschrieben werden. Insoweit wird es darauf ankommen, ausgehend von der Philosophie des Beleihungswerts in Brüssel nach Wegen der Einigung zu suchen, die diversen nationalen Wertermittlungsmethoden unter eine abstrakte Definition zu subsumieren. Die Chartered Surveyors sind über europäische Sachverständigenverbände bemüht, unter Umständen im Kontext der aktuell anstehenden Änderung der Solvabilitätsrichtlinie zur künftigen Gewichtung von MBS und gewerblichen Realkrediten einheitliche Bewertungsmaßstäbe in die Diskussion auf EU-Ebene einzubringen.
- Ebenfalls bedingt durch den europäischen Harmonisierungsprozess befindet sich gegenwärtig das Sachverständigenwesen in Europa in einem Umbruch. Für Deutschland tritt neben die Vereidigung von Sachverständigen eine breitere Zulassung von Prüfungsinstitutionen, die die Berechtigung erhalten, Sachverständigen-Zertifikate zu erteilen. Um hier den Standard einer Begutachtung von Immobilien auf dem für langfristige Beleihungen notwendigen hohen Niveau zu erhalten, bedarf es auch in diesem Zusammenhang einer Fundamentierung der Leitlinien zur Beleihungswertermittlung.

Von diesen Entwicklungen ausgehend wird der „Beleihungswert" als Zielgröße der Immobilienbewertung nach § 12 HBG künftig in folgenden konkreten Definitions- und Handlungszusammenhang einzustellen sein:

a) Der Begriff „Verkaufswert" in § 12 HBG wird durch den Begriff Beleihungswert ersetzt, da beide Begriffe inhaltlich identisch sind.

b) Der ermittelte Beleihungswert, seine Parameter und die anzuwendende Methodik werden nachvollziehbar definiert.

c) Dies bewirkt keine Änderung der bisherigen bankinternen Aufgaben- und Kompetenzverteilungen.

IV. Präzisierung des Unterschieds zwischen Beleihungswert und Verkehrswert

1. Beleihungswert

Der Beleihungswert ist ein eigenständiger Wert mit einer eindeutigen Zweckbestimmung:

a. Der „ermittelte Beleihungswert“ (=Verkaufswert im Sinne des § 12 HBG) ist der zum Zwecke der Beleihung ermittelte Wert.

   Die ERMITTLUNG durch den Sachverständigen dient der Schätzung der auf Dauer sicheren Wertobergrenze.

b. Der „festgesetzte Beleihungswert“ (= Beleihungswert im Sinne des § 12 HBG) ist der bei der Beleihung angenommene Wert.

   Seine FESTSETZUNG erfolgt im Rahmen der einzelnen Kreditvergabe durch die Kompetenzträger (der Vorstand) des jeweiligen Kreditinstituts.

Die Kriterien für die Ermittlung und Festsetzung des Beleihungswerts regelt §12 HBG. So ist der Beleihungswert danach ein **auf einen langen Zeitraum ausgerichteter Wert, den das Beleihungsobjekt** im Zeitpunkt der Bewertung **nachhaltig hat**. Richtungsweisende Termini sind „nachhaltig erzielbare Erträge an jeden Besitzer“ und „dauernde Objekteigenschaften“. Die Ermittlung des Beleihungswerts ist also nicht auf die Feststellung des momentanen Preises ausgerichtet; wesentlich ist vielmehr, dass der angenommene Wert im veranschlagten, langen Zeitraum zuverlässig und dauerhaft ist. Deshalb dürfen nur Wertfaktoren berücksichtigt werden, die auf Grund der vergangenen und gegenwärtigen Markterfahrungen mit hoher Wahrscheinlichkeit wertbeständig sind.

Die Beleihungswertermittlung erfolgt nach inhaltlichen und methodischen Prinzipien, welche in allgemeinen Wertermittlungsanweisungen und ergänzenden internen Beleihungsrichtlinien festgeschrieben sind. Wesentliches Element der Beleihungswertermittlung ist das Prinzip, für alle relevanten Wertkomponenten die jeweils aktuellen örtlichen Preise, Erträge und Kosten auf ihre bestimmenden Faktoren hin zu untersuchen, die Wertansätze um die dabei kritisch beurteilten Umstände zu bereinigen, also Minderungen in die Berechnungen einzubeziehen, die nach den in der Vergangenheit gewonnenen Erfahrungen künftig zu erwarten sind. Es geht also um im Einzelnen plausible Wertannahmen für die Zukunft, wobei durch deren Dokumentation eine ausreichende Möglichkeit zur Prüfung der Einzelkomponenten geschaffen werden muss.

Bezogen auf das Inlandsgeschäft bildet das sog. „Zwei-Säulen-Prinzip“ ein derartiges Kontrollinstrument. Danach werden Sachwert und Ertragswert des Objekts unabhängig voneinander ermittelt. Auffällige Abweichungen der beiden Werte voneinander sind beim Beleihungswertansatz zu würdigen. Der Ertragswert bildet regelmäßig – abgesehen unter anderem vom Eigenheimbereich – die obere Grenze für den Beleihungswert. Bei der Berechnung des Ertragswertes bestehen – im

Gegensatz zur Verkehrswertermittlung – für den Ansatz der Bewirtschaftungskosten bzw. des Kapitalisierungszinses Bandbreiten, dessen untere Werte im Regelfall als Mindestsätze aufgefasst werden. Sie sind aus Erfahrungen der Vergangenheit abgeleitet und dienen dem Sicherheitsbedürfnis, indem sie Wertverluste aus künftigen Marktschwankungen weitgehend ausschließen sollen.

Im Normalfall bildet der Marktwert (Verkehrswert) die Höchstgrenze für den Beleihungswert. Im Tiefpunkt einer Rezession kann jedoch hingenommen werden, dass Beleihungswerte oberhalb eines aktuell am Markt erzielbaren niedrigeren Marktwertes liegen. Ein nach konservativen Wertmaßstäben ermittelter Beleihungswert bedarf – außer es ergeben sich konkrete Hinweise der Beeinträchtigung der Kreditsicherheit – keiner Nachbewertung.

2. Verkehrswert

Der Verkehrswert ist ein **Stichtagswert**. Seine Definition im BauGB wird durch detaillierte Wertermittlungsvorschriften (WertV und WertR) ergänzt.

§ 194 BauGB lautet: „Der Verkehrswert wird durch den Preis bestimmt, der zu dem Zeitpunkt, auf den sich die Ermittlung bezieht, im gewöhnlichen Geschäftsverkehr nach den rechtlichen Gegebenheiten und tatsächlichen Eigenschaften, der sonstigen Beschaffenheit und der Lage des Grundstücks oder des sonstigen Gegenstandes der Wertermittlung ohne Rücksicht auf ungewöhnliche oder persönliche Verhältnisse zu erzielen wäre."

Diese Regelung beruht auf dem unmittelbaren gesetzgeberischen Interesse an der Feststellung des Verkehrswertes als dem „richtigen" aktuellen Wert. So bildet der Verkehrswert nämlich den Anknüpfungspunkt für Enteignungen, gerichtliche Zwecke und bei sonstigen Vermögensauseinandersetzungen etc. Resultierend aus dieser Zweckbestimmung besitzt der Verkehrswert nur eine kurzzeitige Gültigkeit.

Ausgehend von dieser vielseitigen Zweckbestimmung versteht man begrifflich unter dem Verkehrswert den Wert, der am Tag der Bewertung im allgemeinen Geschäftsverkehr am wahrscheinlichsten zu erzielen wäre. Derartige Werte unterliegen erfahrungsgemäß erheblichen Bandbreiten, je nach den am Bewertungsstichtag vorherrschenden Tendenzen des Immobilienmarkts und den jeweiligen auf die Zukunft ausgerichteten Renditeerwartungen. In Zeiten, in denen ein „Verkäufermarkt" vorliegt (geringes Immobilienangebot, große Nachfrage), sind die Kaufpreise vergleichbarer Objekte regelmäßig höher als in Zeiten eines „Käufermarktes" (großes Immobilienangebot, geringe Nachfrage). Die Preisbildung fließt in die Verkehrswertermittlung ein, was erhebliche Schwankungsbreiten bedingt.

V. Methodik der Beleihungswertermittlung

1. Wertermittlung bei Beleihungen von Immobilien im Inland

Die wesentlichen Parameter für den Beleihungswert sind in der folgenden Auflistung zusammengestellt:

1. Die Wertermittlung erfolgt stets auf der Basis von Sachwert und Ertragswert („Zwei-Säulen-Prinzip"). Vergleichswerte können in geeigneten Fällen herangezogen werden, so für die Ermittlung des Bodenwerts und für zur Eigennutzung geeignete Eigentumswohnungen.

2. Bei der Ermittlung des Bauwerts als Teil des Sachwerts sollen nach Maßgabe des Vorsichtsprinzips, das angesichts der Zukunftsorientierung die Beleihungswertermittlung prägt, Abschläge vom Bauwert vorgenommen werden („geminderter Bauwert").

3. Die Baunebenkosten eines Bauvorhabens dürfen nur bis zu einem angemessenen Höchstsatz als Anteil an den reinen Baukosten angesetzt werden. So ist ein Ersatz der insgesamt insoweit entstandenen Kosten im Falle eines Dritterwerbs erfahrungsgemäß oft nicht durchzusetzen. Die Finanzierungskosten sind bei den Baunebenkosten berücksichtigt.

4. Es dürfen nur dauerhafte ortsübliche Nettokaltmieten in die Ertragswertberechnung eingehen. Primären Anknüpfungspunkt bildet hierbei das aktuelle ortsübliche Marktniveau. Zeitlich begrenzte Mehrerträge (overrent) dürfen bei der Beleihungswertermittlung aber nicht berücksichtigt werden.

5. Für die beim Vermieter verbleibenden Bewirtschaftungskosten sind Mindestansätze zu berücksichtigen. Bei detaillierter Ermittlung der Bewirtschaftungskosten im Rahmen der üblichen Normalaufwendungen soll ein Mindestansatz bezogen auf die Nettokaltmiete nicht unterschritten werden. Alternativ können auch Bewirtschaftungskostenpauschalen in Ansatz gebracht werden. Hierbei sollen die normalen, für das Beleihungsobjekt typischen Bewirtschaftungskosten nicht unterschritten werden.

6. Die Kapitalisierung der Reinerträge muss im Regelfall innerhalb bestimmter Bandbreiten der Kapitalisierungszinssätze erfolgen, wobei der untere Wert der Bandbreite typischerweise als Mindestkapitalisierungszinssatz, unterschiedlich bei Wohnungsbauobjekten und bei gewerblichen Objekten aufgefasst wird. Je nach Standort, Nutzungsart, Objektzustand, Vermietung und Verwertbarkeit ist ein individueller Maßstab bezüglich höherer Ansätze anzulegen, entsprechend dem objekttypischen Risiko.

7. Bei der Einschätzung der nachhaltigen Ertragsfähigkeit der Immobilie ist ihre vielseitige Verwendbarkeit oder ihre ausreichende Nutzbarkeit durch Dritte zu prüfen.

8. Wesentliche objektbezogene Beleihungsrisiken sind als Grundlage für die Kreditentscheidung darzulegen.

9. Bei allen Objekten, bei denen im Rahmen der Verkehrswertermittlung Rechte, die in Abteilung II des Grundbuchs eingetragen sind und den Barwert beeinflussen (Erbbauzins, Leib- oder Zeitrenten, Wohnrechte etc.) ergibt sich für die Beleihungswertermittlung eine eigenständige Vorgabe. Wegen der Bedeutung der Rangstelle der grundpfandrechtlichen Sicherung ist vom Grundsatz her der Beleihungswert frei von solchen Abteilung-II-Lasten zu ermitteln. Derartige geldwerte Rechte sind gesondert zu bewerten, weil nach der sich ergebenden Rangstelle für das Grundpfandrecht des Kreditinstituts ausgehend von diesen Werten über den Beleihungsauslauf entschieden wird.

10. Für die Beleihungswertermittlung dürfen nur Sachverständige bzw. geeignete Mitarbeiter verantwortlich zeichnen, die auf dem Sektor der hypothekarischen Wertermittlung die erforderliche Qualifikation sowie ausreichende Erfahrung nachweisen können und der Bank als vertrauenswürdig bekannt sind. Bis zur sog. Kleindarlehensgrenze ist ein vereinfachtes Schätzverfahren ohne Erstellung eines förmlichen Gutachtens möglich, wenn durch geeignete organisatorische Vorkehrungen und Kontrollen eine hinreichend sichere Wertermittlung gewährleistet ist.

11. Bei gemischtgenutzten Objekten ist die Trennung der Ertragswertberechnung nach wohnungswirtschaftlichem und gewerblich genutztem Teil erforderlich.

12. Im Zuge der Beleihungswertermittlung hat der Sachverständige eine Beurteilung über die allgemeine Marktgängigkeit des Objekts (Vermiet- und Verwertbarkeit) vorzunehmen.

2. Wertermittlung bei Beleihungen von Immobilien im Ausland

EU-einheitliche Wertermittlungsvorgaben gibt es bislang nicht. Die Banken können Gutachten verwenden, die nach den anerkannten landesspezifischen Bewertungsverfahren erstellt werden. Bei der Plausibilitätsprüfung dieser Gutachten ist darauf zu achten, dass die Ergebnisse die unter I und II dargelegten Grundsatzkriterien des Beleihungswertes erfüllen. Ziel der deutschen Hypothekenbanken ist es, die in I und II genannten Kernelemente des Beleihungswertes, die aus seiner Philosophie und seiner Definition bestehen, in eine künftige europäische Diskussion einzubringen.

Schlussbemerkung

Die vorstehenden grundsätzlichen Feststellungen umfassen die wesentlichen Elemente zur Methodik der Beleihungswertermittlung, sie können jedoch die Gesamtthematik nicht komplett abdecken und erheben deshalb keinen Anspruch auf Vollständigkeit. Weitere Detailfragen – wie z. B. die Höhe der Mindestkapitalisierungszinssätze, die Zulässigkeit des Ansatzes von umlagefreien Mieten und diesbezüglich reduzierter spezifizierter Bewirtschaftungskosten, die konkreten Verfahren bei Beleihungswertermittlungen für Auslandsobjekte – befinden sich noch in der Diskussion.

VERBAND DEUTSCHER HYPOTHEKENBANKEN
ASSOCIATION OF GERMAN MORTGAGE BANKS

Wesentliche Aspekte der Beleihungswertermittlung

Themen:

- Mietausgangsgrößen
- Bewirtschaftungskosten
- Modernisierungsrisiko
- Kapitalisierungszinssatz

Inhaltsverzeichnis

Vorbemerkung

Der Verband deutscher Hypothekenbanken hat seit 1995 die Fragen des Sachverständigen- und Bewertungswesens intensiv diskutiert, um über das mitgliederspezifische Interesse hinaus eine Plattform zu schaffen, die einerseits bei der Bewertungsmethodik einheitliche Standards setzt und andererseits die Stellung der Gutachter stärkt. Diesbezüglich wurde ein Zertifizierungssystem aufgebaut, welches seit 1996 den in Hypothekenbanken bzw. für Hypothekenbanken tätigen Sachverständigen die Möglichkeit bietet, ihr Know-how in einer Zertifizierungsprüfung zu demonstrieren.

Hinsichtlich der Methodik der Beleihungswertermittlung wurden zeitgleich die Gespräche mit dem Bundesaufsichtsamt für das Kreditwesen intensiviert und mündeten im Oktober 1996 in dem Grundsatzpapier zum Beleihungswert von Immobilien, in welchem neben der Philosophie des Beleihungswertes im Sinne von § 12 HBG vor allem die Präzisierung der Unterschiede zwischen Beleihungswert und Verkehrswert vorgenommen worden sind. Dieses Grundsatzpapier wurde mittlerweile in englischer, polnischer und ungarischer Sprache übersetzt. Es dient innerhalb der Hypothekenbankenbranche als Positionspapier zur Abgrenzung gegenüber dem Verkehrswert und wurde auf (west-) europäischer Ebene dazu verwendet, die Eigenständigkeit des Beleihungswertbegriffes für kreditwirtschaftliche Zwecke in Abgrenzung zum Open Market Value als Begriff der englischen Chartered Surveyors herauszustellen.

Darüber hinaus ist die deutsche Position zum Beleihungswert auch über die Fédération Hypothécaire in eine gemeinsame Philosophie des europäischen Beleihungswertes (European Mortgage Lending Value, EMLV) eingeflossen. Dieser EMLV kann zukünftig auf europäischer Ebene auf Grund der im November 1997 verabschiedeten Solvabilitätsrichtlinie für die Berechnung der Eigenkapitalunterlegung gewerblicher Hypothekarkredite verwendet werden.

Die folgenden Ausführungen des vom Ausschuss für Bewertungsfragen in Absprache mit dem Bundesaufsichtsamt für das Kreditwesen entwickelten Papieres sind als weitere Konkretisierungsstufe des Grundsatzpapieres zu sehen. Da die Eigenständigkeit des Beleihungswertes im Ertragswertverfahren in den Komponenten eines nachhaltigen Mietansatzes, eines ausreichend hohen Abzuges der Bewirtschaftungskosten, eines ggf. zu berücksichtigenden Modernisierungsrisikos und in einem langfristig sicheren Kapitalisierungszinssatz begründet ist, gilt es vor allem, diese Besonderheiten zu berücksichtigen.

Grundsätzlich gilt, dass jede Ertragswertberechnung einer Immobilie unabhängig von ihrer Zweckbestimmung (z. B. Beleihungswert oder Verkehrswert) als finanzmathematisches Ergebnis von wesentlichen, variablen Einflussfaktoren bestimmt wird. Dies sind im Einzelnen:

Mietansatz
Bewirtschaftungskosten
Kapitalisierungszinssatz
wirtschaftliche Restnutzungsdauer

Realistische Ergebnisse, die das langfristige Marktgeschehen widerspiegeln, entstehen alleine aus dem fachkundigen Verknüpfen dieser sorgfältig ermittelten einzelnen Komponenten, unter Beachtung ihrer jeweiligen Auswirkungen auf das Gesamtergebnis. Nur auf diese Weise lassen sich Wertverzerrungen vermeiden, wie sie unter Umständen durch eine isolierte Betrachtungsweise einzelner oder mehrerer Faktoren entstehen können.

So zeigt eine einfache Analyse, wie sich alleine unter Einbeziehung von zwei Einflussfaktoren, z. B. Bewirtschaftungskosten und Kapitalisierungszins, das Gesamtergebnis überproportional verändern kann. Werden etwa unter dem Aspekt einer Wertreduzierung beide Faktoren um 10 % variiert, so vermindert sich der Ertragswert gegenüber dem Ausgangsergebnis um ca. 18 % vice versa. Bei einer Änderung von 15 % beträgt die Wertdifferenz sogar ca. 27 %.

Während die spezielle Zweckbestimmung des Beleihungswertes gemäß § 12 HBG im Grundsatzpapier behandelt wurde, sollen bezüglich der Mietausgangsgrößen, der Bewirtschaftungskosten, des Modernisierungsrisikos und des Kapitalisierungszinssatzes im Folgenden die besonderen methodischen Anforderungen näher beschrieben werden.

Dazu werden zunächst die Begriffe definiert und sodann in beleihungsrelevante objektartbezogene Zusammenhänge gesetzt. Die Basis zur Bestimmung dieser Größen und deren Zusammenhänge bilden immer das Marktgeschehen und die marktüblichen Gepflogenheiten. Daraus werden Maßstäbe für die Methodik der Beleihungswertermittlung abgeleitet.

1. Mietausgangsgrößen

1.1 Definition der Mietflächen

Die Mietfläche entspricht der vermietbaren Wohnfläche bei wohnwirtschaftlicher Nutzung und der dauerhaft vermietbaren Nutzfläche bei gewerblicher Nutzung.

1.1.1 Die vermietbare Wohnfläche (Netto-Grundfläche der Wohnung) erfährt ihre Definition nach den §§ 42 bis 44 der II. Berechnungsverordnung (II. BV), ersatzweise nach DIN 283 (inzwischen zurückgezogen).

1.1.2 Bei gewerblichen Mietflächen besteht keine gesetzliche Vorgabe. Allerdings gibt es nach DIN 277 eine Definition der Bauwerksflächen. Eine der gängigen Vermietungsflächen ist danach die Netto-Grundfläche (NGF), entsprechend der Summe der nutzbaren Grundflächen aller Grundrissebenen eines Bauwerkes, einschließlich freiliegender Installationen und fest eingebauter Gegenstände; die NGF gliedert sich in Nutzfläche, Funktionsfläche und Verkehrsfläche. Die Nutzfläche nach DIN 277 entspricht nicht der gewerblichen Mietfläche.

Für die Beleihungswertermittlung sollte als Mietfläche grundsätzlich nur die modifizierte Netto-Grundfläche innerhalb der Mieteinheit (reduziert um Funktionsflächen und Verkehrsflächenanteile, bestehend aus Treppenhäusern und Aufzügen) in Ansatz gebracht werden. Zusätzlich können fallweise allgemein zugängige Verkehrsflächen außerhalb der Mieteinheit (z. B. Hallen, Foyers, Flure) anteilig in die Mietfläche einbezogen werden, soweit ortsüblich gebräuchlich. Diese Vorgabe wird für Büroräume durch die Mietflächendefinition der Gesellschaft für Immobilienwirtschaftliche Forschung e. V. (gif) weitestgehend abgedeckt.

1.2 Definition Mietbegriff/Mieten

Die Verwendung und Definition von Mietbegriffen im Rahmen der Beleihungswertermittlung soll verbindlich, wie folgt, festgelegt werden:

Netto-Kaltmiete:	Miete (nachhaltige Marktmiete), ohne mieterseitige Nebenleistung aus umlagefähigen Bewirtschaftungskosten, ohne Mehrwertsteuer.
Brutto-Kaltmiete:	Miete, einschließlich auf Mieter umlagefähigem Bewirtschaftungskostenaufwand (ohne Heizung), ohne Mehrwertsteuer.
Brutto-Warmmiete:	Warmmiete, einschließlich auf Mieter umlagefähigem Bewirtschaftungskostenaufwand (inklusive Heizung), ohne Mehrwertsteuer.
Reinertrag:	Verbleibender Mietanteil nach Abzug aller Bewirtschaftungskosten, ohne Mehrwertsteuer.

Die jährlichen Mieterträge werden als Jahres-Netto-Kaltmiete, Jahres-Brutto-Kaltmiete, Jahres-Brutto-Warmmiete bzw. Jahres-Reinertrag bezeichnet.

Die allgemeine Definition der **Jahres-Netto-Kaltmiete** entspricht im Wesentlichen dem **Jahres-Rohertrag** nach § 17 WertV.

Bei den Mietansätzen für die Beleihungswertermittlung ist zu berücksichtigen, dass sie den erhöhten Anforderungen im Hinblick auf lange Gültigkeit und Nachhaltigkeit genügen müssen.

1.3 Ableitung des Mietansatzes aus dem Marktgeschehen

1.3.1 Nahezu alle Mietabschlüsse (Verträge), Mietspiegel und Vergleichsmietpublikationen basieren in Deutschland – im Gegensatz zu früher – auf so genannten Netto-Mietvereinbarungen. Daneben werden regelmäßig die umlagefähigen Neben-/Betriebskosten gesondert aufgeführt, die die Mieter i. d. R. zusätzlich zur Miete entrichten (so genannte Zweite Miete).

1.3.2 Diese unmittelbar aus dem Marktgeschehen abgeleiteten Netto-Kaltmieten bieten eine weitgehend reale und objektive Vergleichsmöglichkeit, insofern sind sie auch Grundlage der in Deutschland gängigen Wertermittlungsverfahren.

1.3.3 Zu unterscheiden ist grundsätzlich zwischen der Marktüblichkeit von Mietvertragsvereinbarungen und den individuell vorhandenen Vertragsabschlüssen und Mietverhältnissen. Das heißt, bei bestehenden Verträgen und Mietverhältnissen ist die Einzelfallprüfung (angesetzte Mietfläche, Höhe der vereinbarten Netto-Kaltmiete, Umfang der umlagefähigen/nicht umlagefähigen Kosten) erforderlich, um ggf. individuelle Regelungen, die von der Normalbewirtschaftung abweichen, kritisch unter Würdigung der Nachhaltigkeit in der Wertermittlung zu berücksichtigen.

1.4 Handhabung des Mietansatzes für die Beleihungswertermittlung

1.4.1 Der Gesamtmietaufwand für einen Mieter (Netto-Kaltmiete und sämtliche mieterseitig zu tragenden Umlagen) ist für die Beurteilung des Objektes hinsichtlich der Wiedervermietung oder der Veräußerbarkeit von Bedeutung. Dementsprechend würde die Brutto-Warmmiete einen ausreichenden Aufschluss über die Gesamtaufwendungen (einschließlich der Nutzungskosten wie Heizung, Klimaanlage, Wasser, Strom, Gas, Müll, Bewachung, Reinigung etc.) geben. Die Einschätzung dieser Gesamtaufwendungen ist jedoch problematisch, da sie im Regelfalle wegen der stark verbrauchsabhängigen Anteile – insbesondere für Heizungskosten – einer großen Ungenauigkeit unterliegen.

Demnach bietet der Ansatz von Bruttokalt- oder Nettokaltmiete eine verlässliche Ausgangsgröße für die Beleihungswertermittlung, da die stark verbrauchsabhängigen Komponenten reduziert bzw. ausgeschlossen sind.

Ziel ist, den nachhaltig erzielbaren Reinertrag zu ermitteln. Dies kann sowohl auf Basis der Bruttokaltmiete als auch der Nettokaltmiete erfolgen.

1.4.2 Brutto-Kaltmieten als Ausgangsgrößen führen zu realistischen Ertragswerten, wenn die abgesetzten Bewirtschaftungskosten der Summe aus den umlagefähigen Bewirtschaftungskosten und den von der Netto-Kaltmiete abzuziehenden (beim Eigentümer verbleibenden) nicht umlagefähigen Bewirtschaftungskosten entspricht.

1.4.3 Die Netto-Kaltmiete kann unmittelbar aus den verfügbaren Marktdaten abgeleitet werden. Dadurch sind reale und objektive Vergleichsmöglichkeiten gegeben. Die nachhaltige Netto-Kaltmiete sollte daher als transparente Mietausgangsgröße Eingang in die Beleihungswertermittlung finden.

1.4.4 Der Sachverständige hat sich auch bei der Verwendung von Netto-Kaltmieten mit der Wirtschaftlichkeit und damit der Konkurrenzfähigkeit eines zu bewertenden Objektes ausreichend auseinander zu setzen. Hierzu sind Aussagen über die Höhe der Betriebskosten und ihre Angemessenheit erforderlich. Eine dabei evtl. erkennbare Unwirtschaftlichkeit des Objektes auf Grund zu hoher Gesamtaufwendungen (Nachteile gegenüber dem Markt) sollte dann für die Beleihungswertermittlung Berücksichtigung finden. Dies ist entweder bei den Bewirtschaftungskosten (Erhöhung) oder der nachhaltigen Netto-Kaltmiete (reduzierter Ansatz) möglich. Eine weitere Korrektur muss – entsprechend den speziellen Anforderungen der Beleihungswertermittlung – der Mietansatz erfahren, wenn z. B. zeitlich begrenzte Mehrerträge (Overrent) gegeben sind, die nicht zu berücksichtigen sind.

2. Bewirtschaftungskosten

2.1 Definition

Die Bewirtschaftungskosten sind exemplarisch für den Wohnungsbau in der II. Berechnungsverordnung (§§ 24 bis 29) und der WertV (§ 18) definiert. Hiernach handelt es sich um Kosten, die zur Bewirtschaftung des Gebäudes oder der Wirtschaftseinheit laufend erforderlich sind. Sie sind nach den Grundsätzen einer ordentlichen (normalen) Bewirtschaftung und nach der Art der Nutzung zu bemessen. In Anlehnung an diese Definitionen setzen sich die Bewirtschaftungskosten zusammen aus: Abschreibung, Verwaltungskosten, Betriebskosten, Instandhaltungskosten und Mietausfallwagnis.

In der Vertragspraxis des Gewerbemietmarktes werden diese Kostenarten und Definitionen i. d. R. analog angewandt.

2.2 Definition der einzelnen Bewirtschaftungskosten

2.2.1 Abschreibung

Unter Abschreibung versteht man im Rahmen der Wertermittlung die periodische Kapitalrückführung der auf die baulichen Anlagen entfallenden Reinertragsanteile zum Ausgleich der Wertminderung in Folge Alters und Abnutzung. Es handelt sich um eine finanzmathematische Betrachtung im Sinne von einer Rückführung des investierten Kapitals.

Im Ertragswertverfahren richtet sich die Rückführung des Kapitals allein nach den wirtschaftlichen Gesichtspunkten der Zinseszinsrechnung, bezogen auf den anteiligen Gebäudeertrag während der angenommenen Restnutzungsdauer. Die Aufrechterhaltung der Ertragsfähigkeit erfolgt über die Instandhaltung und ist somit nicht Gegenstand der Abschreibung[1].

2.2.2 Verwaltungskosten

Bei den Verwaltungskosten handelt es sich unter anderem um Kosten und Gebühren für:

- Mieteingang, Mietanpassung, Mietänderung
- Neuvermietung, Abschluss von Mietverträgen
- Buchhaltung, Rechnungsprüfung, Zahlungsverkehr, Jahresabschluss
- Bearbeitung von Versicherungsfällen
- Organisation von Instandhaltungsarbeiten.

2.2.3 Betriebskosten

Hierbei handelt es sich um laufende Kosten, die durch das Eigentum am Grundstück bzw. dessen bestimmungsmäßigem Gebrauch und seiner baulichen Anlagen entstehen. Im wesentlichen handelt es sich um Aufwendungen für:

- laufende öffentliche Lasten (z. B. Grundsteuer)
- Wasserversorgung, Entwässerung
- Heizungsversorgung
- Kälteversorgung
- Warmwasserversorgung
- Aufzugsbetrieb
- Straßenreinigung
- Müllabfuhr, Hausreinigung
- Gartenpflege
- Gemeinschaftsbeleuchtung
- Schornsteinreinigung
- Sach- und Haftpflichtversicherung

1 Im Wertermittlungsverfahren nach WertV ist die Abschreibung bereits im Vervielfältiger enthalten, wodurch bei gleichem Soll- und Abschreibungszins der Rentenbarwert des anteiligen Gebäudeertrages bezogen auf die erwartete Restnutzungsdauer ermittelt wird. Wird mit diesem Vervielfältiger gerechnet, entfällt die Berücksichtigung der Abschreibung bei den Bewirtschaftungskosten. Wird auf ewig kapitalisiert, muss die Abschreibung bei den Bewirtschaftungskosten abgesetzt werden.

- Hauswart
- Gemeinschaftsantenne
- sonstige Betriebskosten.

2.2.4 Instandhaltungskosten (Normalinstandhaltungskosten)

Hierbei handelt es sich um Kosten, die zur Erhaltung des bestimmungsmäßigen Gebrauchs der baulichen Anlagen während ihrer Nutzungsdauer in Folge Abnutzung, Alterung und Witterung aufgewendet werden müssen (nach DIN 31051: Bewahrung und Wiederherstellung des Sollzustandes). Sie umfassen die laufende Instandhaltung und regelmäßige Instandsetzung (einschließlich Ersatz) der baulichen Anlage, jedoch nicht deren Modernisierung. Der Ansatz der Instandhaltungskosten in der Wertermittlung ist unter Würdigung des vorgefundenen Objektzustandes auf den langjährigen Durchschnitt eines Objektes auszurichten. Während bei Neubauten die Aufwendungen anfangs gering sind, steigen sie mit zunehmendem Gebäudealter. Ein zum Bewertungszeitpunkt erkennbarer, akuter Instandhaltungsrückstau ist nicht den Instandhaltungskosten zuzuführen, sondern als gesonderter Wertabschlag in Höhe der erwarteten Aufwendungen zu berücksichtigen.

2.2.5 Mietausfallwagnis

Das Mietausfallwagnis berücksichtigt Ertragsausfälle durch vorübergehenden Leerstand sowie uneinbringliche Mietrückstände und deren Kosten für die Rechtsverfolgung. Es wird als langjähriger Durchschnittssatz kalkuliert. Ein zum Bewertungszeitpunkt erkennbares, akutes Mietausfallwagnis, welches deutlich über dem kalkulierten Durchschnittssatz liegt, ist als gesonderter Wertabschlag in Höhe des erwarteten Ausfalles anzusetzen, sofern es nicht bereits bei dem nachhaltigen Mietansatz berücksichtigt wurde.

2.3 Abhängigkeiten und Zuordnung der Bewirtschaftungskosten

Betrachtet man die einzelnen Bewirtschaftungskostenarten entsprechend dem Marktgeschehen, so ergeben sich bei deren Bemessung regelmäßig folgende Abhängigkeiten und Zuordnungen:

- Abschreibung: Finanzmathematische Kapitalsammlung nach den Regeln der Rentenrechnung (progressiver Verlauf), Bestimmungsfaktoren sind Restnutzungsdauer, Kapitalisierungszins und Gebäudeertragsanteil. Eine direkte prozentuale Ableitung aus der Miete ist nicht gegeben. (Bei Verwendung des Vervielfältigers nach WertV entfällt der gesonderte Ansatz.)

  ⇨ Vermieterseitige Zuordnung.

- Verwaltungskosten: Fixkosten nach:
  - Nutzungsart
  - Anzahl der Vermietungseinheiten

  Bei Wohnflächen generell miethöhenunabhängige Kostenbemessung, bei Gewerbevermietung Ausrichtung nach Nutzungseinheiten, Mietfläche oder Miethöhe.

  ➪ Regelmäßig vermieterseitiger Aufwand. Bei Gewerbevermietung – je nach Vertragsvereinbarung – teilweise auch auf Mieter umlagefähig. (Gutachterliche Einschätzung)

- Betriebskosten: Kostenabhängig von tatsächlich anfallenden Gebühren und Aufwendungen. Lediglich bei den Energiekosten sind z. T. gebäudespezifische Eigenschaften von Einfluss, ansonsten entstehen die Kosten im wesentlichen gebührenund verbrauchsabhängig. Ein (prozentualer) Bezug zur Miete ist nicht gegeben.

  ➪ Generell mieterseitige Zuordnung. Die Aufwendungen werden – bis auf Ausnahmen – regelmäßig über die Umlage gesondert zur Miete erhoben, entsprechend dem geltenden Mietrecht. Einzelne Vertragsgestaltungen sind zu beachten.

  (Gutachterliche Einschätzung)

- Instandhaltung: Gebäudebedingte Aufwendungen je nach Ausstattung und Bauweise, kein prozentualer Bezug zur Miete gegeben.

  Die Kosten sind abhängig von:
  - Alter und Zustand der Gebäude
  - Ausstattungsstandard (Qualität)
  - Bauweise und -konstruktion
  - Nutzungsart

  Instandhaltungskosten können auf Grund von Erfahrungswerten, Publikationen (z. B. II. BV) sowie anhand prozentualem Ansatz vergleichbarer Neubaukosten ermittelt werden.

  ➪ Generell vermieterseitiger Aufwand, in der Regel zumindest für Dach und Fach. Schönheitsreparaturen in der Regel mieterseitig, bei gewerblichen Vermietungen auch Teilübernahme der Instandhaltungskosten für Dach und Fach durch Mieter möglich. (Gutachterliche Einschätzung)

- Mietausfallwagnis: Steht im Bezug zum Mietertrag unter Berücksichtigung von:
  - Miethöhe
  - Restlaufzeit der Mietverträge
  - individuellen Objekteigenschaften
  - Marktsituation
  - Mieterbonität

  ⇨ Vermieterseitige Zuordnung. (Gutachterliche Einschätzung)

2.4 Ableitung der Bewirtschaftungskosten aus dem Marktgeschehen

Die Bewirtschaftungskosten teilen sich auf in Kosten, die vom Vermieter zu tragen sind und Kosten, die als Umlage auf den Mieter zusätzlich zur Miete anfallen. Bei wohnwirtschaftlicher Nutzung sind nach geltendem Mietrecht beispielsweise die Betriebskosten voll auf die Mieter umlagefähig (wenn im Mietvertrag vereinbart), bei Gewerbevermietungen werden darüber hinaus regelmäßig auch Kosten der Verwaltung und der Instandhaltung zumindest teilweise umgelegt. Grundsätzlich können Mietverträge besonders in diesem Bereich stark voneinander abweichen – insofern empfiehlt sich die Einzelfallprüfung. Dennoch ergeben sich Regelmäßigkeiten, die bei der Ermittlung des Bewirtschaftungskostenansatzes für einen Vermieter (Grundstückseigentümer) als üblicher, marktkonformer „Normalaufwand“ anzusehen sind.

2.4.1 Bei der Festlegung dieser marktüblichen nicht umlagefähigen Bewirtschaftungskosten lassen sich grundsätzlich 2 Objektgruppen unterscheiden:

a) Wohnobjekte
   - Instandhaltungskosten
   - Mietausfallwagnis
   - Verwaltungskosten

b) Gewerbeobjekte
   - Instandhaltung (objektartdifferenziert)
   - Mietausfallwagnis
   - Teile der Verwaltungskosten.

Sollten Teile der umlagefähigen Bewirtschaftungskosten tatsächlich nicht vom Mieter getragen werden, erhöhen sie die anzusetzenden nicht umlagefähigen Bewirtschaftungskosten. (Gutachterliche Einschätzung)

2.4.2 Im Rahmen der Beleihungswertermittlung mit ihren erhöhten Anforderungen bezüglich langer Gültigkeitsdauer und somit dauerhaft nachhaltiger und sicherer Rein-Erträge ist über das konkrete Mietverhältnis hinaus ein höheres Maß an Standardisierung und Abstraktion im Hinblick auf die anzusetzenden Bewirtschaftungskosten notwendig.

Basis hierfür ist die Festlegung einer einheitlichen, durch Erfahrung gestützten Standardmietsituation mit einer mietvertragsunabhängigen Definition der regelmäßig unter Risikogesichtspunkten vom Vermieter zu tragenden (das heißt nichtumlagefähigen) Kosten.

Im Sinne dieser Vorgaben sollen als Ausgangs- und Bezugsgrößen sowohl für wohnwirtschaftliche als auch gewerbliche Nutzungen die Nettokaltmiete, die umlagefähigen Betriebskosten und die nichtumlagefähigen Bewirtschaftungskosten gelten.

Standardsituation:

A. Nettokaltmiete (nachhaltiger Mietertrag)
B. Umlagefähige Betriebskosten (werden vom Mieter getragen)
C. Nichtumlagefähige Bewirtschaftungskosten (verbleiben beim Vermieter)
   - Instandhaltungskosten
   - Mietausfallwagnis
   - Verwaltungskosten

Im Hinblick auf die Höhe der nichtumlagefähigen Bewirtschaftungskosten sind im Regelfall – insbesondere im gewerblichen Bereich – Vertragsvereinbarungen zugunsten des Vermieters (z. B. Triple-Net oder FRI-Vereinbarungen) nicht zu berücksichtigen. Es sei denn, dass auf Grund dieser Vertragsregelung bereits eine entsprechend niedrigere Miete vereinbart wurde.

Im Gegensatz dazu sind jedoch solche von den Standardvorgaben abweichende Vertragsbestimmungen, die die Kostenbelastung des Eigentümers erhöhen, etwa nicht vollständig umgelegte Betriebskosten, als Bewirtschaftungskostenerhöhung bzw. Ertragsminderung (Kürzung des Nettokalt-Mietansatzes) bei der Beleihungswertermittlung zu berücksichtigen.

2.5 Relation zwischen Bewirtschaftungskosten und Miethöhe

2.5.1 Die Bewirtschaftungskosten sind – dies zeigen die vorstehenden Ausführungen – eine relativ eigenständige Größe. Sie stehen weitestgehend in keinem direkten Zusammenhang mit der Höhe der Mietzahlungen. Ausnahme bilden das Mietausfallwagnis, die Abschreibung (wird im Vervielfältiger berücksichtigt) und in einzelnen Fällen die Verwaltungskosten (gewerblicher Bereich).

2.5.2 Verdeutlichen lässt sich dies beispielsweise durch Berechnungstableaus gleichartiger Gewerbe- bzw. Wohnobjekte bei jeweils unterschiedlichen Mieterträgen. Zu erkennen ist, dass bei geringen Mieten die objektbezogen angemessenen Bewirtschaftungskosten einen sehr hohen und bei hohen Mieten einen geringen Prozentsatz zur Miete aufweisen.

2.5.3 Allgemein gültige, prozentuale Pauschalansätze für Bewirtschaftungskosten sind deshalb in der Regel ein wenig probates Mittel für aussagekräftige transparente und damit risikoarme Bewertungen. Sie können bei zu schematischer und nicht sachgerechter Anwendung und u. U. zu unangemessenen Wertverzerrungen führen. Aus diesem Grund ist die für das einzelne Bewertungsobjekt vorzunehmende differenzierte Ermittlung der Bewirtschaftungskosten daher von großem Vorteil und inzwischen Praxis bei qualifizierten Wertermittlungen, insbesondere für komplexe Bewertungsfälle.

Liegen keine abgerechneten Bewirtschaftungskosten vor, die als Beurteilungsgrundlage für die nachhaltigen Normalbewirtschaftungskosten dienen können, müssen sichere, durch Erfahrung gestützte Einzelkostenansätze gewählt werden, die entsprechend dem Erfahrungsschatz des Gutachters die zukünftige Entwicklung realistisch abbilden.

2.6 Maßstäbe für die Berücksichtigung der Bewirtschaftungskosten bei der Beleihungswertermittlung

2.6.1 Die über einen langen Zeitraum gefestigten Abläufe am Immobilienmarkt und die hieraus abgeleiteten Immobilienmarktdaten – insbesondere die Höhe ortsüblicher Mieten und Pachten sowie die Höhe der Bewirtschaftungskosten – stellen die zuverlässige Datenbasis für eine Wertermittlung dar. Aus diesen gesicherten Marktdaten sind die, den langfristigen Ertragsrisiken Rechnung tragenden nachhaltigen Ansätze für die Beleihungswertermittlung im Sinne von § 12 HBG abzuleiten.

2.6.2 Anstelle der bisherigen Bewirtschaftungskostenpauschalen sind risikomindernde aus langfristiger Markterfahrung gewonnene Einzelkostenansätze (Mietausfallwagnis, Instandhaltungskosten, Verwaltungskosten sowie ggf. weitere nichtumlagefähige Bewirtschaftungskosten) zu wählen und ggf. zusätzlich auch ein objektartspezifisches Reinvestitionsrisiko/Modernisierungsrisiko zu berücksichtigen. Das Reinvestitionsrisiko wird zwar vom Markt im Rahmen der Miethöhe, der Restnutzungsdauer und dem Liegenschaftszinssatz etc., antizipiert; es muss aber insoweit, wie es für den Zweck der Beleihungswertermittlung als nicht ausreichend eingestuft wird, in die gutachterliche Stellungnahme einbezogen werden (vgl. 3.).

2.6.3 Für Instandhaltungs- und Verwaltungskosten sowie für Mietausfallwagnis können nachfolgende aus langjähriger Erfahrungen gewonnene Einzelansätze verwendet werden:

Verwaltungskosten

a) Wohnungsbau/gemischte Objekte
Kalkuliert auf der Basis der Einheiten
Bandbreiten der Kosten:
– Wohnungen 400,– bis 500,– DM/E p. a.
– Garagen 45,– bis 60,– DM/E p. a.

b) Gewerbliche Objekte
Wenn keine Kalkulation über Einheiten möglich, dann in Abhängigkeit von Miethöhe und Struktur des Objektertrag
Bandbreiten:
1 bis 3 % des Jahresrohertrages

In jedem Einzelfall ist jedoch objektbezogen darauf zu achten, dass der ausgewiesene, absolute Betrag für eine ordnungsgemäße Verwaltung angemessen ist.

Instandhaltungskosten

Kalkulationsbasis Neubaukosten pro m² Wohn- oder Nutzfläche ohne Baunebenkosten und Außenanlagen. In Abhängigkeit vom Objektzustand zum Zeitpunkt der Bewertung, vom Ausstattungsgrad/Technisierungsgrad und vom Alter, wobei die untere Grenze der Bandbreite für neue Objekte und die obere Grenze für ältere Objekte (Alter: 50 Jahre) zu sehen ist.

Kategorie A:
wie etwa Lager- und Produktionshallen
500,– DM bis 1.000,– DM
(pro m² Neubaukosten*) 0,8–1,2 %, Untergrenze 5,– DM

Kategorie B:
wie etwa gewerbliche Objekte einfachen Standards,
SB-Verbrauchermärkte
größer 1.000,– DM
(pro m² Neubaukosten*) 0,8–1,2 %, Untergrenze 10,– DM

Kategorie C:
wie etwa Wohngebäude und gewerbliche Gebäude,
mittlerer Standard
größer ca. 2.000,– DM
(pro m² Neubaukosten*) 0,5–1,0 %, Untergrenze 14,– DM

Kategorie D:
wie etwa hochwertige Büro- und Handelsobjekte
größer ca. 4.000,– DM
(pro m² Neubaukosten*) 0,4–0,8 %, Untergrenze 17,– DM
Die Spanne der Herstellungskosten sind als Circa-Werte zu sehen.

* pro m² Wohn-/Nutzfläche ohne Außenanlagen und ohne Baunebenkosten

Mietausfallwagnis

Standard:
a) Wohnungsbau 2 % oder im Einzelfall mehr
b) Gewerbliche Objekte 4 % oder im Einzelfall mehr
Das Mietausfallwagnis ist konkret abhängig von der jeweiligen Objektart, dem Standort und dem einzelnen Beleihungsobjekt.

2.6.4. Bandbreiten der anzusetzenden Bewirtschaftungskostenansätze

Aufgrund der individuellen Objektkriterien (z. B. Nutzungsart, Lage, Ausstattung, Zustand) und unterschiedlicher Mietansätze ist bezüglich der Bewirtschaftungskosten eine detaillierte Einzelbetrachtung des Objekts notwendig.

Dies sollte – wie oben ausgeführt – mit Hilfe erfahrungsgestützter und objektspezifischer Einzelkostenansätze erfolgen.

Die Praxis der Beleihungswertermittlung zeigt als Ergebnis dieser Systematik für einige typische Objektgruppen unter Beachtung der individuellen Einflussgrößen Bandbreiten für die Prozentsätze der anzusetzenden Bewirtschaftungskosten auf Basis der Nettokaltmiete auf:

In der Regel weisen über 90 % aller Objekte mit den entsprechenden Einzelkostenansätzen, die sich in der Summe

- bei wohnlicher Nutzung zwischen 10 % bis 35 % (je nach Qualität und Miethöhe des Wohnobjekts)

  und

- bei gewerblicher Nutzung zwischen 10 % bis 30 % (je nach Qualität und Miethöhe des gewerblichen Objekts)

bewegen, grundsätzlich einen ausreichenden Abschlag im Sinne der realkreditspezifischen Anforderung an die Beleihungswertermittlung auf.

Da aber für die Beleihungswertermittlung der Gesichtspunkt, möglichst auch alle zukünftigen, potenziell den nachhaltigen Ertrag mindernden Risiken angemessen in die Wertfindung einzubeziehen, eine entscheidende Bedeutung besitzt, ist die Festlegung eines Mindestbewirtschaftungskostenansatzes auf Basis der Nettokaltmiete in Höhe von 15 % sachlich gerechtfertigt und zweckmäßig.

Anwendung findet dieser Mindestansatz aber nur, wenn das prozentuale Ergebnis aus den standardisierten Einzelkostenansätzen kleiner ist als 15 %. In allen anderen Fällen ist die höhere Summe des Einzelkostenansatzes für die Höhe der Bewirtschaftungskosten maßgebend.

Exemplarische Bandbreiten von Bewirtschaftungskosten (ohne Ansatz für Betriebskosten)

Objektart	Neubaukosten DM/m²	Miete (p. M.) DM/m²	Instandhaltungskosten				Verwaltungskosten				Mietausfallwagnis				Bewirtschaftungskostenspanne					
			von		bis		von		bis		von		bis		DM/m² Mietfläche			% aus Miete		
			%	DM/m²	%	DM/m²	%	DM/m²	%	DM/m²	%	DM/m²	%	DM/m²	von	bis	i. Mittel	von	bis	i. Mittel
Wohnen	2.000	7,50	[0,5]	14,00	0,9	18,00	[6,7]	6,00	8,0	7,15	2,0	1,80	2,0	1,80	21,80	26,95	24,38	24,2	29,9	27,1
	2.000	20,00	[0,5]	14,00	0,9	18,00	[2,5]	6,00	3,0	7,15	2,0	4,80	2,0	4,80	24,80	29,95	27,38	10,3	12,5	11,4
	3.000	7,50	[0,5]	15,00	0,8	24,00	[6,7]	6,00	8,0	7,15	2,0	1,80	2,0	1,80	22,80	32,95	27,88	25,3	36,6	31,0
	3.000	20,00	[0,5]	15,00	0,8	24,00	[2,5]	6,00	3,0	7,15	2,0	4,80	2,0	4,80	25,80	35,95	30,88	10,8	15,0	12,9
Büros	2.000	15,00	[0,5]	14,00	0,9	18,00	1,0	1,80	4,0	7,20	4,0	7,20	4,0	7,20	23,00	32,40	27,70	12,8	18,0	15,4
	2.000	40,00	[0,5]	14,00	0,9	18,00	1,0	4,80	4,0	19,20	4,0	19,20	4,0	19,20	38,00	56,40	47,20	7,9	11,8	9,8
	4.000	15,00	[0,4]	17,00	0,8	32,00	1,0	1,80	4,0	7,20	4,0	7,20	4,0	7,20	26,00	46,40	36,20	14,4	25,8	20,1
	4.000	40,00	[0,4]	17,00	0,8	32,00	1,0	4,80	4,0	19,20	4,0	19,20	4,0	19,20	41,00	70,40	55,70	8,5	14,7	11,6
Läden	2.000	25,00	[0,5]	14,00	0,9	18,00	1,0	3,00	4,0	12,00	4,0	12,00	4,0	12,00	29,00	42,00	35,50	9,7	14,0	11,8
	2.000	100,00	[0,5]	14,00	0,9	18,00	1,0	12,00	4,0	48,00	4,0	48,00	4,0	48,00	74,00	114,00	94,00	6,2	9,5	7,8
	4.000	25,00	[0,4]	17,00	0,8	32,00	1,0	3,00	4,0	12,00	4,0	12,00	4,0	12,00	32,00	56,00	44,00	10,7	18,7	14,7
	4.000	100,00	[0,4]	17,00	0,8	32,00	1,0	12,00	4,0	48,00	4,0	48,00	4,0	48,00	77,00	128,00	102,50	6,4	10,7	8,5
Lager- und Prod.-Hallen	1.000	5,00	[0,8]	8,00	1,2	12,00	1,0	0,60	4,0	2,40	4,0	2,40	4,0	2,40	11,00	16,80	13,90	18,3	28,0	23,2
	1.000	15,00	[0,8]	8,00	1,2	12,00	1,0	1,80	4,0	7,20	4,0	7,20	4,0	7,20	17,00	26,40	21,70	9,4	14,7	12,1

Hinweis: Instandhaltungskosten in Prozentsätzen zu den Neubaukosten (ohne Außenanlagen und Baunebenkosten) unter Beachtung von Untergrenzen in DM/m², Verwaltungskosten bei Wohnen auf Basis DM 420,– bzw. DM 500,– jährlich und einer angenommenen Wohnfläche von 70 m². Alle Angaben beziehen sich auf die jährlichen Aufwendungen.

3. Modernisierungsrisiko/ Revitalisierungsrisiko

Bei dem so genannten Modernisierungsrisiko handelt es sich um eine zu quantifizierende Größe, die auf Grund der langfristigen Wertbetrachtung bei bestimmten Objektarten in Abzug gebracht wird. Bislang wird das Risiko (besonders bei solchen Objekten mit höheren Mieten) bei der Beleihungswertermittlung durch erhöhte Bewirtschaftungskosten und/oder erhöhte Kapitalisierungszinssätze bzw. durch Reduzierung der Restnutzungsdauer berücksichtigt. Ziel der angestrebten Einzelbetrachtung dieses Risikos ist es, dieses transparent und nachvollziehbar quantifizieren zu können.

Mit Hilfe des quantifizierten Modernisierungsrisikos sollen die notwendigen Anpassungsmaßnahmen abgedeckt werden, die zusätzlich zu den Instandhaltungsmaßnahmen zur Aufrechterhaltung der Marktgängigkeit und der zum Bewertungszeitpunkt festgestellten Ertragsfähigkeit (Mietausgangsniveau) notwendig sind. Diesbezüglich ist ausschließlich der Modernisierungs-/Revitalisierungsaufwand zu berücksichtigen, der erforderlich ist, um das Ausgangsmietniveau dauerhaft zu sichern. Inwieweit dies durch laufende oder fallweise Modernisierungen erfolgt, ist dabei unerheblich.

Maßgebend für den Betrachtungs- und Risikozeitraum ist eine Frist von ca. 30 Jahren (Dauer eines üblichen Darlehens).

Ein zum Zeitpunkt der Bewertung in einem überschaubaren Zeitraum (rund 3–5 Jahre) erkennbarer, akuter und konkreter Modernisierungsbedarf darf nicht über die Risikovorsorge aufgefangen werden. Wird ein solcher Bedarf bzw. Modernisierungsstau festgestellt, muss er auf der Basis der kalkulierten Aufwendungen als Wertminderung zusätzlich in Abzug gebracht werden. Allerdings können in diesem Fall sowohl die Vorteile infolge der Modernisierung als auch die Verringerung des Modernisierungsrisikos in die Bewertung mit einbezogen werden.

Das Modernisierungsrisiko ist insbesondere abhängig von:

a) der Objektart,
b) der Lage des Objektes,
c) der baulichen Struktur und Ausstattung des Objektes,
d) dem Zustand des Objektes,
e) und von der Höhe des Ausgangsmietniveaus.

Eine Immobilie, welche zum Bewertungszeitpunkt noch langfristig marktgängig ist, aber nicht mehr zeitgerechten Ansprüchen genügt, wird mit einem entsprechenden reduzierten Mietansatz versehen. Aufgrund des niedrigeren Mietniveaus unterliegt es nicht dem gleichen Modernisierungsdruck bzw. -risiko wie hochpreisige Vergleichsobjekte.

Vereinfacht ausgedrückt lässt sich feststellen:

Das Modernisierungsrisiko ist i. d. R. umso größer

- je zeitgemäßer Ausstattung und Zuschnitt sein müssen,
- je älter die Immobilie ist,
- je exponierter und zentraler die Immobilie ist,
- je höher die Mieten sind.

Aufbauend auf den langfristigen Erfahrungen lassen sich die relevanten Immobilienarten in vier Risikogruppen mit unterschiedlichem Risikograd einteilen, wobei die Extrempositionen durch kein (kalkulatorisches) Risiko (z. B. Wohnungsbau) und sehr hohes Risiko (z. B. Sanatorien) gebildet werden.

Als Bezugsbasis für das Modernisierungsrisiko im Sinne einer jährlichen Rücklagenbildung empfiehlt sich ebenso wie bei den Instandhaltungskosten ein prozentualer Anteil an den Neubaukosten (siehe Instandhaltungskosten). Dadurch wird auch verdeutlicht, in welchem Verhältnis diese Aufwendungen zur normalen Instandhaltung stehen.

Modernisierungsrisiko	% der Neubauherstellungskosten (ohne Baunebenkosten und Außenanlagen)
Kein (kalkulatorisches) Modernisierungsrisiko z. B. Wohnhäuser, kleinere Wohn- und Geschäftshäuser, kleinere und mittlere Bürogebäude, Lager- und Produktionshallen	0 %
Geringes/mittleres Modernisierungsrisiko z. B. größere Bürogebäude, große Bürokomplexe, innerstädtische Einkaufspassagen etc.	0,1–1,2 %
höheres Modernisierungsrisiko z. B. innerstädtische Hotels, Einkaufszentren, Warenhäuser, Freizeitimmobilien im Einzugsbereich von Städten etc.	0,5–2,0 %
sehr hohes Modernisierungsrisiko z. B. Sanatorien, Kliniken, sonstige Freizeitimmobilien, Hotels und Warenhäuser mit besonders hohen Standortanforderungen etc.	0,75–3,0 %

In der Praxis der Wertermittlung kann das Modernisierungsrisiko durch

- eine verkürzte Restnutzungsdauer,
- eine Erhöhung des Kapitalisierungszinssatzes,
- eine Erhöhung der Bewirtschaftungskosten oder
- durch einen (individuellen) Wertabschlag

berücksichtigt werden, wobei die quantifizierte Auswirkung des Risikos auf die Beleihungswertermittlung im Ergebnis bei allen Varianten die gleiche sein muss.

Aus Gründen der Transparenz empfiehlt es sich bei der Beleihungswertermittlung, das Modernisierungsrisiko durch einen objektbezogenen Ansatz im Rahmen der Bewirtschaftungskosten zu berücksichtigen.

4. Kapitalisierungszinssätze

4.1 Definition

Der Kapitalisierungszinssatz ist Grundlage für die Ermittlung des Gegenwartswertes künftiger Erträge (Diskontierung). Er ist – neben der Netto-Kaltmiete, dem Ansatz für die Bewirtschaftungskosten sowie der wirtschaftlichen Restnutzungsdauer der baulichen Anlage – ein wesentlicher Faktor für die Ertragswertberechnung.

4.1.1 Bei dem Kapitalisierungszinssatz handelt es sich um den angenommenen Zinssatz, mit dem die künftig erzielbaren nachhaltigen Reinerträge eines Grundstückes auf den Zeitraum ihrer angenommenen Zahlung zur Feststellung des Barwertes (Gegenwartswert als Rentenbarwert) diskontiert werden. Die Summe aller Barwerte entspricht dem Ertragswert.

4.1.2 In der Regel wird von konstanten Erträgen ausgegangen, so dass die Summe der Barwerte mittels Reihenformel als Vielfaches der Jahres-Reinerträge ermittelt werden kann. Dieser Vervielfachungsfaktor (Vervielfältiger) entspricht finanzmathematisch dem Rentenbarwertfaktor in Abhängigkeit von Restnutzungsdauer und Kapitalisierungszins.

4.2 Exkurs: Ableitung des Liegenschaftszinssatzes aus dem Marktgeschehen nach WertV

Für die Verkehrswertermittlung wird der Kapitalisierungszins aus dem aktuellen Marktgeschehen abgeleitet und als Liegenschaftszins bezeichnet (Jahres-Reinerträge im Verhältnis zum Kaufpreis).

4.2.1 Die Definition des Liegenschaftszinssatzes erfolgt nach § 11 WertV: „Der Liegenschaftszinssatz ist der Zinssatz, mit dem der Verkehrswert von Liegenschaften im Durchschnitt marktüblich verzinst wird. Der Liegenschaftszinssatz ist auf der Grundlage geeigneter Kaufpreise und der ihnen entsprechenden Reinerträge für gleichartig bebaute und genutzte Grundstücke unter Berücksichtigung der Restnutzungsdauer der Gebäude nach den Grundsätzen des Ertragswertverfahrens (§§ 15–20) zu ermitteln."

4.2.2 Die Höhe des Liegenschaftszinssatzes wird wesentlich beeinflusst durch das jeweilige objektbezogene Risiko bei der Ertragserwirtschaftung. Ein niedriges Risiko (gleichzusetzen mit sicheren Erträgen) bedeutet eine niedrige Verzinsung, ein hohes Risiko (bei Gefahr unsicherer Erträge) bedeutet eine hohe Verzinsung.

4.2.3 Als wesentliche Einflussfaktoren auf den Liegenschaftszins gelten beispielsweise:

- Nutzungsart: Wohnen, Gewerbe, industrielle Nutzung
- Lage: Mikro- und Makrolage, Umfeldsituation

• Miethöhe:	Ortsüblichkeit, Nachhaltigkeit, Erhöhungspotenzial
• Gebäudeattraktivität:	Erscheinungsbild, Konzeption, Wirtschaftlichkeit
• Marktsituation:	Angebot und Nachfrage, Entwicklungsperspektiven
• Wirtschaftslage/Stabilität:	Ist-Situation, Prognoseerwartung, allgem. Stimmung
• Zinsniveau:	Die Höhe der Kapitalzinsen wirken sich in Deutschland eher gering auf die Verzinsung von Liegenschaften aus (nicht so in einigen EU-Staaten).

4.3 Ableitung des Kapitalisierungszinses für die Beleihungswertermittlung

4.3.1 Gemäß § 13 Hypothekenbankgesetz müssen Hypothekenbanken Wertermittlungsanweisungen erlassen, die vom Bundesaufsichtsamt für das Kreditwesen genehmigt werden. Diese Wertermittlungsanweisungen enthalten unter anderem Angaben für die Bestimmung von Kapitalisierungszinssätzen.

4.3.2 Die Kapitalisierungszinssätze für Beleihungswertermittlungen stützen sich im Gegensatz zur Verkehrswertermittlung nicht auf das aktuelle kurzfristige Marktgeschehen, sie müssen aus der langfristigen Marktentwicklung abgeleitet werden.

4.3.3 Bisher werden in Deutschland üblicherweise Kapitalisierungszinssätze bei der Ertragswertberechnung für den Beleihungswert bei wohnwirtschaftlicher Nutzung nicht unter 5 % und gewerblicher Nutzung nicht unter 6 % in Ansatz gebracht. Diese Ansätze sollen weiterhin als Grundlage dienen, da sie sich in der Regel in Deutschland als nachhaltig und damit für Ertragsobjekte als wertbeständig erwiesen haben.

4.3.4 Eine jeweils individuelle Festsetzung des Kapitalisierungszinssatzes muss anhand der regionalen Marktgegebenheiten unter Würdigung der Objekt-, Lage- und Nachfragekriterien, Drittverwendungsfähigkeit – siehe vorstehende Ausführungen, speziell Ziffern 4.2.2 und 4.2.3, die auch für den Kapitalisierungszins gelten – getroffen werden.

Je höher das Ertrags- und Verkaufsrisiko der Immobilie einzustufen ist, um so höher muss der Kapitalisierungszins gewählt werden. Als wesentliche Bestimmungsgröße gilt hierbei das langfristige Marktverhalten.

Regelbandbreiten für Kapitalisierungszinssätze, abgeleitet aus der langfristigen Marktbetrachtung, sind:

1) Bei wohnwirtschaftlicher Nutzung:
   - Wohnhäuser
     5,0–6,0 %

2) Bei gewerblicher Nutzung:
   - Geschäftshäuser
     6,0–7,0 %
   - Bürohäuser
     6,0–7,0 %
   - Warenhäuser
     6,5–7,0 %
   - SB- und Fachmärkte
     6,5–7,5 %
   - Verbrauchermärkte, Einkaufszentren
     6,5–7,5 %
   - Hotels und Gaststätten
     6,5–7,5 %
   - Freizeitimmobilien (z. B. Tennishalle)
     6,5–8,5 %
   - Kliniken, Reha-Einrichtungen
     6,5–8,5 %
   - Alten- und Pflegeheime
     6,5–8,5 %
   - Parkhäuser, Tankstellen
     6,5–8,5 %
   - Lagerhallen
     6,5–8,5 %
   - Produktionsgebäude
     6,5–8,5 %.

4.3.5 Die vorstehenden Regelbandbreiten können für sehr gute gewerblich genutzte Objekte um 0,5 %-Punkte unterschritten werden, wenn es sich um erstklassige Immobilien in guter, der jeweiligen Objektart entsprechender, Lage handelt. Eine Unterschreitung der Bandbreiten erfordert vom Sachverständigen eine nachvollziehbare Begründung.

Bei Unterschreitung des Mindestkapitalisierungszinssatzes von 6 % bei gewerblicher Nutzung um 0,5 %-Punkte müssen die nachfolgenden Kriterien eingehalten werden.

Kriterien für diese Einschätzung sind:

1. gegenwärtige Nutzungsart: nur Handel, Geschäftshäuser, Bürohäuser
2. bevorzugter Standort
3. gute Lage im Verdichtungsraum (Makrolage)
4. gute Infrastruktur (Mikrolage)
5. gute Konzeption, Ausstattung und Bauweise
6. besonders hohe Marktgängigkeit (Objektgröße)
7. 1a-Objektzustand
8. mögliche Arten anderweitiger Nutzung

VERBAND DEUTSCHER HYPOTHEKENBANKEN
ASSOCIATION OF GERMAN MORTGAGE BANKS

Ermittlung des Beleihungswertes auf der Grundlage ausländischer Bewertungen

1. Hypothekarkredite für außerhalb Deutschlands gelegene Immobilien

Das den Hypothekenbanken seit 1991 gestattete Immobilienkreditgeschäft in anderen Mitgliedstaaten der EU verzeichnet in den letzten Jahren hohe Zuwachsraten und entwickelt sich zu einem wichtigen Geschäftszweig. Auch für die Auslandsbeleihungen gelten uneingeschränkt die Vorschriften des HBG über hypothekarische Beleihungen, insbesondere auch die des § 12 HBG über den Beleihungswert. Es besteht Regelungsbedarf, nach welchen Grundsätzen Beleihungswerte unter Heranziehung landesspezifischer Bewertungen ermittelt werden können.

2. Europäischer Beleihungswert

Eine Studie des europäischen Hypothekenverbandes aus 1998 beschreibt die Systeme der Immobilienbewertung in Europa, charakterisiert Gemeinsamkeiten in ihren Grundlagen und die Unterschiede in den Einzelheiten der Bewertung, die in der vielgestaltigen Ausprägung der Immobilienmärkte begründet sind.

Erstmals ist auch der Begriff des Beleihungswertes in eine derartige vergleichende Studie eingegangen Die Untersuchung des Hypothekenverbandes formuliert als Ergebnis des Vergleichs die Philosophie eines europäischen Beleihungswertes, die mit den tragenden Grundsätzen des deutschen Beleihungswertes übereinstimmt.

Der europäische Gesetzgeber hat den Beleihungswert durch Aufnahme in die Solvabilitätsrichtlinie für Banken als aufsichtsrechtliche Steuerungsgröße anerkannt.

Philosophie für einen Europäischen Beleihungswert für die Hypothekarkreditvergabe (European Mortgage Lending Value, EMLV)

Hinter einem EMLV steht der Gedanke, dass ein solcher Wert im langfristigen Interesse des Darlehensnehmers, des Kreditinstituts und der Aufsichtsbehörden liegen sollte.

Die Darlehensgeber sind auf die Bewertung angewiesen, wenn sie die Eignung einer Immobilie für die besicherte und langfristige Hypothekarkreditvergabe ermitteln. Die Bewertung ist auch ein entscheidender Faktor bei der Festsetzung des Betrages eines vom Darlehensgeber ausgereichten Darlehens.

Der EMLV sollte verschiedene Methoden zur Berechnung des Beleihungswertes vorsehen und auf individueller Basis die Marktbedingungen der betreffenden Mitgliedstaaten berücksichtigen.

Auf dieser Grundlage durchgeführte Bewertungen sind erforderlich, damit der Hypothekarkreditgeber in der Lage ist, vorsichtige Kreditgewährungsentscheidungen zu treffen, wenn er Kredite durch Grundstückshypotheken sichert.

Grundsätze:

Der EMLV sollte

1. *eine vorsichtige Bewertung der künftigen Marktfähigkeit der Immobilie einschließen;*
2. *versuchen, spekulative Elemente zu ermitteln und zu eliminieren (zum Beispiel: Risiken, die sich aus der Volatilität der Immobilie ergeben);*
3. *die normale und lokale Marktlage widerspiegeln, Grundlage für die Bewertung ist die gegenwärtige Marktsituation;*
4. *hauptsächlich auf langfristigen (nachhaltigen) Aspekten basieren (zum Beispiel: Qualität der Lage und des Gebäudes, seine Art und Größe, Bebauungsplanung/ Flächenaufteilungsstand (zoning status), baulicher Zustand, nachhaltiger Mietertragswert);*
5. *die derzeitige Verwendung und nach Möglichkeit geeignete alternative Verwendungen berücksichtigen;*
6. *auf transparenten und deutlich erklärten Bewertungsmethoden beruhen;*
7. *von Gutachtern* mit angemessener Sachkenntnis ermittelt werden.

3. Beleihungswert nach dem deutschen HBG

Der Beleihungswert in § 12 HBG wird als eigenständiger Begriff eines Immobilienwertes zur Beurteilung kreditwirtschaftlicher Risiken verstanden. Er unterscheidet sich vom Verkehrswert und anderen europäischen Marktwertbegriffen. Ein wichtiges Unterscheidungskriterium ist der langfristige Prognosecharakter des Beleihungswertes im Gegensatz zur Stichtagsbezogenheit der Marktwertbegriffe. Aus der Verschiedenheit des Bewertungszwecks leitet die Aufsichtspraxis in Deutschland seit jeher eine spezielle Bewertungsmethodik für den Beleihungswert ab Zielsetzung ist dabei, die Qualität der Deckungsmasse für die Pfandbriefe jederzeit sicherzustellen.

4. Verwendung landesspezifischer Bewertungen

Unumstritten gilt auch für den Beleihungswert ausländischer Immobilien das Gebot von § 12 HBG, nur dauernde Eigenschaften und nachhaltig gesicherte Erträge der Immobilien zu berücksichtigen. Die Hypothekenbanken haben für alle landesspezifischen Wertgutachten sicherzustellen, dass sie die wesentlichen Informationen zur Ermittlung des Beleihungswertes in der Bewertung oder ergänzend dazu bereitstellen, und dass die Bewertungen in ihren Berechnungsgrundlagen hinreichend transparent sind.

Aufgabe der Hypothekenbank ist es festzustellen, ob die Wertansätze der landesspezifischen Bewertungen den materiellen Anforderungen von § 12 HBG genügen.

5. Methodischer Ansatz für die Ermittlung des Beleihungswertes auf der Grundlage landesspezifischer Bewertungen

Grundlage der Ermittlung des Beleihungswertes auf der Basis landesspezifischer Bewertungen ist das Grundsatzpapier zum Beleihungswert vom 14.10.1996 und das Papier „Wesentliche Aspekte der Beleihungswertermittlung“ mit seinen Kernelementen

- Mietausgangsgrößen
- Bewirtschaftungskosten
- Kapitalisierungszinssatz

Ausgangspunkt für die landesspezifische Betrachtung dieser 3 Parameter sind – wie in Deutschland – die Marktusancen des jeweiligen Landes und die jeweilige nationale Methodik, insbesondere marktübliche Mietvertragsstandards und die aus dem Markt ermittelten Kapitalisierungszinsen. Die in landesspezifischen Bewertungen ermittelten Ansätze sind daraufhin zu überprüfen, ob sie den Anforderungen der Nachhaltigkeit und vorsichtigen Bewertung gemäß § 12 HBG gerecht werden.

Die von Land zu Land unterschiedlichen wertbestimmenden Faktoren, wie z. B. Bewirtschaftungskosten, sind bei der Ermittlung des Beleihungswertes auf der Grundlage landesspezifischer Gepflogenheiten individuell zu berücksichtigen, das heißt sie können grundsätzlich nicht automatisch von einem Land auf das andere übertragen werden.

Je nach Ausgestaltung der landesspezifischen Bewertungsmethodik bei Marktwertermittlungen kann es für die Beleihungswertermittlung erforderlich sein, die Mindestansätze für Bewirtschaftungskosten und Kapitalisierungszinsen anzupassen. Dabei muss aber der methodische Zusammenhang des jeweiligen landesspezifischen Bewertungssystems gewahrt bleiben. Wertbestimmende Faktoren dürfen nicht doppelt berücksichtigt werden, z. B. das Mietausfallrisiko, das in einigen Ländern bei den Bewirtschaftungskosten, in anderen Ländern beim Kapitalisierungszins angesetzt wird.

Die methodischen Anforderungen/Standards an den Beleihungswert müssen bei Auslandsimmobilien analog dem inländischen Verfahren gewahrt sein. Dies erfordert insbesondere

- die Einhaltung des dualen Bewertungsprinzips (Sach und Ertragswertermittlung)
- die Verwendung nachhaltiger Mieten
- die Höhe des Sicherheitsabschlages im Sachwertverfahren
- Mindestkapitalisierungszinssätze (Wohnen /Gewerbe)
- nutzungsspezifische Regelbandbreiten der Kapitalisierungszinssätze
- die angemessene Berücksichtigung von Bewirtschaftungskosten

Die Ansätze, speziell für Mieten, Bewirtschaftungskosten und Kapitalisierungszinssätze, sind nachvollziehbar zu dokumentieren.

A. Grundsätzlich gilt, dass auch innerhalb eines landestypischen Bewertungsverfahrens alle Teilaspekte, insbesondere die Ansätze für Mieten, Bewirtschaftungskosten und Kapitalisierungszinssätze einzeln zu bewerten sind, um die inhaltlichen Anforderungen und Sicherheitsstandards des Beleihungswertes einzuhalten. Als Basis dienen nachvollziehbare Ansätze auf der Grundlage zuverlässiger Marktdaten.

a. Bei der Beleihungswertermittlung soll vorzugsweise ein Bewirtschaftungskostenabzug (gegebenenfalls entgegen dem landesspezifischen Marktwertverfahren) analog dem deutschen Verfahren gewählt werden. Für die Ermittlung des Reinertrages sind somit Bewirtschaftungskosten (wie Mietausfallwagnis, Eigentümerverwaltung und Instandhaltungsrisiko) von mindestens 15 % bzw. deren tatsächliche/angemessene Höhe (zuzüglich Abschreibung) von der Miete in Abzug zu bringen.

   In einem solchen Fall gelten die für den deutschen Markt abgestimmten Kapitalisierungszinssätze bzw. deren nutzungsspezifischen Bandbreiten als Untergrenze (gemäß Methodikpapier, vgl. auch unten Ziffer 6).

b. In Ländern, in denen die Bewirtschaftungskosten nur teilweise oder gar nicht gesondert ausgewiesen werden, sondern eine entsprechende Berücksichtigung im Kapitalisierungszinssatz finden, ist es auch zulässig, dass eine entsprechend dokumentierte Spezifizierung der bereits berücksichtigten bzw. zusätzlich zu berücksichtigenden Risiken, insbesondere eine detaillierte Bewirtschaftungskostenzuordnung und die Abschreibung transparent und damit nachvollziehbar dargestellt wird. Dies hat zur Folge, dass der Mindestkapitalisierungszinssatz bzw. die nutzungsspezifischen Bandbreiten entsprechend erhöht anzusetzen sind.

   Für die Beleihungswertermittlung ist deshalb zu dokumentieren, dass der verwendete Mindestkapitalisierungszinssatz sowie die vorgenommene, systembedingte Erhöhung den Anforderungen des Beleihungswertes genügen. In diesem Fall kann der Beleihungswert ohne zusätzlichen, formalen Bewirtschaftungskostenabzug nach landestypischem Bewertungsverfahren entsprechend seinen Vorgaben ermittelt werden.

Diese analog dem Sicherheitsstandard für inländische Immobilien abgeleitete Verfahrensweise ermöglicht es den deutschen Hypothekenbanken auch bei ausländischen Risiken ähnliche Qualitäts /Sicherheitsstandards wie im Inland anzuwenden. Neben dem Sicherheitsbedürfnis nach den Anforderungen des HBG bietet diese Verfahrensweise ein hohes Maß an Transparenz und Nachvollziehbarkeit.

B. Falls – wie speziell in Großbritannien – die landesspezifischen Bewertungszuordnungen besonders zu den Bewirtschaftungskosten im Kapitalisierungszinssatz (ARY) nicht aufgezeigt werden, kann für eine Übergangszeit akzeptiert werden, dass der Beleihungswert wie folgt ermittelt wird:

Die überprüften Mieten werden ohne Abzug von Bewirtschaftungskosten (da landesspezifisch) kapitalisiert, Allerdings ist bei dieser Verfahrensweise darauf zu achten, dass dann die Mindestkapitalisierungszinssätze und nutzungsspezifischen Bandbreiten um mindestens 15 % erhöht angesetzt werden müssen (zuzüglich AfA). Die kalkulatorische Bewirtschaftungskostenzuordnung von 15 % bewirkt beispielsweise bei einem Kapitalisierungszinssatz (Mindestzinssatz bzw. nutzungsspezifische Bandbreite) von 6 % eine Erhöhung auf 7 %, bei einem Kapitalisierungszinssatz von 7 % eine Erhöhung auf 8,2 % und bei einem Zinssatz von 8 % eine Erhöhung auf 9,4 %. Diese kalkulatorische Zuordnung dient der Abstraktion für die Vergleichbarmachung der Mindestkapitalisierungszinssätze und deren nutzungsspezifischen Handbreiten.

Alle Verfahren ermöglichen eine Plausibilitätsprüfung zur Ermittlung des Beleihungswertes auf der Grundlage von Wertermittlungen, die nach landestypischen Verfahren erstellt wurden. Während die Verfahren zu Lit. A.a. und A.b. die Einzelrisikoansätze transparent abbilden, führt aber auch das Verfahren zu Lit. B. zu den gleichen Ergebnissen.

6. Handhabung zur Ermittlung von Beleihungswerten auf der Grundlage ausländischer Bewertungen

Bei der Ableitung des Beleihungswertes gemäß § 12 HBG auf der Grundlage ausländischer Bewertungen ist das Prinzip der Funktionstrennung einzuhalten. Ausschlaggebend für die Qualität der ermittelten Beleihungswerte sind

- die Qualität der Marktwertermittlung
- die Qualifikation derjenigen, die sie erstellt haben und
- die Qualifikation derjenigen, die den Beleihungswert ermitteln.

Für Beleihungswertermittlungen auf der Grundlage von landesspezifischen Bewertungen ist – analog den allgemein auch im Inland gültigen Anforderungen, wie sie in dem Methodikpapier dokumentiert sind – insbesondere Augenmerk zu legen auf:

- **Einhaltung des dualen Bewertungsprinzips (Sach- und Ertragswert)**

  Die duale Bewertungsmethodik (Ermittlung des Ertrags- und Sachwertes) ist, soweit möglich, auch bei der Ermittlung des Beleihungswertes von ausländischen Immobilien einzuhalten.

Wenn landesspezifische Bewertungssysteme den Sachwert nicht kennen, muss die Hypothekenbank einen dem deutschen Sachwert möglichst nahekommenden Hilfswert zu Kontrollzwecken selbst errechnen. Der Marktwertgutachter kann i. d. R. die erforderlichen Angaben dazu liefern: Grundstücksvergleichspreise, Baukosten, Abschreibungssätze, Versicherungswert sowie Gebäudekennzahlen (Grundflächen oder Volumen).

- **Wahl eines nachhaltigen Mietansatzes**

  Nur die als nachhaltig erwiesenen Mieten bilden die Grundlage für die Ermittlung des Beleihungswertes. Dieser nachhaltige Mietansatz darf eventuelle Mehrmieten (Overrent) oder Staffelmieten oberhalb der Marktmiete nicht in Ansatz bringen.

- **Ausreichender Bewirtschaftungskostenansatz**

  Hier sind die lokalen Erfahrungswerte unter Abgleich der Mietvertragsvereinbarung zu beachten. Der Bewirtschaftungskostenansatz muss transparent dargestellt sein und die richtige Relation zum Mietansatz haben (z. B. Nettomietertrag im Verhältnis zu Nettobewirtschaftungskosten bzw. Bruttoertrag zu Bruttokosten).

  Grundsätzlich ist auch bei Auslandsimmobilien für alle Kosten und Risiken, die in Deutschland im Rahmen der Bewirtschaftungskosten in der Bewertung Berücksichtigung finden, ein Mindestansatz von 15 % zu berücksichtigen. Zuzüglich sind angemessene Ansätze für die Abschreibung vorzunehmen. Auch im Ausland gilt im Regelfall, dass tatsächlich darüber hinausgehende Kosten in Ansatz gebracht werden müssen (gem. Methodikpapier).

  Zur Behandlung der Bewirtschaftungskosten im Fall Großbritanniens wird auf Punkt 5. verwiesen.

- **Einhaltung von Mindestkapitalisierungszinssätzen**

  Der Kapitalisierungszins für den Beleihungswert ist auf Grund der nutzungsspezifischen, baulichen und lagebedingten Eigenschaften aus dem nachhaltigen (langfristigen) Marktgeschehen des lokalen Marktes abzuleiten. Maßgeblich dürften insoweit nur die Zinssätze sein, die – gemessen an den langfristigen Erfahrungen aus den letzten Immobilienzyklen und unter Ausscheidung von Ausschlägen nach oben und unten – als nachhaltig eingeschätzt werden können. Die Mindestkapitalisierungssätze des Methodikpapiers, die auch im Ausland nicht unterschritten werden dürfen, sind deshalb nur anwendbar, wenn sie auch dem langfristigen Marktgeschehen des einzelnen Marktes entsprechen.

  Als Mindestansatz gelten für Wohnimmobilien 5 % und für gewerblich genutzte Objekte 6 %. Dies bedingt die Berücksichtigung von Kosten und Risiken als Bewirtschaftungskosten in tatsächlicher: angemessener Höhe, mindestens jedoch 15 % zuzüglich AfA (wie in Deutschland). Der Mindestansatz ist nur für gute Objekte in guten Lagen anzusetzen. Die Unterschreitung der Mindestkapitalisierungszinssätze: Regelbandbreiten um 0,5 % Punkte kann für sehr gute gewerblich genutzte Objekte analog der Kriterien des Methodikpapiers erfolgen.

Wird bei der landestypischen Beleihungswertermittlung kein formaler Bewirtschaftungskostenabzug in Ansatz gebracht, so sind die Kapitalisierungszinssätze entsprechend zu erhöhen (siehe hierzu die Ausführungen unter Punkt 5).

- **Abschreibung**

  Für die Beleihungswertermittlung ist es erforderlich, auf die wirtschaftliche Gebäudeabschreibung zum Ausgleich der Wertminderung in Folge fortschreitenden Alters und Abnutzung einzugehen. Dies erfolgt in Deutschland i. d. R. als finanzmathematische Betrachtung durch die Ermittlung des Barwertes aus dem Reinertrag über die wirtschaftliche Restnutzungsdauer des Bewertungsobjektes. Analog kann die Abschreibung bei ausländischen Immobilien Anwendung finden.

  Überwiegend werden demgegenüber im Ausland Immobilien auf „ewig" kapitalisiert. Dies soll auch bei der Beleihungswertermittlung anhand ausländischer Marktwertgutachten zulässig sein, wenn die wirtschaftliche Abschreibung über den erhöhten Kapitalisierungszins oder mittels entsprechend erhöhter Bewirtschaftungskosten ausreichend gewürdigt wird. Dies ist bei der Beleihungswertermittlung zu dokumentieren.

- **Erwerbsnebenkosten**

  Die bei einer Immobilientransaktion üblicherweise anfallenden Erwerbsnebenkosten – insbesondere Steuern, Notar- und Anwaltsgebühren, Maklerprovision – sind von Land zu Land stark unterschiedlich. In einer Reihe von Ländern ist es üblich, dass diese Kosten bei der Marktwertfeststellung in Abzug gebracht werden. Entsprechend ist bei der Beleihungswertermittlung ausländischer Immobilien zu verfahren.

- **Marktfähigkeit**

  Das Marktwertgutachten muss Ausführungen zur Verkäuflichkeit und zur Vermietbarkeit des Objektes enthalten.

  Bei der Beleihungswertermittlung sind diese Feststellungen angemessen zu berücksichtigen.

Beispiel

Cost Method	
Reinstatement Cost Value	
Baukosten für die Wiederherstellung eines gleichwertigen Ersatzgebäudes (einschließlich Baunebenkosten)	
Gross Floor Area (Bruttogrundfläche)	
26.372 sq.ft. x 110,00,– £ psf. =	2.900.920,– £
Wiederherstellungswert:	rund 2.900.000,– £
Bare (Cleared) Site Value	
Vergleichswerte standen nicht zur Verfügung, der Wert des baureifen Grundstückes wurde anhand eines Residualwertverfahrens ermittelt.	
Der Bodenwert beträgt in diesem Fall 20 % des OMV	
Bodenwert:	950.000,– £
(Summe	rund **3.850.000,– £**)

Sachwertverfahren (rein informativ)		
Bauwert		
Baukostenansatz (Angaben des englischen Gutachters werden übernommen):		
Der Ansatz von 110,00,– £ psf. (= 3.240,– DM/m²) erscheint plausibel.		
26.372 sq.ft. x 110,00,– £ psf. =		2.900.920,– £
Baunebenkosten inklusive		
Neubauwert		2.900.920,– £
Alterswertminderung nach Ross: 1,9 %		– 55.117,– £
Zeitwert des Bauwerks		2.845.803,– £
Außenanlagen: + 3 %		85.374,– £
Wert der baulichen Anlagen		2.931.117,– £
Bankabschlag: 15 %		– 439.677,– £
Bauwert für Beleihungswert		2.491.500,– £
Bodenwert:		950.000,– £
gemäß Angabe der lokalen Gutachter.		
Der Bodenwert entspricht rund 20 % des OMV bzw. rund 28 % des Sachwerts. Dies erscheint angemessen.		
Sachwert für Beleihungswert	rund **3.440.000,– £**	

Investment Method:	
Eingehende Miete:	
19.779 sq ft. x 18,50 £ psf =	365.910,– £
equivalent yield: 7,00 %	
Vervielfältiger: 14,29 auf ewig	
£ 365.910,– £ x 14,29 =	5.228.854,– £
Mietwert:	5.228.854,– £
abzüglich Erwerbs NK: 5,75 %	– 300.659,– £
Open Market Value:	**rund 4.930.000,– £**

Ertragswertverfahren A.a.a.:		
Jahresrohertrag auf Basis der eingehenden Miete:		
19.799 sq.ft. x 18,50 £ psf =		£ 365.910,– £
abzüglich Bewirtschaftungskosten:		
Einzelnachweis:		
Verwaltung:	1 %	
Mietausfallwagnis:	3 %	
Instandhaltung: Revitalisierung:	5 %	
Summe:	9 %	
Mindestansatz:	15 %	
AfA-Anteil:	2 %	
Summe Bewirtschaftungskosten:	17 %	
17 % entsprechen		– 62.205,– £
Gesamtjahresreinertrag		303.705,– £
Liegenschaftszinssatz:	6,50 %	
Vervielfältiger:	15,38 auf ewig	
303.705,– £ x 15,38 =		4.670.983,– £
vorläufiger Ertragswert:		4.670.983,– £
abzüglich ErwerbsNK:	5,75 %	– 268.581,– £
Ertragswert für Beleihungswert:		**rund 4.400.000,– £**

Laut Angabe des englischen Gutachters ist trotz Anstiegs des Flächenangebots die Nachfrage nach modernen Büroflächen gegeben.

Investment Method:		**Ertragswertverfahren A.a.b.:**		
		Jahresrohertrag auf Basis der eingehenden Miete:		
		19.799 sq.ft. x 18,50 £ psf =		£ 365.910,– £
		abzüglich Bewirtschaftungskosten:		
Eingehende Miete:		Einzelnachweis:		
19.779 sq ft. x 18,50 £ psf =	365.910,– £	Verwaltung:	1 %	
equivalent yield: 7,00 %		Mietausfallwagnis:	3 %	
Vervielfältiger: 14,29 auf ewig		Instandhaltung: Revitalisierung:	5 %	
£ 365.910,– £ x 14,29 =	5.228.854,– £	Summe:	9 %	
		Mindestansatz: 15 % entspricht		– 54.887,– £
		Gesamtjahresreinertrag		311.023,– £
		abzüglich Bodenwertverzinsung:		
		950.000,– £ bei 6,50 % =		61.750,– £
		Gebäudeertrag:		249.273,– £
		Liegenschaftszinssatz:	6,50 %	
		Restnutzungsdauer: 60 Jahre		
		Vervielfältiger: 15,03		
Mietwert:	5.228.854,– £	249.273,– £ x 15,03 =		3.746.573,– £
abzüglich ErwerbsNK:		zuzüglich Bodenwert:		950.000,– £
5,75 %	– 300.659,– £	vorläufiger Ertragswert:		4.696.573,– £
		abzüglich ErwerbsNK: 5,75 %.		– 270.052,– £
Open Market Value	**rund 4.930.000,– £**	**Ertragswert für Beleihungswert:**		**rund 4.425.000,– £**
		Laut Angabe des englischen Gutachters ist trotz Anstiegs des Flächenangebots die Nachfrage nach modernen Büroflächen gegeben.		
Investment Method:		**Ertragswertverfahren B:**		
		Jahresrohertrag auf Basis der eingehenden Miete:		
Eingehende Miete:		19.799 sq.ft. x 18,50 £ psf =		365.910,– £
19.779 sq ft. x 18,50 £ psf =	365.910,– £	Liegenschaftszinssatz: 8,2 %		
equivalent yield: 7,00 %		Vervielfältiger: 12,19		
Vervielfältiger: 14,29 auf ewig		365.910,– £ x 12,19 =		4.460.442,– £
£ 365.910,– £ x 14,29 =	5.228.854,– £	abzüglich ErwerbsNK: 5,75 %		– 256.475,– £
abzüglich ErwerbsNK: 5,75 %	– 300.659,– £	**Ertragswert für Beleihungswert:**		**rund 4.200.000,– £**
Open Market Value	**rund 4.930.000,– £**	Laut Angabe des englischen Gutachters ist trotz Anstiegs des Flächenangebots die Nachfrage nach modernen Büroflächen gegeben.		

Kleindarlehensschreiben des BAKred

VERBAND DEUTSCHER HYPOTHEKENBANKEN

An die
Vorstände unserer
Mitgliedsinstitute

Rundschreiben Nr. 86

Bonn, 30. Juni 1999
Az.: 16.500/R/mz
Tel. (0228) 9 59 02 - 27

Beleihungsgrundsätze

- Endgültiges Schreiben des BAKred zur Anhebung der Kleindarlehensgrenze

Sehr geehrte Herren,

das BAKred hat mit dem beiliegenden Schreiben vom 22. Juni 1999 zur Kleindarlehensgrenze Stellung genommen. Zu den bislang noch ausstehenden Themen der Sachwertobjekte und der Funktionstrennung hat das BAKred sich dem Votum des Ausschusses für Bewertungsfragen angeschlossen.

Das Schreiben des BAKred läßt sich wie folgt zusammenfassen:

1. Als **Bezugsgröße** wird zukünftig auf einen Darlehensbetrag von DM 600.000 abgestellt. Diese Darlehen sind in vollem Umfang unter Einbeziehung der Vorlasten deckungsfähig.
2. Bezüglich der **Objektarten** hat das BAKred auf die bisher geforderte Einschränkung auf Einfamilienhäuser und eigennutzungsfähige Eigentumswohnungen verzichtet. Zukünftig können alle wohnwirtschaftlich genutzten Objekte und auch gemischt genutzte Objekte, bei denen der auf den gewerblichen Teil entfallenden Mietertrag nicht mehr als ein Drittel der gesamten Nettomiete ausmacht, als Kleindarlehen angesehen werden. Grundsätzlich ist neben dem Sachwert auch der Ertragswert zu ermitteln. Bei reinen Sachwertobjekten (Ein- und ggf. Zweifamilienhäuser sowie eigennutzungsfähige Eigentumswohnungen) kann auf die Ertragswertermittlung verzichtet werden, sofern dies in den Wertermittlungsanweisungen der Institute aufgeführt ist. Entsprechende Änderungsanträge werden vom BAKred genehmigt.
3. Die **Besichtigung** ist grundsätzlich erforderlich, kann jedoch dann unterbleiben, wenn alle relevanten Informationen für die Bewertungen vorliegen und die Erfüllung des Erfordernisses der Besichtigung eine bloße Förmlichkeit wäre. Diesbezüglich werden vier Ausnahmetatbestände aufgeführt, die zukünftig nach Ermessen des BAKred erweitert werden können.
4. Auf die **Funktionstrennung** zwischen Kreditsachbearbeitung und Wertermittlung darf zukünftig dann verzichtet werden, wenn gemäß dem Vieraugenprinzip der eine

- 2 -

Kreditsachbearbeiter den Beleihungswert ermittelt und der andere, für die Kreditentscheidung abschließend zeichnende Mitarbeiter, den Beleihungswert festsetzt. Erforderlich ist diesbezüglich, daß die betreffenden Mitarbeiter für die Bewertung im Standardgeschäft ausreichend geschult und qualifiziert sind und daß durch eine Überprüfung seitens der Gutachterabteilungen in einer hinreichend großen Zahl repräsentativer Stichproben die Ordnungsmäßigkeit der Wertermittlung sichergestellt wird.

5. Bezüglich der Anwendung der Kleindarlehensgrenze für im Ausland belegene Objekte gelten die o.g. Anwendungskriterien noch nicht. Hier behält sich das Amt eine schrittweise Öffnung vor.

Mit dem beiliegenden Schreiben des BAKred vom 22. Juni 1999 ist die seit November 1997 dauernde Diskussion um die Ausgestaltung der Bestimmungen zur Kleindarlehensgrenze beendet. Insgesamt konnte ein befriedigendes Ergebnis erzielt werden, indem die Kleindarlehensgrenze verdoppelt und erstmals Ausnahmen zum Verzicht einer Besichtigung akzeptiert wurden. Hinsichtlich der Funktionstrennung konnte nach langer und intensiver Diskussion ein Verfahren gefunden werden, welches die Gutachterabteilungen im Massengeschäft nicht unangemessen belastet und gleichzeitig weiterhin die Kreditbearbeitung im Vieraugenprinzip ermöglicht.

Sofern Sie die neuen Anwendungsbestimmungen für Ihr Institut nutzen möchten, können Sie die entsprechenden Anträge auf Änderung der Wertermittlungsanweisungen an das BAKred stellen.

Für weitere Fragen stehen wir gerne zur Verfügung.

Mit freundlichen Grüßen

Dr. Dieter Bellinger Achim Reif

Anlage

BUNDESAUFSICHTSAMT
FÜR DAS
KREDITWESEN

BAKred, Gardeschützenweg 71 - 101, 12203 Berlin

Telefon : (030) 8436 - 0
Telefax : (030) 8436 - 15 50

Verband deutscher
Hypothekenbanken e.V.
Holbeinstr. 17

53175 Bonn

Geschäftsnummer (bitte bei Antwort angeben) Bearbeiterin/Bearbeiter: ☎ (030) 8436 - Berlin, den
III 11.32.00 22. Juni 1999

Ermittlung des Beleihungswertes gemäß § 12 HBG
Kleindarlehensgrenze

Mein Schreiben vom 6. April 1999

Sehr geehrte Damen und Herren,

im Anschluß an das am 1. Juni 1999 in meinem Hause zu diesem Thema geführte Gespräch möchte ich nach nochmaliger Prüfung die Aussagen in meinem vorgenannten Schreiben zur Einhaltung der Funktionstrennung bei Beleihungen im Rahmen der Kleindarlehensgrenze modifizieren. Vor diesem Hintergrund wird mein Schreiben vom 6. April 1999 durch dieses Schreiben ersetzt. Ich bitte Sie, die Ihnen angeschlossenen Mitgliedsinstitute in geeigneter Weise hiervon in Kenntnis zu setzen.

1. Innerhalb der Kleindarlehensgrenze können die Institute darauf verzichten, für die Ermittlung des Beleihungswertes einen Sachverständigen zur Begutachtung des Beleihungsobjektes heranzuziehen. Unbeschadet dessen gelten auch in diesen Fällen die anerkannten Regeln der Beleihungswertermittlung. Das Institut hat, gleichgültig, ob ein Gutachten eingeholt wird oder nicht, durch sachkundige Mitarbeiter eine ordnungsgemäße Wertermittlung vorzunehmen und dies in nachprüfbarer Weise zu dokumentieren.

- 2 -

Bezugsgröße für die Kleindarlehensgrenze ist wie bisher der Darlehensbetrag, allerdings nunmehr unter Einbeziehung aller etwaig schon auf dem Beleihungsobjekt vorrangig lastenden Rechte. Unter diesen Einschränkungen werde ich gegen eine weitere Heraufsetzung der Kleindarlehensgrenze auf DM 600.000,-- keine Bedenken erheben. Ein Verzicht auf eine förmliche Schätzung ist demnach möglich bis zu einem Darlehensbetrag in Höhe der Differenz zwischen DM 600.000,-- und der Summe der Vorlasten.

Der Verzicht auf die Einschaltung eines Sachverständigen ist im allgemeinen nur bei wohnwirtschaftlich genutzten Objekten vertretbar. Ausnahmsweise ist ein Verzicht auch bei gemischt-genutzten Objekten möglich, allerdings nur in Fällen, in denen die gewerbliche im Vergleich zur wohnwirtschaftlichen Nutzung von untergeordneter Bedeutung ist; letzteres kann nur dann angenommen werden, wenn der auf den gewerblichen Teil entfallende Mietertrag ein Drittel der Gesamtnettomiete nicht überschreitet. Sofern die Wertermittlungsanweisungen der Institute eine Erleichterung bei der Bewertung von Sachwertobjekten (Ein- und ggf. Zweifamilienhäuser sowie eigennutzungsfähige Eigentumswohnungen) nicht vorsehen, ist bei der Beleihungswertermittlung innerhalb der Kleindarlehensgrenze gemäß dem Zwei-Säulen-Prinzip neben dem Sachwert auch der Ertragswert zu ermitteln.

2. Zur realkreditmäßigen Bearbeitung gehört auch bei Beleihungen innerhalb der Kleindarlehensgrenze grundsätzlich die Besichtigung des Objektes. Nur durch eine Besichtigung erhält die Bank wesentliche Informationen, die für die Bewertung des Objektes maßgebend sind wie Lage, Ausstattung und Erhaltungszustand. Außerdem kann durch eine Besichtigung die Identität des Sicherungsobjektes mit dem im Darlehensantrag genannten Objekt festgestellt werden.

   Die Besichtigung kann durch einen Mitarbeiter der Bank, durch einen Mitarbeiter eines kooperierenden Kreditinstituts sowie durch eine sonstige von dem Institut beauftragte Person vorgenommen werden.

   Eine Besichtigung kann jedoch ausnahmsweise unterbleiben, wenn der Bank alle relevanten Informationen für die Bewertung vorliegen und die Erfüllung des Erfordernisses der Besichtigung eine bloße Förmlichkeit wäre. Dies kann angenommen werden, wenn

   a) das Objekt dem Institut bzw. der kooperierenden Bank bereits bekannt ist, wobei Bekanntheit nur dann angenommen werden kann, wenn das Objekt in den letzten bei-

- 3 -

- 3 -

den Jahren von einem Mitarbeiter der Bank bzw. des Kooperationspartners besichtigt worden ist,

b) es sich um die Beleihung einer Eigentumswohnung handelt, die in einem Gebäude gelegen ist, in dem die Bank bereits zumindest eine gleichartige Wohnung innerhalb der letzten zwei Jahre - etwa anläßlich einer früheren Beleihung - besichtigt hat,

c) bei Beleihung eines in einer Siedlung von gleichartigen Einfamilienhäusern gelegenen Einfamilienhauses das Institut zumindest ein gleichartiges Objekt in dieser Siedlung innerhalb der letzten zwei Jahre besichtigt hat,

d) bei Beleihung eines neu errichteten Fertighauses der Bank bzw. dem Kooperationspartner der Bauplatz bekannt ist und das Fertighaus nach Art und Typus anhand des Kataloges des Herstellers eindeutig bestimmt werden kann.

Die Gründe für einen Verzicht auf die Besichtigung sind in der Beleihungswertermittlung in nachvollziehbarer Weise zu dokumentieren.

3. Zu einer realkreditmäßigen Bearbeitung gehört ebenfalls die Einhaltung des Grundsatzes der Funktionstrennung. Im Hinblick auf die Sicherstellung einer objektiven Wertermittlung bedeutet dies, daß Mitarbeiter, die mit der Kreditbearbeitung befaßt sind, für die Erstellung der Beleihungswertermittlung grundsätzlich ausscheiden. Bei den hier in Rede stehenden Kleindarlehen kann jedoch unter den nachfolgend genannten Voraussetzungen von der strengen Trennung zwischen Kreditbearbeitung und Wertermittlung abgesehen werden und die Ermittlung des Beleihungswertes durch den Kreditsachbearbeiter erfolgen, wobei der für die Kreditentscheidung abschließend zeichnende Mitarbeiter ("Vier-Augen-Prinzip") den Beleihungswert festsetzt: Erforderlich ist zum einen, daß die betreffenden Mitarbeiter für die Bewertung im Standardgeschäft ausreichend geschult und qualifiziert sind, zum anderen, daß durch eine Überprüfung seitens der Gutachterabteilungen in einer hinreichend großen Zahl repräsentativer Stichproben die Ordnungsmäßigkeit der Wertermittlung sichergestellt wird. Die Zahl der Fälle, die unter die Stichprobe der Gutachterabteilungen fallen, muß hierbei so groß sein, daß eine verläßliche Aussage über die Qualität der Bewertung getroffen werden kann. Die Entscheidungen und Beweggründe über die Regelmäßigkeit dieser Stichprobe, die Zahl der ausgewählten Fälle und die Prüfungsintensität sind aktenmäßig zu dokumentieren.

- 4 -

\- 4 -

Die vorgenannten Ausführungen zur Kleindarlehensgrenze gelten nur für im Inland gelegene Beleihungsobjekte. Die Möglichkeit einer Einführung entsprechender Erleichterungen auch bei Auslandsbeleihungen bleibt einer gesonderten Entscheidung vorbehalten.

Ich bin bereit, Änderungen der Wertermittlungsanweisungen der Hypothekenbanken gemäß § 13 HBG zu genehmigen, die den oben dargestellten Grundsätzen zur Kleindarlehensgrenze entsprechen.

Mit freundlichen Grüßen

Im Auftrag

P ü r s t e n

BUNDESAUFSICHTSAMT FÜR DAS KREDITWESEN KANZLEI 2

Beglaubigt:

Verwaltungsangestellte

Literaturverzeichnis

Bellinger/Kerl: Hypothekenbankgesetz. Kommentar. 4. Auflage 1995.

Crimmann, Wolfgang: Beleihungswertermittlung gewerblicher und wohnwirtschaftlicher Immobilien. DG-Verlag, Wiesbaden 2002.

Hennings, Dorothee: Eintragungen in Abteilung II des Grundbuchs. Deutscher Sparkassenverlag, 12. Auflage. Stuttgart 1996.

HypZert e.V.: Bewertung von Pflegeheimen. Berlin 2006.

ifo Institut für Wirtschaftsforschung: Die volkswirtschaftliche Bedeutung der Immobilienwirtschaft. In: Zeitschrift für Immobilienökonomie, Sonderausgabe 2005.

Kerl, Volker: Bankaufsichtliche Anforderungen an den Realkredit. München 1994.

Kleiber, Wolfgang/Simon, Jürgen: Verkehrswertermittlung von Grundstücken. 5. Auflage, Köln 2007.

Reif, Achim: Die Beleihungswertermittlungsverordnung. In: Immobilien-Banking 2006, Verband deutscher Pfandbriefbanken, Berlin.

Reif, Achim: Qualitätsoffensive der Hypothekenbanken bei der Beleihungswertermittlung. In: Der langfristige Kredit, Nr. 16+17/1997.

Reischauer, Friedrich/Kleinhans, Joachim: Kreditwesengesetz. Kommentar. Loseblattsammlung 2007.

Rosenbaum, Oliver: Fachwörterbuch für Grundstücksvermittler. München 2003.

Rüchardt, Konrad: Handbuch des Hypothekarkredits. Fritz Knapp Verlag, Frankfurt am Main 1993.

Rüchardt, Konrad: Der Beleihungswert. Schriftenreihe des Verbandes deutscher Hypothekenbanken, Bd. 13, Fritz Knapp Verlag, Frankfurt am Main 2001

Simon, Jürgen/Cors, Klaus/Halaczinsky, Raymond/Teß, Wolfgang: Handbuch der Grundstückswertermittlung. München 2003

Stöcker, Otmar M.: Realkredit und Pfandbriefsicherheit. Schriftenreihe des Verbandes deutscher Hypothekenbanken, Bd. 18, Fritz Knapp Verlag, Frankfurt am Main 2004

Werth, Alfred: Verkaufswertermittlung nach § 21 ErbbauVO: Was ist heute möglich. In: Der langfristige Kredit 1989

Abbildungsverzeichnis

In der Schriftenreihe des Verbandes deutscher Pfandbriefbanken erschienen bisher:

Bühler/Hies/Zimmermann:
Liquidität für den deutschen Pfandbrief
Fritz Knapp Verlag, 1996
ISBN 3 7819 0575 6
Band 1

Hies:
Refinanzierung deutscher Hypothekenbanken – Gegenwart und Zukunft
Fritz Knapp Verlag, 1996
ISBN 3 7819 0578 0
Band 2

Dübel/Pfeiffer:
Risikogewichtete Eigenkapitalanforderungen und die Risiken des gewerblichen Hypothekarkredites in Europa
Fritz Knapp Verlag, 1996
ISBN 3 7819 0585 3
(auch in Englisch)
Band 3

Gluch:
Gewerbliche Bauinvestitionen in ausgewählten EU-Staaten Entwicklung und Strukturen seit 1980
Fritz Knapp Verlag, 1997
ISBN 3 7819 0595 0
Band 4

Stöcker:
Die Hypothekenbanken und der Pfandbrief in den mitteleuropäischen Reformländern
Fritz Knapp Verlag, 1998
ISBN 3 7819 0627 2
Band 5

Verband deutscher Hypothekenbanken (Hrsg.):
Die Steuerreform aus immobilienwirtschaftlicher Sicht – Materialien
Fritz Knapp Verlag, 1998
ISBN 3 7819 0629 9
Band 6

Stürner:
Die Sicherung der Pfandbrief- und Obligationengläubiger vor einer Insolvenz der Hypothekenbank – Geltendes Recht und Reformvorschläge
Fritz Knapp Verlag, 1998
ISBN 3 7189 0633 7
Band 7

Köndgen/Dübel/Lea:
Die vorzeitige Rückzahlung von Festzinskrediten. Eine rechtsvergleichende und ökonomische Analyse
Fritz Knapp Verlag, 2000
ISBN 3 7819 061 5
Band 8

Stürner/Stadler:
Deutsche Pfandbriefe und Deckungswerte in den Niederlanden Ein Gutachten
Fritz Knapp Verlag, 2000
ISBN 3 7819 0655 8
Band 9

Stürner/Schumacher/Bruns:
Der deutsche Pfandbrief und englische Deckungswerte
Fritz Knapp Verlag, 2000
ISBN 3 7819 0656 6
Band 10

Verband deutscher Hypothekenbanken (Hrsg.):
Struktur und Entwicklung der Eigenheim- und Gewerbefinanzierung der deutschen Hypothekenbanken
Fritz Knapp Verlag, 2000
ISBN 3 7819 0663 9
Band 11

Birg:
Trends der Bevölkerungsentwicklung
Fritz Knapp Verlag, 2000
ISBN 3 7819 0668 X
Band 12

Rüchardt:
Der Beleihungswert
Fritz Knapp Verlag 2001
ISBN 2 8314 0715 0
(auch in Englisch)
Band 13

Picherer:
Sicherungsinstrumente bei Konsortialfinanzierungen von Hypothekenbanken
Fritz Knapp Verlag, 2002
ISBN 3 8314 0718 5
Band 14

Stürner/Stadler:
Pfandbriefe und Beleihung in Spanien
Fritz Knapp Verlag, 2002
ISBN 3 8314 0734 7
Band 15

Schätzl:
Strukturwandel im Gewerbeimmobilienmarkt
Fritz Knapp Verlag, 2002
ISBN 3 8324 0729 0
Band 16

Schmidt:
Absicherung von Darlehen durch Grundpfandrechte
Fritz Knapp Verlag, 2004
ISBN 3 8314 0761 4
Band 17

Stöcker:
Realkredit und Pfandbriefsicherheit
Fritz Knapp Verlag, 2004
ISBN 3 8314 0769 X
Band 18

Stürner:
Deutsche öffentliche Pfandbriefe und Deckungswerte aus Darlehen an US-amerikanische öffentliche Körperschaften
Fritz Knapp Verlag, 2005
ISBN 3 8314 0787 8
Band 19

Dübel/Köndgen:
Die vorzeitige Rückzahlung von Festzinskrediten in Europa – Zwei Gutachten
Fritz Knapp Verlag, 2006
ISBN 3-8314-0796-7
Band 20

Ebner:
Grundeigentum und Sicherheiten in Tschechien
Hrsg.: vdp, 2006
ISBN 3-9811273-0-7
Band 21

Biederer:
Die rechtlichen Voraussetzungen elektronischer Grundstückstransaktionen in rechtsvergleichender Sicht
Hrsg.: vdp, 2006
ISBN 3-9811273-1-5
Band 22

Stöcker:
Flexibilität der Grundpfandrechte in Europa Band I
Hrsg.: vdp, 2006
ISBN 3-9811273-2-3
Band 23

Stürner/Kern:
Deutsche öffentliche Pfandbriefe und japanische Deckungswerte
Hrsg.: vdp, 2006
ISBN 3-9811273-3-1
Band 24

Rechtsfragen der Immobilienfinanzierung in England und Wales
Hrsg.: vdp, 2006
ISBN 978-3-9811273-4-8
Band 25

Voigtländer/Hofer:
Mietwohnungsmarkt und Wohneigentum – Zwei Gutachten
Hrsg.: vdp, 2006
ISBN: 978-3-9811273-5-5
Band 26

Ebner/Illa:
Grundeigentum und Sicherheiten in Ungarn
Hrsg.: vdp in Zusammenarbeit mit dem Center of Legal Competence (CLC), Wien, 2007
ISBN: 978-3-9811273-6-2
Band 27

Stürner/Kern:
Deutsche Hypothekenpfandbriefe und U.S.-amerikanische Deckungswerte
Hrsg.: vdp, 2007
ISBN: 978-3-9811273-8-6
Band 28

Sacalschi:
Grundeigentum und Sicherheiten in Rumänien
Hrsg.: vdp in Zusammenarbeit mit dem Center of Legal Competence (CLC), Wien, 2007
ISBN: 978-3-9811273-9-3
Band 29

Lassen:
Die Hypothek nach russischem Recht als Kreditsicherungsmittel
Hrsg.: vdp, 2007
ISBN: 978-3-9811816-0-9
Band 30

Stürner/Stadler:
Hypothekenpfandbriefe und Deckungswerte in der Schweiz
Hrsg.: vdp, 2007
ISBN: 978-3-9811816-1-6
Band 31

Stöcker:
Flexibilität der Grundpfandrechte in Europa Band II
Hrsg.: vdp, 2007
ISBN: 978-3-9811816-2-3
Band 32

Herausgeber:
Verband deutscher Pfandbriefbanken e.V.
Georgenstraße 21
10117 Berlin
Telefon: +49 30 20915-100
Telefax: +49 30 20915-419
E-Mail: info@pfandbrief.de
Internet: www.pfandbrief.de

Postanschrift:
Postfach 64 01 36
10047 Berlin